AF325612

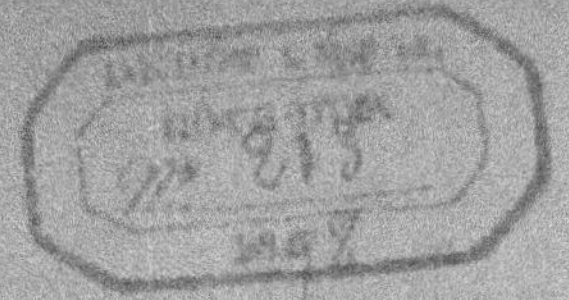

VIEUX SOUVENIRS

D'UN

OFFICIER DU GÉNIE

PAR

V. MARCHAND

COLONEL DU GÉNIE EN RETRAITE

ANCIEN MAIRE DE DIJON

DIJON

IMPRIMERIE DE SIRODOT-CARRÉ

40, rue Amiral-Roussin, 40

—

1898

VIEUX SOUVENIRS

D'UN

OFFICIER DU GÉNIE

VIEUX SOUVENIRS

D'UN

OFFICIER DU GÉNIE

PAR

V. MARCHAND

COLONEL DU GÉNIE EN RETRAITE

ANCIEN MAIRE DE DIJON

DIJON

IMPRIMERIE DE SIRODOT-CARRÉ

40, rue Amiral-Roussin, 40

—

1898

AVERTISSEMENT

Ceci n'est point de l'histoire; ce sont de simples récits sur certains détails de ma vie et sur divers faits peu connus ou même tout à fait inconnus auxquels j'ai participé pendant une carrière militaire assez tourmentée.

Ce que j'ai raconté je l'ai vu, ou je le tiens de personnes en qui j'avais confiance.

J'ai tenu à conserver l'impression du moment, la spontanéité du premier jugement qui est presque toujours le plus vrai dans l'ensemble, quoique souvent entaché d'erreurs de détail.

J'ai commis sans doute des erreurs de faits ou d'appréciation, mais je crois avoir écrit sans prétention et de bonne foi.

Après avoir fermé ce livre, le lecteur m'en pardonnera les imperfections parce qu'il restera, je crois, convaincu que je suis de ceux, nombreux en France, qui aiment passionnément le Bien, leur Patrie et l'Humanité, les trois grandes choses de ce monde.

V. MARCHAND.

VIEUX SOUVENIRS

D'UN OFFICIER DU GÉNIE

Réflexions philosophiques

Quand la vieillesse arrive il faut savoir profiter des quelques années pendant lesquelles l'intelligence et la mémoire sont encore à peu près intactes, pour recueillir ses souvenirs et examiner ce qu'on a fait, afin de se juger soi-même, de voir comment on a vécu, et de savoir si on a bien rempli sa tâche.

C'est l'examen de conscience fait par la Pensée libre ; c'est la préparation au jugement suprême du Tribunal auquel, sans doute, aucune faute, aucun mérite ne peut échapper ; Tribunal des consciences de ceux qui nous ont précédés dans l'autre vie, et qui sont éclairées, sinon par la Vérité absolue, au moins par la portion de vérité qui leur a été départie dans le grand Tout du monde moral.

Cette histoire de la vie privée ou publique du *Père*, peut aussi être un enseignement pour l'*Enfant*, et il peut même se faire qu'elle ne soit pas dénuée d'intérêt général, si le Père a été quelque peu mêlé aux événements contemporains d'une époque agitée par des problèmes de toute nature.

C'est donc pour moi d'abord, pour mes fils ensuite,

pour mes amis, pour quelques compatriotes qui m'ont aimé, que j'écris ces lignes, au courant de la plume, avec sincérité et simplicité.

Le Peuple n'a pas de généalogie. L'homme du peuple connaît son père, son grand-père parfois. Cela ne remonte guère plus haut : il peut descendre de Héros, soldats de Godefroi de Bouillon, ou de Richard Cœur-de-Lion, il n'en sait rien. D'ailleurs il ne s'en occupe guère. En voyant certains individus orgueilleux à l'excès de leurs noms, de leurs parchemins, il sourit en disant que nous sommes tous fils d'Adam, et que d'ailleurs, comme le papier, le parchemin se laisse écrire; puis encore que la noblesse devrait se transmettre par les femmes (ainsi que le disait, je crois, Emile de Girardin) parce que, alors, il y aurait un gage de descendance certaine qui n'existe guère avec le mode actuel, lequel mode repose sur celui qui a présidé à la précise mais un peu fantaisiste généalogie de Jésus-Christ donnée par l'évangile de saint Matthieu, par exemple.

Origine de ma famille

Bref, pour commencer par ce qui concerne ma très minime personnalité, nous trouvons à Genlis (Côte-d'Or) une famille Marchand composée d'une fille et de quatre fils : Hugo, Claude, Pierre et Jacques. Ce dernier vint à Dijon et fut, croyons-nous, droguiste. Il épousa une demoiselle Jeanty dont il eut un fils et une fille. Le fils, Jacques Marchand, né en 1794, devint pharmacien et acheta de M. Tartelin (ami et quelque peu collaborateur de Guyton-Morveau) la pharmacie qui portait autrefois le n° 28 de la rue Porte-d'Ouche, actuellement rue Monge.

Il se maria en 1819 avec Adèle Monot, fille unique de Jean Monot et de Charlotte Jolivet. Je suis né de ce mariage le 19 juillet 1820.

Mon grand-père maternel avait un frère aîné qui fut longtemps curé d'Avelanges ; il avait fondé là une sorte de petit séminaire. Il se fit dans le pays une réputation de droiture, d'originalité et de force herculéenne. Il avait été assermenté, mais il ne voulut jamais revenir sur son serment. Il fut très tourmenté à ce sujet pendant la Restauration, cessa d'être curé, vécut pauvre, mais supportant allègrement la pauvreté jusqu'à un âge très avancé.

Jean Monot, son frère, qui, comme je l'ai dit plus haut, fut le père de ma mère, était allé chercher fortune aux colonies ; lors de la Révolution de Saint-Domingue, il revint dépossédé, presque ruiné, épousa Charlotte Jolivet, et alla demeurer près de son frère aîné à Avelanges. C'est dans ce petit et pauvre village isolé au milieu des bois qu'est née Adèle Monot, ma mère.

Ces détails sont peu intéressants comme cela a lieu pour les familles qui n'ont participé à aucun fait historique, ou seulement remarquable. Néanmoins il faut que je dise quelques mots de la famille Jolivet à laquelle je tiens par ma grand'mère maternelle.

Le père de celle-ci était marchand de drap dans une maison de la rue Saint-Nicolas (aujourd'hui J.-J.

Rousseau). Elle fut démolie en 1890 pour élargir l'étranglement qui existe encore en ce moment (1893) au débouché de cette rue, sur la petite place appelée « Coin des Cinq-Rues ». Pendant une nuit son magasin fut dévalisé, et il ne se releva que difficilement de ce désastre. Il eut deux filles, Charlotte et Sophie, et quatre fils : Henri, qui fut professeur de mathématiques et mourut jeune ; Charles, qui fut peintre et se fut fait un nom s'il avait vécu plus longtemps ; Alexandre, qui créa à Paris un atelier de peintre en bâtiments. Après avoir fait une jolie fortune, il céda son fond à M. Leclaire, le premier fondateur d'une Société coopérative bien dirigée ; il fut un ami intime du maréchal Vaillant ; le quatrième fils, Auguste Jolivet, fut le père de Mélanie-Hélène qui plus tard devint ma femme. Elle était ainsi ma tante à la mode de Bourgogne quoique plus jeune que moi de cinq ans.

Sophie Jolivet se maria fort tard à un capitaine d'infanterie en retraite nommé Chaumet, dont je ne peux pas dire grand'chose, si ce n'est que c'était un fort brave homme et qu'il me prit en affection bien sincère.

Pour terminer ce qui concerne la famille Jolivet, j'ajouterai qu'Alexandre eut pour fils Charles Jolivet qui est mort général de division et grand officier de la Légion d'honneur, au mois de mai 1891, laissant de très beaux états de services, et le souvenir d'un homme très honnête et excellent. J'ai eu l'honneur d'être appelé par sa famille à prononcer quelques mots d'adieu sur sa tombe dans le cimetière de Passy.

Ces détails, trop longs peut-être, étaient cependant

nécessaires pour mes enfants et quelques amis, jeunes encore, qui me survivront longtemps.

Premières années

La maison où je suis né n'était ni grande ni belle. Mais mon père était très simple, très modeste en ses désirs comme on l'était, et même plus qu'on ne l'était alors.

Bien que la pharmacie eût une assez bonne clientèle et que mon père eût beaucoup d'ordre, il ne s'enrichit point. Quand on le consultait officieusement, il donnait toujours les remèdes les moins chers, surtout quand il s'agissait de pauvres gens. Aussi ai-je rencontré plus tard bien des personnes qui me disaient : Oh! nous avons connu votre père : c'était un brave homme.

Quand j'étais tout enfant, on me gardait à la maison, le matin ; puis, vers midi, la bonne de mon grand-père, qui s'appelait Reine Paillet, venait me chercher : je passais toute l'après-midi dans cette maison de la rue Verrerie n° 30 où je demeure aujourd'hui.

Il y avait là, depuis la grand-grand'mère Jeanty jusqu'à ma tante Joséphine, cinq personnes qui n'étaient occupées qu'à me gâter et m'amuser. Et puis mon premier ami, le vieux caniche noir Castor. La vieille bonne allait dérober du sable et de la chaux dans les maisons en construction du voisinage, et je bâtissais une foule de choses ; par exemple des fours où je faisais cuire de petits morceaux de pâte que je me gardais bien de manger parce que c'était mauvais, mais que Reine mangeait pour me faire plaisir, avec une bonté infinie que je ne comprenais pas alors. Elle et ma grand'mère rivalisaient de gâteries. Je n'y peux penser sans émotion.

Le soir, après dîner, on me ramenait à la maison paternelle en passant par le cours Fleury ; sur le grand talus qui descendait jusqu'au lit de Suzon et qui était couvert d'herbe verte, je jouais avec Castor et partageais avec lui le gâteau aux cerises acheté chez le pâtissier de la rue Saint-Nicolas.

Le cours Fleury était une ancienne demi-lune de la vieille enceinte située en avant de la courtine comprise entre la Porte-Saint-Nicolas et la tour la Trémouille. Il ne reste plus du cours Fleury qu'une petite partie comprise dans le jardin de l'école normale départementale de jeunes filles. Cependant, en 1882, mon fils Marcel, qu'intéresseront peut-être ces détails, a pu jouer encore au même endroit et sous les mêmes arbres où je jouais moi-même cinquante-sept ou huit ans auparavant sous l'œil attentif de mes vieux parents qui m'aimaient plus que je ne valais.

Mais je n'avais ni frère ni sœur et il fallait me partager. Aussi de temps en temps on m'envoyait à Avelanges où demeuraient mon grand-père et ma grand'mère Monot. Là j'étais gâté comme à Dijon. Peu d'enfants l'ont été davantage, et c'est facile à comprendre, puisque j'ai eu à la fois mes deux bisaïeules, mes deux grands-pères et grand'mères, mon père, ma mère, deux ou trois oncles et tantes très bons pour moi.

Aujourd'hui tout ce monde est mort. Bien d'autres encore sont morts qui m'ont aimé. Trois fils resteront seuls de toute cette famille honnête et bonne. Puissent ils un jour en être dignes! Vivrai-je encore assez longtemps pour qu'ils m'aiment? Les enfants n'aiment bien leurs parents que tard, quand ils commencent eux-mêmes à devenir des hommes.

Première jeunesse

Le moment de commencer à étudier était arrivé. J'avais alors environ 9 ans. Mon père m'envoya, externe, à l'école du père Bauchelet qui demeurait rue Saint-Philibert dans une maison actuellement remplacée par une aile du petit Lycée, qui lui-même occupe l'ancien hôtel Nault. J'y restai à peu près deux ans, puis je fis mon entrée en 6e au Collège, lequel ne fut que plus tard transformé en Lycée.

C'est aussi vers cette époque que je fis mon entrée dans la vie politique!!...

On était en 1830. Le soir du 26 juillet, Madame la Duchesse d'Angoulême, alors de passage à Dijon, voulut aller au Théâtre où se préparait une représentation de gala. Une foule considérable remplissait les rues situées entre la Préfecture et le Théâtre. Mon grand-père Marchand, qui était un vieux libéral, me dit : « Viens voir ça! ». Et il me conduisit au coin d'un bâtiment actuellement remplacé par l'Ecole des beaux-arts, à l'angle de la place Rameau et de la rue Longepierre.

Monte sur la borne, dit mon grand-père. J'obéis; il me tenait par la main. Bientôt on entendit un grand bruit; la voiture de la Duchesse arrivait. Elle s'avançait lentement serrée par une foule compacte et agitée, à peine maintenue par des gendarmes à cheval. Quand elle fut tout près : « Crie vive la Charte ! », dit le grand-père.... Vive la Charte !! Et ma voix d'enfant fut couverte par une immense clameur de ce cri répété par mille voix : Vive la Charte ! qui fit pâlir et rougir la Duchesse, ainsi que le Préfet et les grands fonctionnaires du cortège.

Le surlendemain on apprit la Révolution de Paris, et voilà comment j'y participai pour ma petite part.

Suite des études

J'eus quelques prix en 6ᵉ, mais je dois avouer qu'en 5ᵉ, 4ᵉ et 3ᵉ, je méritai l'épithète d'enfant léger et peu studieux que M. Colliot, professeur de 4ᵉ et plus tard censeur, me donna.

Cette disposition d'esprit me suivit jusqu'en 2ᵉ. Mais un jour, dans une composition de géométrie, donnée par le professeur, M. Comaret, je m'avisai d'être premier, en concurrence avec un camarade nommé Morelet, qui devait, deux ans après, être reçu à l'École navale.

Je me trouvai relevé à mes propres yeux, si bien que l'année suivante, en rhétorique, sous M. Girodde, très bon mais très désagréable professeur, j'eus le 1ᵉʳ prix de cosmographie. Cela décida en quelque sorte de mon avenir, car ma grand'mère Monot déclara que puisque j'avais des dispositions pour les mathématiques, il fallait me diriger vers l'Ecole polytechnique.

Ma grand'mère avait eu, je crois, dans sa jeunesse, des relations d'amitié avec une famille dont était sorti un officier du génie nommé Yensesse, lequel avait été tué au siège de Saragosse. Quand je passai en philosophie et, par suite, en élémentaires, je disputai *ex æquo* les prix de cette classe avec le plus jeune des trois Chenot qui fut reçu cette même année premier à l'Ecole navale. On disait, à Auxonne, *les trois Chenot*, comme on a dit : les trois Dupin.

L'aîné était ingénieur des ponts et chaussées, le deuxième officier du génie. Mais leur cadet leur était infiniment supérieur, et fut devenu amiral si, deux ans après sa sortie de l'Ecole, il n'eût été malheureusement tué à Naples en duel.

A la fin de l'année je passai mon examen de bachelier avec plusieurs camarades que je retrouvai plus tard. Rossigneux devint professeur de littérature; Gilier, notaire de campagne; François, avocat; Perreau, brasseur; Pierrot, corniste distingué, premier prix du Conservatoire de Paris; Laureau, qui fut architecte des bâtiments civils en Algérie, et Durandeau, qui devint notaire à Dijon, et avec qui je conservai jusqu'à sa mort de bonnes relations d'amitié. C'était un homme droit, capable, énergique, empreint de bonne heure d'idées avancées. Il devint plus tard socialiste (de l'école phalanstérienne). Je lui disais : « Il faut que tu sois maire de Dijon ». Les circonstances ont fait que c'est moi qui l'ai été beaucoup plus tard.

L'année suivante, c'est-à-dire à 18 ans, j'étais en spéciales.

Choses de famille

Mais il faut que je m'arrête un instant sur ce seuil; car j'écris, non pour le grand public, mais pour un public restreint et spécial comme je l'ai dit en commençant. Il faut que j'examine ce qu'était devenu ce milieu familial où mon enfance s'était développée.

Ma bisaïeule Jeanty était morte. Plus de pâtés de sept sous, ni de fromage à la crème le dimanche matin. Sa vieille bonne, Reine Paillet, était allée mourir dans son pays, à Fontète. J'espère que la pauvre grand-grand'mère m'aura pardonné d'avoir percé de mes flèches les sangliers, cerfs et chasseurs de sa vieille tapisserie, et d'avoir fait descendre l'escalier en pierre de la tourelle à sa chatte favorite avec mon canon de cuivre attaché à la queue!

Ma tante Joséphine, la sœur de mon père, s'était mariée en 1830 avec son cousin, Emiland Tartelin, excellent homme, léger, dépensier, mais de caractère aimable et enjoué. Pas un de ses camarades de Collège n'avait été plus polisson; il excellait à changer de place pendant la nuit les enseignes des boutiques; à attacher par la queue des chats aux sonnettes; à enlever délicatement au premier étage les bocaux de cerises à l'eau-de-vie placés sur le bord de la fenêtre par d'imprudentes ménagères.

N'était-il pas monté, au risque de sa vie, jusqu'au

coq du clocher de Saint-Philibert au moyen des orne-
ments sculptés en saillie sur une des arêtes, et redes-
cendu de même de l'autre côté?

Mon père était naturellement fort sédentaire, et sa
société assez restreinte. Tartelin et sa femme; Jean et
Charles Goussard, ses cousins germains, venaient
souvent passer la soirée au coin du feu. L'aîné, Jean,
fut juge de paix à Dijon. C'était un homme d'une
droiture et d'une honnêteté parfaites. Bon musicien,
doué d'une jolie voix de ténor, il contribua beaucoup
à la création et au maintien de cette Société Philhar-
monique que tout le monde regrette encore à Dijon.
Il était peu riche, et ne possédait guère qu'une assez
belle bibliothèque qu'il m'a léguée en mourant. Son
frère Charles, qui vécut plus longtemps, fut directeur
de l'octroi. Très rangé, presque avare, il put léguer
380,000 francs à d'arrières-neveux. Carbonaro dans
sa jeunesse, il était devenu peureux, et par suite conservateur et dévot. Cela fit qu'il ne me laissa pas un
centime.

Le docteur Naigeon fut un des amis intimes de
mon père. Ce sont ses mains qui m'avaient présenté
à la lumière du jour. Il venait surtout le matin pendant sa tournée de visites, ou bien en allant à l'hôpital où il était professeur d'obstétrique, c'est-à-dire
d'accouchements.

Il faut ajouter M. Masson-Henry, notre voisin,
marchand de sel et de vin en gros, dont les deux
fils Henri et Charles, surtout celui-ci, furent mes premiers camarades d'enfance.

Puis c'était Crétenet qui avait ouvert un cabinet
de lecture sur la place d'Armes. C'était un philosophe

caustique, enthousiaste de Pierre Leroux et de George Sand.

M. Masson-Naigeon, négociant en grains, venait plus rarement; son fils, plus jeune que moi, actuellement conseiller à la Cour de Dijon, ne devint mon ami que plus tard.

J'avais un autre ami, Hippolyte Laureau, fils d'un notaire de Saulieu. Un jour il s'était dit : « Il me faut un camarade ». Il avait regardé autour de lui dans la classe et m'avait choisi. Nous sommes restés amis intimes jusqu'à sa mort.

L'influence la plus vive qui fut exercée sur moi par ce milieu d'opinions si diverses, fut celle du libraire Cretenet. Ses vivacités de langage, son originalité me frappèrent.

Le *Nihil humani a me alienum puto*, de Térence, cité un jour par lui, fut pour moi une révélation. Cela décida de mes convictions et, par suite, de ma vie entière.

Etudes et vacances

La ville de Dijon n'était pas grande alors. Elle ne comptait guère que 25,000 âmes. Il n'y avait qu'un simple Collège. Et cependant, sous l'impulsion énergique du professeur de mathématiques, M. Cirodde, il envoyait chaque année à l'Ecole polytechnique un assez grand nombre d'élèves. Mais M. Cirodde avait été nommé au Collège Henri IV à Paris et remplacé. C'est en spéciales que je vis pour la première fois Edmond Gandil qui devait être pendant de longues années, avec Laureau, mon ami le plus intime et le plus dévoué.

Depuis quelque temps mon oncle Tartelin avait acheté à Baulme-la-Roche une maison de campagne située dans la grande rue, en face de la fontaine monumentale du pays. Deux gros tilleuls en ombrageaient l'entrée. Derrière la maison, un grand verger à pente raide s'élevait jusqu'à une plantation d'énormes noyers qui elle-même touchait au bois escarpé de *la Côte*.

Dieu ! quel bonheur, quand le lendemain de la distribution des prix (pendant laquelle j'avais eu l'honneur et l'appréhension d'embrasser le recteur Berthot sur sa joue jaune mouillée de sueur, et froide comme glace) on partait pour Baulme dans une carriole de louage ! C'était la liberté pour six semaines. Aujourd'hui on donne deux mois et c'est trop. C'était la chasse, les bois, le grand vent au haut de la Roche, les déjeuners sortis du carnier et mangés au bord des fontaines.

La situation de Baulme-la-Roche est fort pittoresque. Adossé à une côte boisée et raide et à une immense roche à pic, ce petit village n'a de vue que dans la direction de l'étroit vallon par où s'écoule le ruisseau limpide qui sort au pied de la roche. C'est ce vallon que traverse le chemin de fer de Dijon à Paris avant de s'engouffrer dans le tunnel de Blaisy. Mais alors ce chemin n'existait pas encore, et le vallon jouissait d'un calme profond.

L'ascension à la Balme n'est pas très difficile. Une femme peut y monter sans avoir besoin de beaucoup d'aide. Un jour, j'aperçus de loin, debout sur le seuil de l'immense ouverture qui lui faisait un cadre sombre, une femme, une Dijonnaise sans doute, grande, belle, avec des cheveux blonds fouettés par le vent. Elle ressemblait à une prêtresse du culte des Druides, à Velléda, à Norma !.... En la voyant, le poète latin aurait pu dire : *Patuit Dea !* La simplicité, le naturel de son attitude lui faisaient comme une auréole de poésie et de grandeur....

La vision disparut, mais souvent je la revois encore après un demi-siècle écoulé.

———

Je parlais du ruisseau qui sort du pied de la Roche. Il est probable qu'il sortait autrefois de la Balme supérieure et tombait de là en cascades. Qui voudra se donner la peine de faire sauter, au fond de la grotte, quelques gros morceaux de roc tombés de la voûte, pourra, je crois, à travers la montagne, aller sortir du côté du village de Pange, en face du bois *du Citot*, par une sorte de glissoire rocheuse que connaissent bien les renards de ce bois et ceux du *Cornouiller*, son voisin. Cette ouverture était sans doute le déversoir d'un étang qui remplissait la partie inférieure de ce bassin et alimentait l'antique cascade qui a disparu.

Peut-être le géologue amateur de recherches préhistoriques trouverait-il là la récompense de quelques efforts. Le temps et les moyens m'ont toujours manqué pour réaliser cette intéressante excursion souterraine.

Dans les environs se présentaient de beaux buts de promenade. Blaisy-Haut avec son vieux château

ruiné et son bois *routé* pour des chasses à cheval ; puis
les Ecomées, fontaines nombreuses dans des clairières
pleines d'oiseaux de toute sorte ; puis Blaisy-Bas
avec son clair ruisseau, l'Oze, qui suit le fond de la
vallée étroite, sinueuse, couronnée de rochers et de
bois pleins de lièvres et de perdrix rouges ; et la Char-
moye, autre groupe de sources charmantes, autre
rendez-vous général des oiseaux de la contrée qu'on
ne détruisait pas alors comme aujourd'hui.

Tout cet ensemble était enchanteur pour un enfant
devenu presque un jeune homme qui n'avait pas
encore voyagé.

La chasse, la natation, le patinage avaient fait de
moi presque un homme au physique, et ma première
année de spéciales fut pour moi une initiation aux
études sérieuses. J'avais quitté les champs et les bois
pour l'algèbre et la géométrie analytique. J'aurais
aimé la vie simple de la campagne. Mais l'homme
doit suivre le mouvement qui se fait autour de lui.
C'est une molécule sociale. Il ne doit pas s'isoler, il
se doit aux autres et à lui-même. Comme sur un
navire, dans une périlleuse traversée, chacun doit son
effort au salut commun. Mais alors je ne voyais pas
si loin ; j'obéissais parce qu'on me disait : Va.

Quoique doutant de moi, j'allai à Lyon passer mes
examens qui furent médiocres. Je voulus aller voir
le chemin de fer de Saint-Etienne qui était depuis
peu de temps en service. Au moment d'entrer sous
un tunnel, je voulus regarder par la portière et je
faillis avoir la tête brisée.

J'allai me reposer à Baulme-la-Roche de cette première année de travail sérieux quoique infructueux.

J'avais peu d'occasions de voir d'autres personnes que celles dont j'ai parlé plus haut. Jamais je n'allais dans le monde, rarement au théâtre. Aussi, au moral, je suis resté bien longtemps enfant et timide à l'excès.

Cette timidité que je tenais de mon père et de ma mère me fut très nuisible pendant toute ma vie, et je ne m'en suis jamais complètement affranchi. Timide oui, mais non peureux. Un jour, avec mon camarade Suchet qui se préparait pour l'École normale, je me promenais sur le bord du canal en repassant le théorème de Sturm, quand nous entendîmes du côté de l'Ouche crier au secours. Nous courûmes..... Sur le bord du *Creux-des-Prêtres* une douzaine de baigneurs tout nus et affolés criaient : « Il est là ». Je me déshabillai en un clin d'œil et, malgré Suchet, je plongeai plusieurs fois à l'endroit le plus profond ; enfin j'aperçus, mais assez loin, un corps blanchâtre ; là, il n'y avait pas plus d'un mètre d'eau. Le courant assez fort avait entraîné le corps en aval. Le pauvre garçon ne put être rappelé à la vie. C'était le fils d'un capitaine en retraite. Il n'avait que 18 ans.

A la rentrée j'avais un peu plus de 19 ans. J'étais plus affermi et je travaillai vigoureusement.

C'est alors que je connus Gandil qui entrait, lui, comme élève de première année.

Mon camarade Thoumas, le plus fort de l'année précédente, ayant été reçu, je me trouvais alors le plus fort de la classe. Mais notre professeur était M. Perret, et je prenais des répétitions près de

M. Comaret. Il y avait entre les deux professeurs une vive rivalité. A Pâques, j'eus le premier prix. A la fin de l'année, M. Perret donna un problème dont je ne trouvai pas la solution tout d'abord, et comme j'avais quelque raison de soupçonner l'impartialité de M. Perret, je pensai qu'il avait fait faire aux élèves dont il était le répétiteur des problèmes analogues. Cela me troubla. Gandil réussit la question proposée, et je refusai de donner ma composition. C'est pourquoi Gandil eut le prix d'honneur de mathématiques, et c'est lui qui figure au tableau d'honneur du Lycée de Dijon, bien que je fusse plus fort que lui.

Ceci n'a d'autre importance que de faire voir combien il est nécessaire de faire donner dans les classes des Lycées les sujets de composition par des personnes autres que les professeurs de ces classes.

Tous deux, Gandil et moi, fûmes reçus cette année-là après avoir passé nos examens à Besançon, mais dans un mauvais rang tous deux.

Et cependant le professeur de mathématiques du Lycée de Besançon m'avait dit quand j'eus quitté le tableau : avec cet examen-là vous serez dans les quinze premiers. Mais j'avais trop bien passé. J'avais résolu de cinq manières différentes un problème que l'examinateur, Auguste Comte, m'avait posé; il crut que j'avais eu communication de ces solutions par quelque indiscrétion venant de Paris et me nota sans doute en conséquence.

Mais au premier classement je fus dans les trente premiers. Cela arrive souvent ainsi aux élèves de province qui ne sont pas stylés comme ceux de Paris.

Ma mère me conduisit à Paris, et nous assistâmes

à l'imposante et grandiose cérémonie du retour des *Cendres* de l'Empereur Napoléon I⁰ʳ. Malgré un froid glacial, la foule était immense, et je fus vivement impressionné par la grandeur de ce spectacle.

Quelques jours après, je voyais se refermer sur moi les portes de ce couvent de la Science, d'où sortent, après deux ans d'études ardues, tant de jeunes hommes ainsi sérieusement préparés aux carrières multiples par lesquelles on peut arriver aux situations les plus hautes de l'Etat.

Le Philosophe doit en tirer cette conclusion profonde : c'est que la culture de l'intelligence, dans ces régions déjà hautes de la science, à un âge où le cœur est encore vierge des vilains calculs de l'ambition, développe en même temps les facultés morales et tend à faire, non seulement des hommes utiles, mais en même temps et, sauf de très rares exceptions, d'honnêtes gens dans le sens le plus large du mot.

Et que penser, dès lors, des hommes de l'Empire, du monarque lui-même qui ont songé un instant à désorganiser l'Ecole polytechnique pour la transformer en deux écoles, l'une militaire, l'autre civile, parce qu'ils avaient peur de son esprit de droiture et d'indépendance ; parce que, manquant de sens moral, ils méconnaissaient la haute idée de Monge (de la Côte-d'Or), de Fourcroy, de Carnot (de la Côte-d'Or), de Lamblardie, de Prieur (aussi de la Côte-d'Or), qui furent les fondateurs de l'Ecole. (Voir la note des pages 45, 46 et 47 de l'*Utopiste.*)

Je retrouvai à Paris mon ami Hippolyte Laureau qui travaillait l'architecture dans l'atelier de Labrouste, rue des Beaux-Arts. C'était un homme de simplicité et de dévouement. L'année précédente, dans le port du canal à Dijon, un enfant avait disparu sous un bateau. Laureau avait plongé sous le bateau et avait sauvé l'enfant. Nos exercices de natation au Creux-Pichat n'avaient pas été inutiles.

J'allais passer une bonne partie de mes sorties du mercredi et du dimanche dans sa chambre de la rue Cassette, pauvre chambre d'un pauvre étudiant. Vers le milieu de l'année le mal du pays me frappa. Je pensais trop à Dijon et à Baulme-la-Roche. Ma timidité me pesait. Je me sentais découragé. Le soir, quand je passais les ponts pour rentrer à l'Ecole, je m'accoudais sur le parapet et je regardais l'eau noire avec le désir vague d'en finir avec la vie.

Cet état morbide dura longtemps. Laureau cherchait à m'égayer sans y réussir, mais avec une amitié fraternelle et touchante.

J'aurais dû cependant repousser ce sentimentalisme exagéré. J'allais souvent le dimanche soir dîner chez mon oncle Alexandre Jolivet qui était mon correspondant. Là je trouvais ses deux filles, Camille et Louise, qui étaient très aimables pour moi ; puis aussi leur cousine Mélanie, fille d'Auguste Jolivet, qui plus tard devint ma femme.

Mais alors, aussi naïve, aussi timide que moi, elle ne m'inspira qu'une sympathique affection. Pour un enfant qui est un homme à faire, il faut l'amour d'une femme faite !

Je travaillais mollement, sans courage. Cependant je me maintenais à peu près dans les trente premiers, ce qui n'était pas trop mal sur une promotion de 210 élèves. Ce chiffre exceptionnel avait été demandé par Thiers en prévision de la question d'Orient qui était menaçante.

C'est chez mon grand-oncle Alexandre que je fis connaissance avec le général Vaillant, qui devint plus tard un grand personnage.

Il était, je crois, fils d'un chef de bureau ou de division de la Préfecture de Dijon.

Fort spirituel, railleur, gouailleur, orgueilleux, il m'inspira peu de sympathie, et cela fut réciproque. C'était un pressentiment.

Premier retour au pays

Je passai assez heureusement mes examens de fin d'année, mais moins bien que je ne l'espérais. Cela devait être. Puis je partis pour Dijon avec mon cher Laureau. Nous prîmes par économie l'impériale de la diligence Lafitte et Caillard. C'est alors que je m'aperçus combien, après une première absence, le cœur est saisi par le retour au pays natal. Au moment où des hauteurs de Hauteville j'aperçus la flèche de Saint-Bénigne, j'éprouvai une émotion tellement vive que je fondis en larmes. Je me reprochai cette naïveté, cette sensibilité exagérée; mais, depuis, j'ai su que c'était arrivé à bien d'autres.

Il ne faut pas mépriser la sensibilité; l'âme se dessèche assez vite, hélas! au contact de la vie qui est d'ordinaire triste et maussade quand elle n'est pas malheureuse.

Je ne retrouvai pas tous mes vieux parents. Mes

deux grand-pères étaient morts avant mon entrée à l'Ecole, ainsi que ma grand'mère Monot qui aurait tant voulu me voir dans mon habit de polytechnicien. Elle avait succombé à un asthme terrible un peu avant mes examens.

Elle avait autrefois, à Avelanges, aidé son beau-frère, le curé Monot, à diriger son petit séminaire. Elle s'était acquittée de cette tâche aussi ingrate que peu lucrative avec un dévouement extrême. Elle était revenue à Dijon pour mourir dans les bras de ma mère. Elle occupait alors, rue Saint-Philibert, le logement qu'occupa depuis l'excellent docteur Morlot.

J'allai passer quelques jours à Baulme-la-Roche où j'avais été si heureux. Je chassai peu, je lus beaucoup. Le *Lys dans la Vallée*, *Valentine*, *Consuelo* surtout, m'ouvrirent une foule d'horizons nouveaux et m'initièrent à des idées toutes neuves pour moi. Un immense noyer surplombait le verger et portait à son sommet une fourche à trois branches qui parfois, sous l'action des grands vents, avait un balancement vertigineux. C'était mon cabinet de lecture, et j'y passais des heures entières. Ce furent les derniers moments de ma première jeunesse. Ils furent bientôt passés, et il fallut retourner à Paris.

Ecole polytechnique (2ᵉ année)

J'entrai dans la salle 1, et je fus placé à côté de Rivot, premier major de notre promotion. Nous devînmes bien vite amis.

Rivot était très sourd, et se servait pour ses rédac-

tions des notes que je prenais aux cours, puis je me
servais de ses rédactions, et cet échange de services me
fut bien utile.

A toutes ses *colles*, Rivot avait 19, 19 1/2, ou 20.
Il resta et sortit major, et cependant il avait pour
concurrent Philips qui devint membre de l'Institut.
Mais Rivot avait une tête admirablement organisée
pour le travail. Quand le soir nous allions nous coucher, dans le même dortoir, il me disait : Tu vas
dormir? — Sans doute. — Eh bien, moi, je vais repasser
ma chimie.... Et les yeux fermés, immobile comme
s'il eût dormi profondément, il travaillait. Et, de fait,
le lendemain, *il allait à la colle et piquait son 20!*

Il était le plus fort élève du gymnase Amoros. Et
tellement musclé que saisissant d'une main les trin-
gles de son lit, il se soulevait d'un *seul bras* de
manière à toucher sa main avec ses lèvres. Il est
mort trop jeune pour ses amis et pour la science.
Mais il a laissé un magnifique traité de métallurgie
qui l'eût conduit à l'Institut. Il était professeur de
docimasie à l'Ecole des mines lorsqu'il fut atteint
d'une carie de l'os de l'orbite de l'œil droit. Nélaton
jugea l'opération impossible, et mon malheureux ami,
le futur membre de l'Institut, mourut dans des douleurs atroces.

Dans cette même salle 4, se trouvaient avec Rivot
et moi, Charton, de Rennes, de Magallon, de Sailly,
qui entrèrent plus tard dans l'artillerie; Bureau dans
l'artillerie de marine, de Foucault dans le génie, Hou-
peurt dans l'industrie minière, à Saint-Etienne, Gandil
dans l'artillerie, puis dans les bureaux arabes, puis
dans les tirailleurs indigènes; il devint général de

division et commandant de l'Ecole de guerre. Sauf
Charton, de Magallou, et l'auteur de ces lignes, tous
sont morts aujourd'hui (1893).

J'ai parlé de Rivot et de sa valeur scientifique, mais
je n'ai pas dit quel honnête homme c'était. Des compagnies fondées comme celle de Saint-Bérain, de
légendaire mémoire, lui ont offert de grosses sommes
pour faire des rapports favorables. Il ne répondait que
par le mépris. Quand de tels hommes meurent jeunes
c'est un vrai malheur social.

Je fus heureux d'avoir Gandil dans ma salle. Il était
bon et honnête aussi celui-là, mais très jeune de
caractère et un peu trop enfant.

Ecole phalanstérienne

Laureau m'attendait les jours de sortie dans sa
chambre de la rue Cassette. Il était déjà phalanstérien. Il me conduisit à l'Ecole sociétaire. Là je vis et
j'entendis Considérant, Elève de la promotion de
1820, il avait donné sa démission d'officier du génie
pour se consacrer exclusivement à propager la doc-
trine de Fourier. Je fus entraîné par cette parole, con-
vaincue, ardente, éloquente. J'étudiai Amédée Paget,
Pellarin ; je lus *Destinée sociale*, de Considérant,
Solidarité, d'Hippolyte Renaud, et un peu les œuvres
du Maître, de Fourier qui est mort compris seulement de quelques adeptes, et dont les idées gran-
dioses transformeront l'Humanité dans une centaine
d'années quand elle sera apte à les comprendre.

Victor Hugo a dit de lui quelque part : « Il y avait

« alors, à l'Institut, un Fourier dont personne ne se
« souvient ; et, je ne sais dans quel grenier, un
« autre Fourier dont le monde entier parlera ! ».

Ce Fourier, de l'Institut, était pourtant un grand
mathématicien.

Distractions

Pendant cette deuxième année je travaillai surtout
en commençant, mais trop mollement au gré de Rivot
qui me rappelait à l'ordre en me donnant de grands
coups de poing sur l'épaule.

Cependant j'allais quelquefois au théâtre, mais
seulement aux Italiens, à l'Opéra-Comique ou aux
Français. Je gardé, comme un précieux souvenir,
celui des grands acteurs qui formaient une pléiade
musicale qu'on ne reconstituera peut-être jamais.
C'étaient, aux Italiens, Rubini, Mario, Tamburini,
Lablache, Mmes Persiani et Grisi ; puis à l'Opéra d'autres grands artistes, mais dont la célébrité est restée
un peu inférieure à celle des chanteurs de la troupe
italienne. Là, il y avait Habeneck, le merveilleux
chef d'orchestre.

Mais ces fêtes étaient rares pour moi. Mon père
n'était pas riche, je le savais, la pension était chère,
je n'avais pas le droit de dépenser beaucoup pour mon
plaisir. Aussi n'ai-je jamais vu jouer Rachel, je n'ai
pas entendu Mme Malibran. Quand de tels génies passent dans le monde, on devrait ne jamais s'abstenir,
fût-on pauvre, et dût-on pour cela se mettre au pain
et à l'eau pendant quinze jours.

Beaucoup d'entre nous sortaient de familles gênées. Cependant nous nous cotisions pour payer la pension de camarades encore plus pauvres que nous, dont les majors, seuls, savaient les noms. Et parfois nous étions indignés en voyant la femme d'un officier général qui venait, en calèche, chercher son fils, boursier de l'État.

On était loin de l'époque où Monge voulait que les élèves fussent payés. Lorsque, sous le premier Empire, les élèves durent payer la pension, Monge consacra à des bourses son traitement de membre de l'Institut. Aussi l'École reconnaissante le regarde comme le premier de ses fondateurs.

Professeurs de l'École

Nos professeurs étaient tous des hommes de la plus haute distinction.

Notre directeur des études était M. de Coriolis, ingénieur en chef des mines. Il a fait la théorie mathématique des *effets* au billard. Le général Tholozé, qui commandait alors l'École, faisait les effets que *Coriolis* (on supprimait toujours le *de*) traduisait par une théorie dynamique. Celui-ci n'était pas vieux, mais si cassé, si jaune, qu'on l'avait surnommé Trompe-la-Mort.

Le professeur d'X était le *Père Sturm*, l'auteur du théorème d'algèbre qui porte son nom. Il était toujours embarrassé, lourd, distrait, n'osant pas regarder l'amphithéâtre, toujours ruisselant de sueur, essuyant son front avec le torchon du tableau plein de craie.

et le mettant dans sa poche, puis essuyant le tableau avec son mouchoir à carreaux. C'était l'*Eléphant timide!*

Lamé, le premier mathématicien de l'Europe, disait-on, en ce moment, membre de l'Institut, était professeur de physique. Le bruit courait parmi nous qu'il avait fait des mémoires sur l'*orientation des axes des atomes!* Nous ne comprenions pas trop, mais cela lui faisait une auréole. Il était bon et bienveillant. Souvent on dormait à son cours, car son débit était monotone. Il le voyait et riait. On avait fait ce calembourg : Lamé ta physique *m'endort!*

Bien plus tard, en 1860, il eut la bonté de faire insérer aux comptes rendus de l'Institut une étude sur les séismomètres (instruments de mon invention destinés à *mesurer* les tremblements de terre). Je reçus, plusieurs années après, du savant M. d'Abadie, une lettre dans laquelle il me demandait si j'avais fait construire ces instruments.

J'envoyai aussi en 1860 à M. Lamé une étude sur la navigation aérienne. Il m'écrivit que c'était la chose la plus rationnelle qu'il eût encore lue sur cette question, et que si je voulais nous la travaillerions ensemble. C'était bien flatteur pour un pauvre inventeur tel que moi ; mais j'étais absorbé à cette époque par les grands travaux de Toulon, et plus tard Lamé, déjà très sourd, devint malade, et mourut trop tôt pour la science. Mon travail fut publié dans l'*Ami des sciences*, créé, je crois, par Victor Meunier, mais rédigé alors par Piton-Bressant, un de mes camarades de promotion. En note du nº du 11 mars se trouve la mention suivante : « Ce mémoire, dont l'importance n'échappera pas à nos lecteurs, nous a été remis le 7 février 1860 par l'entremise d'un membre de l'Institut auquel l'auteur avait soumis son travail ». (Nᵒˢ des 11, 18 et 25 mars 1860).

Notre professeur de chimie était Regnault, tout jeune et déjà membre de l'Institut, ayant fait des travaux admirables de précision et de justesse. Il fut le père du peintre Regnault, déjà célèbre, qui fut malheureusement tué à la défense de Paris pendant la guerre de 1870-71.

Chasles, membre de l'Institut aussi, était professeur de mécanique appliquée. Il était déjà vieux, puis timide, embarrassé; un peu ridicule avec son habit bleu barbeau à boutons d'or.

M. Leroy était professeur de géométrie descriptive. C'était un homme de valeur un peu secondaire, solennel, sans esprit, très dévot. On l'avait surnommé *le Beuveau*, parce que dans une de ses leçons sur la charpente il ne manquait jamais de décrire avec complaisance ce très simple instrument de charpentier.

Un jour il examinait les divers cas présentés par les ombres des corps suivant les diverses positions du point lumineux. Un élève lui demanda la permission de lui faire une observation : — Il me semble, dit-il au professeur, que vous avez oublié le cas où le point lumineux est dans l'ombre. Interloqué, le professeur remit la solution de ce cas imprévu à la séance suivante. — Quand il entra dans l'amphithéâtre, un sourire narquois voltigeait sur toutes les lèvres. — Messieurs, dit-il lentement et de son air le plus solennel, il y a des élèves qui se plaisent à faire des questions captieuses. Je ne répondrai pas ! Et se tournant gravement vers le tableau : Soit XY la ligne de terre....

Le pauvre homme eut le malheur de perdre sa mère, et on fut assez irrévérencieux pour mettre dans sa bouche ce propos burlesque : « J'ai perdu ma *géné-« ratrice*, qui était aussi ma *directrice*; elle a passé « sous la *ligne de terre*, et m'a laissé comme un *point « isolé* sur le *plan horizontal !* ». Ces expressions techniques sont empruntées comme on sait au cours de géométrie descriptive.

Comme on voit, la tension scientifique des esprits n'excluait pas l'étincelle.

M. Jodot, professeur de lavis, nous enseignait à faire des teintes plates. Comme il avait le dos voûté et était fort maigre, on l'avait nommé : l'homme aux plates ! C'était de la gaîté.

Mais le plus étrange et le non moins distingué de nos professeurs, celui qui était censé nous enseigner l'allemand, était le *Père Hase*. Le père Hase était conservateur des manuscrits de la Bibliothèque royale. Il savait tout. On disait qu'il parlait dix-neuf langues ! Un jour, après 1830, une petite tribu grecque perdue dans les montagnes, la tribu des Palicares, eut l'idée d'envoyer une sorte d'ambassade au roi Louis-Philippe pour le féliciter de son avènement au trône. Aucun des ambassadeurs ne parlait français. Quand on voulut les présenter au roi, on ne trouva pas d'interprète. Quelqu'un s'écria : « Il n'y a que le père Hase qui puisse nous tirer de là ». On courut à la Bibliothèque. — Savez-vous le palicare ? Et on lui expliqua l'affaire. « — Je ne sais pas le palicare, répondit-il avec son accent tudesque et traînard, mais je le saurai dans trois jours !... ». Et trois jours après les ambassadeurs étaient introduits près du Roi, et leur harangue immédiatement traduite par cet étonnant linguiste.

Il adorait les élèves de l'École. Quand il était à sa fenêtre et qu'il en voyait passer quelques-uns, il disait à Mme Hase : « Regardez, regardez.... tout ça intègre !... ».

Quand un élève indiscret lui demandait : Comment se porte Mme Hase ? il se penchait à l'oreille du questionneur et répondait à voix basse : « Ce n'est point une épouse, c'est une concubine ; *non uxorem duxi !* ». Et cela avec un sourire d'une naïveté indéfinissable, une prononciation lente et cet accent tudesque dont j'ai parlé plus haut que nul de nous n'a jamais oubliés.

Le professeur de littérature était M. Dubois (de Nantes). Il posait, et on ne l'aimait pas. On l'appelait Dubois (de la Gloire-Inférieure).

Steuben et Charlet nous enseignaient le dessin. Ce dernier, ancien soldat et artiste plein de verve, nous donnait pour modèles de croquis à la plume de petites scènes pleines d'une vive originalité. Quatre fois il a honoré mes dessins à la plume de la cote maxima *20*. Je les avais fait encadrer fort simplement. Je les avais donnés à mon bon et vieux cousin Goussard. A la mort de son frère, j'en ai retrouvé deux que j'ai gardés comme souvenir d'école.

Fin d'année (1842)

Malgré la variété infinie des études, et l'intérêt sérieux qu'elles m'inspiraient, j'avais toujours un fonds de tristesse, un spleen continuel dont je ne pouvais me défaire et qui paralysaient mes forces actives d'assimilation intellectuelle. Suivant l'expression consacrée, « je piquais la pensée étrangère », c'est-à-dire que je rêvassais et travaillais mollement. Cependant aux divers classements je me maintenais vers le 30ᵉ.

Une partie de la promotion des 210, par suite des bruits de guerre, avaient été envoyée à l'École d'application. Elle se composait des élèves qui avaient opté pour les services militaires. Mais ceux qui pouvaient espérer entrer dans les services civils étaient restés pour faire la deuxième année. La considération de l'énorme complément d'instruction que je pouvais acquérir pendant cette deuxième année m'avait décidé à rester.

Le *temps de pioche* était arrivé. Je piochai dur. Mais on ne rattrape pas le temps perdu.

Plusieurs de mes examens furent bons ; celui de physique, sous Babinet, fut excellent ; celui de chimie, sous Chevreul, fut passable ; je savais mal l'extraction du nickel.

C'est M. Mathieu (le beau-père de François Arago), un grand homme maigre et sec au moral comme au physique qui me demanda : « les équations aux différentielles partielles ». Là, j'eus un insuccès complet.

En rentrant dans la salle d'études, très mécontent de moi, je dis à Rivot : Voilà ce qu'il m'a demandé ; comprends-tu cela, toi ? — Non, me dit-il, mais je le sais tout de même.

Il résulta de ces deux mauvaises chances qu'au lieu d'être dans les ponts et chaussées, comme je l'espérais et comme mes camarades le croyaient, au lieu d'être dans les 30 premiers, je fus classé 54e et placé dans le génie.

Décidément l'influence du capitaine Yensesse se dessinait, et par l'intermédiaire de ma grand'mère, cet officier, mort avant ma naissance, se trouva avoir décidé de ma carrière.

Mes vacances calmèrent un peu mon spleen. J'en passai une partie à Saulieu chez mon vieil ami Laureau où je fus reçu avec une bonté dont je gardai une vive reconnaissance; puis chez mon jeune ami Gandil dont les parents et les excellentes sœurs me reçurent comme si j'eusse été de leur famille. J'en ai conservé le meilleur souvenir.

Ecole d'application

Je dus partir pour Metz, cette grande et belle place de guerre que nous avons perdue, hélas! mais qui était alors une des plus françaises des villes de France et qui n'a pas sa statue sur la place de la Concorde!... Celle de Strasbourg y est. Eh bien, il faut remplacer celle de Strasbourg par un groupe formé par les deux statues se tenant par la main et affirmant l'indissolubilité de l'Alsace-Lorraine.

Nous entrâmes à l'Ecole d'application de l'artillerie et du génie. Nous fûmes tous logés à la Seille, noire et affreuse caserne divisée en petites chambres occupées par un ou deux élèves. L'Ecole proprement dite était située dans les bâtiments de Saint-Arnould, rue Aux Ours; elle comprenait des salles d'études, des amphithéâtres, une belle et riche bibliothèque militaire, un manège avec écuries à proximité, enfin le logement du général commandant l'Ecole. Elle était près du Palais de Justice et de l'Esplanade, cette magnifique place et ce beau jardin que j'ai vus, hélas! pour la dernière fois le 1er novembre 1870, avant de prendre le train qui devait emmener prisonniers en Allemagne tous les officiers de l'armée héroïque prise par trahison. Plus loin je raconterai ces misères. Vieux souvenirs, patientez!

Il y avait à Saint-Arnould un état-major de capitaines et commandants, des professeurs, tous pris dans l'artillerie et le génie, sauf le professeur d'allemand, M. Mall, pasteur protestant, Alsacien.

J'étais le 3e de la promotion du génie; Parmentier en était le 1er, et c'était justice. C'était une intelligence d'élite; il aurait dû sortir dans les ponts ou les mines. Mais précisément cette intelligence était trop complète, trop compréhensive pour se localiser dans les matières que comportait l'enseignement de l'Ecole polytechnique. De plus que nous, il était musicien, jouait fort bien du piano, et avait composé, avant même d'entrer à l'Ecole, bon nombre de mélodies distinguées et savantes. Il parlait plusieurs langues. J'avais appris le violon autrefois, mais je dois à Parmentier d'avoir un peu compris la musique. Sa mère était pauvre; il se privait de piano pour lui envoyer chaque mois une petite somme prise sur son minime traitement de sous-lieutenant élève. Sa courageuse mère avait emprunté l'argent nécessaire à l'éducation de ses trois fils. Léonce, l'aîné, passa dans l'intendance en quittant le génie, et devint intendant général; le second, Théodore, mon camarade de promotion, est devenu général de division; le troisième a été tué à Sedan chef d'escadrons d'état-major. L'argent emprunté fut comme on voit un capital bien placé.

L'étude spéciale que j'affectionnai de suite, fut celle du cheval. La première année, dès le matin à 6 heures, par la neige, le froid ou la pluie des tristes hivers de la Lorraine, je partais pour le manège Fick, situé de l'autre côté de la Moselle, en traversant toute la ville, et à 8 heures j'étais de retour à Saint-Arnould avec une transpiration abondante et les pieds gelés. On verra que je n'eus pas à regretter cette passion pour le cheval, car plus tard je lui dus plusieurs fois la vie.

Je n'allais jamais au café. Je ne voulais pas demander d'argent à mon père. Je ne faisais pas un sou de dettes. J'allais assez souvent au théâtre parce que j'aimais la musique et que cela ne coûtait pas cher.

Au théâtre, mes chers camarades faisaient la loi, et je leur dois cette justice de dire qu'ils s'y conduisaient souvent fort mal, au grand désagrément des spectateurs civils qui voulaient écouter sérieusement. Ils échangeaient à haute voix des plaisanteries d'un bout à l'autre de la salle; ils interpellaient les acteurs. C'est à Metz que pour la première fois on entendit, dans la *Favorite*, le fameux « qu'il reste seul, — deux, trois, quatre — avec son déshonneur! ».

Parfois la salle entière acceptait avec bonhomie les excentricités risquées de certains élèves tant l'Ecole était sympathique à la population messine.

Un jour, un de nos anciens (nommé, je crois, Baillou), appelons-le X, qui ne riait jamais, mais avait réellement une verve comique singulière, alla prendre place, enveloppé dans son grand manteau d'uniforme, au centre de la galerie. Tiens ! disaient les camarades, est-ce qu'il est malade ? — Non, il va sans doute faire quelque chose de drôle....

Il restait impassible sous les regards interrogateurs de toute la salle.

La représentation commence ; les acteurs sont en scène depuis quelque temps. X.... se lève, gravement et regarde autour de lui : on murmure ; le parterre se retourne.... Assis, assis.... Il fait signe qu'il veut parler....; d'un geste imposant, il s'adresse aux acteurs qui, intimidés, s'arrêtent court... Un silence profond s'établit.... X.... prend lentement la parole et, d'une voix sombre et mystérieuse, il dit : « Messieurs, « vous connaissez tous le dernier des Mohicans ?.... « Oui, oui, après ? — Eh bien, je suis l'avant-der- « nier!!... ».

Une explosion de rires éclate de toutes parts : on se tord dans la loge des élèves. Les acteurs, les musiciens partagent l'hilarité générale. Le capitaine de service a ri aussi.... Il est désarmé. Bravo! Bravo!! X.... se rassied toujours grave, drapé dans son manteau. Et la représentation continue après l'émotion calmée ; puis l'excentrique auteur de cette bizarre esclandre s'esquive sans bruit, et ne reparaît plus.

Je me mêlais peu à ces effervescences de jeunesse. Je vivais simplement : les dépenses nécessaires absorbaient notre minime solde. C'était plus sage, mais moins spirituel que le moyen mis en œuvre par un de nos camarades plein de gentillesse et d'humour.

Au moment où il venait de toucher *son mois*, il éta-
lait ses pièces de cent sous sur sa table, ouvrait son
tiroir, et disait sérieusement : « Allons, il faut cepen-
« dant payer ses dettes... ». Et il faisait son compte.
— « Tant pour la popote ;... tant pour Modéré (le
« tailleur) ;... tant pour Fanny Bing (la marchande de
« gants) ;... tant pour Bijou (le vieux juif qui vendait
« et achetait toutes choses)... Cela fait tant !... Eh
« bien, et moi ... Qu'est-ce qui me reste ?... — Ah !
« bien, non par exemple, ce sera pour le mois pro-
« chain ! ». Et il raclait l'argent qui tombait avec
fracas dans le tiroir ; puis il fermait énergiquement
celui-ci en mettant la clef dans sa poche avec la gravité satisfaite d'un magistrat qui vient d'accomplir
un acte de justice. — Et tous les mois c'était le même
compte drôlatique.

J'étais seul dans ma chambre de la Seille. J'y vivais
fort isolé ; je ne voyais guère qu'aux salles d'études
Parmentier et Gandil ; je m'enfermais dans mon
spleen et dans quelques lectures. J'arrivai ainsi au
seuil de la deuxième année.

Après quelques semaines de vacances passées à
Dijon, je revins à Metz pour compléter l'instruction
spéciale de cette école où on ne fait guère d'*application*, mais qui est la *Théorie de la pratique.*

A l'Ecole d'application (2ᵉ année)

On nous fit loger en ville pour faire de la place à
la nouvelle promotion qui allait arriver. Gandil et

moi, nous prîmes un logement au deuxième, chez Pantz, le serrurier. Nous avions un *salon* commun, puis une petite chambre fort gaie dont la fenêtre s'ouvrait, comme celle du salon, sur l'Esplanade ; puis une deuxième chambre très triste du côté de l'atelier. Tous les mois nous changions de chambre. Le 1er, il y avait déménagement de chemises et de chaussettes. Au 3e étage, était une terrasse d'où on avait une fort belle vue.

Nous étions installés quand nos conscrits arrivèrent. Nous les reçûmes suivant l'usage dans un dîner où chaque *ancien* avait un *conscrit* à côté de lui et devait griser celui-ci. On buvait le champagne l'un après l'autre en chantant le fameux air : « Il fiiile ! — « Ah ! que le bougre a bien filé. — A son voisin à « commencer, etc. ». Après le dîner on allait au café du Heaume pour se compléter. Mais ces choses-là causent parfois de graves accidents, et un de nos camarades, nommé Saint-Quentin, faillit y perdre la vie. C'était un gros bon garçon, simple, naïf, mais très impressionnable. Au lieu de griser son conscrit, ce fut lui qui succomba. Au Heaume il commença par faire un tas de bêtises. Il avisa un vieux monsieur qui était là, et lui chercha querelle. Comment ! lui dîmes-nous, c'est le père d'un de nos camarades, et tu l'insultes ! — Mais tu es donc absolument ivre ? — Il eut un moment de stupeur ; puis, avec un sérieux de pochard consciencieux : — « C'est vrai, dit-il, oui « j'ai insulté cet homme honorable ; c'est un crime, « et je ne suis plus digne de vivre !... ».

— Attention, dis-je à Parmentier et à Gandil qui comme moi avaient à peu près conservé leur sang-froid (1), voilà Saint-Quentin qui va faire quelque folie. En effet, il se dirigea vers une des portes du café donnant sur l'Esplanade, et sortit en courant du côté du parapet en pierre qui surplombe le fossé de 15 mètres. Mais j'étais sorti par une autre porte, j'avais coupé au court, et comme je courais avec une légèreté extrême, j'arrivai juste au moment où Saint-Quentin allait franchir le parapet. Je lui jetai mes bras autour du corps et, d'un effort de reins violent, je le retournai vers l'Esplanade. Il s'arc-boutait, et quand je le poussais ses pieds glissaient sur le sable. Parmentier et Gandil arrivaient, ils le saisirent et il ne put plus résister; mais il tira à moitié du fourreau l'épée de Parmentier pour se la passer à travers le corps! Nous envoyâmes chercher un fiacre, et nous eûmes toutes les peines du monde à l'y faire entrer et à l'y tenir.

De Magallon avait, de l'autre côté de la Moselle, une chambre assez grande; il nous avait rejoint et nous conduisit chez lui. Mais tout n'était pas fini. A peine étendu sur le lit, Saint-Quentin défonça le panneau d'un formidable coup de talon. On fit du thé, il voulut briser la tasse avec ses dents. La tasse retirée, il fit des efforts inouïs que nous ne nous expliquions pas. Gandil eut alors une sublime inspiration d'homme gris : — Il veut avaler sa langue, s'écria-t-il! Puis il s'élança sur le lit, se précipita sur Saint-Quentin, et le mordit à l'oreille. Du coup, Saint-Quentin se calma. — Je savais bien, dit gravement Gandil, vic-

---

(1) Parmentier n'avait même bu que de l'eau.

torieux ; j'ai lu qu'en Amérique c'est ainsi qu'on dompte les ânes sauvages !

Vous pensez si nous avons ri. Enfin le jour arriva, le calme revint. Saint-Quentin fut huit jours malade chez lui. Nous nous félicitâmes vivement de ce sauvetage accidenté et bizarre.

Mes amis

Pendant cette deuxième année d'école Gandil et Parmentier furent mes camarades les plus intimes. Gandil, jeune et léger, ne travaillait guère. Il était de l'artillerie où on était moins sérieux que dans le génie. Je l'aimais parce qu'il était bon et affectueux et que nous étions compatriotes sortis du même Lycée. J'aimais Parmentier parce que c'était une organisation d'élite. Tous trois nous étions enthousiastes, et déjà socialistes d'instinct Nous avions accepté la partie réellement grande, belle et possible de la Théorie de Fourier. Tous trois, nous tenant par la main, nous nous serions élancés du haut de la cathédrale de Metz pour obtenir d'une puissance suprême quelconque le salut de la Patrie ou le bonheur de l'Humanité.

Plusieurs fois les trois amis s'étaient posé cette héroïque éventualité à titre d'hypothèse philosophique, en rappelant le souvenir de Curtius ; mais, à titre d'hypothèse seulement, le mysticisme de ces sacrifices, volontaires ou non, de ces immolations à la manière antique de la fille de Jephté, d'Iphigénie, disparaissant aujourd'hui devant la lucidité scientifique de l'Esprit moderne.

En somme, s'ils travaillaient un peu mollement l'art militaire, nos trois camarades lisaient la Bible, l'Évangile, le Coran, les socialistes, les économistes, et se préparaient des convictions et une *Foi* pour entrer dans la vie active.

Chemin de fer sans arrêts

C'est ici la place d'un épisode assez bizarre de ma vie studieuse à cette époque. J'ai toujours eu l'esprit chercheur et inventif, on le verra dans ces notes ... si j'ai le temps de les terminer.

Nous étions en 1844. Les chemins de fer commençaient à s'établir. Les vitesses n'étaient pas grandes ; les arrêts étaient fréquents ; les prises d'eau, les embarquements de bagages et de voyageurs fort lents.

Je me posai tout-à-coup le problème suivant : aller de Brest à Saint-Pétersbourg, sans arrêts ; prendre et laisser au passage *sans diminution de vitesse et sans chocs*, lettres, voyageurs et bagages. Il ne s'agissait que de trains rapides naturellement.

C'était une invention spéculative, c'est-à-dire que, mettant à part les difficultés de pratique et d'exécution réelle ou de prix exagérés, je voulais prouver *qu'à la rigueur*, le problème posé était possible. Voici le système, résumons-le succinctement. Les wagons communiquent entre eux à l'intérieur et sur la toiture par un corridor continu. Les voyageurs et les bagages (légers) pour la prochaine gare vont se placer dans le ou les wagons de queue. Un décrochement permet de les abandonner au moment nécessaire et ils se garent d'eux-mêmes par la vitesse acquise sur une voie latérale convenablement aiguillée. Au départ d'une gare, les voyageurs et les bagages attendent, tous placés dans un train (d'un ou plusieurs wagons) *calé* sur une rampe très inclinée et à une distance calculée. Un déclic est mis en mouvement par le dernier wagon du train qui arrive, et le train additionnel descend la rampe qui lui donne une vitesse un peu supérieure à celle du train principal qui vient de passer et auquel il va s'accrocher par un crochet à ressort. Alors chaque voyageur prend place dans le wagon numéroté pour la station qui lui convient. Ses bagages le suivent sur l'impériale, etc.

J'avais calculé assez bien les éléments de ce système. J'y avais été aidé par mon ancien major Rivot, alors à l'Ecole des Mines et bien plus fort que moi en machines, et en dynamique appliquée. J'envoyai mon travail au général du génie Poncelet, alors membre de l'Institut.

Plusieurs mois se passèrent sans réponse. J'allai trouver le général à Paris. Il parut d'abord ne pas avoir lu ou avoir oublié mon mémoire. Enfin il mit la main sur un rouleau relégué sur un haut rayon de sa bibliothèque.

J'étais fort intimidé. Je demandai au général ce qu'il pensait de mon idée. — Mon Dieu, répondit-il, je pense que... c'est impossible — Mais pourquoi? — Vous n'avez pas pensé à l'eau qu'il faut prendre. — Si vous admettez, mon général, qu'on peut prendre des bagages, on peut prendre de l'eau de la même manière — Peut-être ; mais du charbon ; il vous faut du charbon. — On le prendra comme les voyageurs, les bagages, et l'eau. — Ah !.... Eh bien, tout cela n'est pas possible — Et pourquoi donc, mon général? — Pourquoi.... pourquoi...., parce qu'on n'y a jamais pensé ! (Textuel).

Là dessus, profondément vexé, je tendis la main. Le général, un peu embarrassé, me rendit le manuscrit roulé. Je saluai sans rien ajouter et jamais plus je ne m'occupai de cette idée qui est restée avec le mémoire au fond de quelque malle où je retrouverais peut-être le vieux rouleau si je cherchais bien.

Peut-être quelque jour cette solution nous reviendra d'Angleterre ou des Etats-Unis, et si elle reçoit son application quand je serai dans l'autre monde, je regretterai de voir attribuer à une autre nation la priorité d'une idée française dans le grand steeple-chase international du Progrès.... si toutefois, dans l'autre monde, l'amour-propre individuel, ou l'orgueil national existent encore.

Pendant cette deuxième année d'école, j'avais continué avec enthousiasme mes études d'équitation. Je *doublais* presque tous les jours, et je montais le sauteur avec acharnement et succès. Gandil, Bernard (fils de l'ancien ministre de la guerre), et moi, étions les seuls amateurs de cet exercice violent. J'y étais devenu très fort, et de cela, comme on le verra plus loin, je n'eus qu'à me féliciter.

Excursion au Jægerthal

Vers la fin de la deuxième année, les élèves sont appelés à faire ce qu'on appelle le *lever d'usine*.

Il s'agit de mettre en pratique la théorie des levers de toute sorte de bâtiments, machines, moulins, hauts fourneaux, etc., en reproduisant avec dessins et mémoires ceux des établissements que chaque élève est chargé d'étudier. Les anciens sont alors divisés en groupes de dix à douze élèves tant de l'artillerie que du génie, et chaque groupe part sous la conduite d'un capitaine de l'état-major de l'école. Le groupe dont je faisais partie fut envoyé à Niederbronn, alors chef-lieu de canton du Bas-Rhin, et centre industriel important. Nous nous étions entendus au départ pour presser vivement notre travail, de manière à obtenir deux jours de permission avant notre retour à Metz. En effet, nous gagnâmes deux jours sur le temps réglementairement accordé, et nous venions dé prendre notre dernier dîner à l'hôtel où nous avions logé quand, en en sortant, nous nous trouvâmes en quelque sorte éblouis par un magnifique clair de lune qui faisait ressortir en les accentuant les beautés pittoresques de ce pays richement accidenté.

L'étude des mathématiques n'avait point éteint en nos jeunes cerveaux toute poésie. Savez-vous, dis-je aux camarades, ce que nous devrions faire ? Voyez ce vieux château de Jœgerthal qui, aux trois quarts ruiné, élève encore au haut de la montagne ses pignons aigus. Allons-y passer la nuit, ce sera notre premier bivouac.

Ma proposition fut acceptée d'enthousiasme ; on loua des ânes qui furent chargés de victuailles et de bouteilles, de torches et de cordes et nous nous mîmes en route. Après un trajet long et laborieux, nous arrivâmes vers minuit au pied du vieux manoir. On entra malgré les pierres amoncelées, les ronces et les broussailles. Les escaliers tremblants, les orfraies lugubres, les chauves-souris tournoyantes, rien ne put altérer un instant notre jeune et exubérante gaieté. On avisa une grotte dans le rocher qui s'élevait jusqu'à la plate-forme supérieure du château, et là on soupa avec l'entrain et l'appétit de la vingt-quatrième année. Un feu de broussailles fut allumé à l'entrée de la grotte et un punch splendide couronna le souper. Les superstitieux bergers de la vallée durent se demander quels étaient les hôtes d'un autre monde qui illuminaient ainsi les fenêtres oscillantes et les créneaux tremblants de ce vieux débris d'un autre âge.

Le capitaine d'artillerie Collard participa à la gaîté générale en racontant d'étonnantes histoires avec une verve endiablée. J'étais en ce moment enlevé et excité à l'excès sans avoir perdu mon sang-froid. Il me semblait que j'étais d'une légèreté extrême et que mes pieds touchaient à peine à la terre. Un rocher affectant la forme d'un prisme triangulaire s'élevait à côté de la plate-forme et dominait les grands sapins dont le château était entouré; leurs pieds disparaissaient dans la profondeur d'une ombre bleuâtre, et les cimes seules étaient éclairées par la lueur éclatante de la lune dans un ciel sans nuage.

Un des châtelains s'était plu à faire creuser une espèce de cuvette au milieu du sommet de ce roc presque isolé dont les bords étaient forts étroits; c'était une sorte d'abreuvoir offert aux oiseaux de la forêt. Eh bien, j'eus l'idée folle de faire le tour de ce réservoir aérien, et je m'aventurai, calme et orgueilleux de mon audace inutile. J'en eus le vertige... après !

Je rejoignis alors les camarades couchés pêle-mêle dans leurs manteaux sur le sable fin de la grotte qu'ils remplissaient de leurs ronflements sonores.

Allons, pensai-je, nous sommes bons pour faire campagne ! et je m'endormis aussi.

Mais bientôt un soleil splendide surgissant à l'horizon, nous éveilla tous. Les bouteilles furent interrogées, on en versa les restes dans une sorte de large coupe creusée dans le roc par les orages, et un dernier punch éleva sa flamme bleue vers le ciel.

En ce temps-là (1844), nous étions encore jeunes, nous pouvions croire à la monarchie de Juillet et à ses promesses. C'était le 1er mai et nous portâmes la santé de Louis-Philippe, roi *des Français*.

Quelques heures après, tous dispersés, nous partions en permission de deux jours.

C'est alors que je passai à Phalsbourg pour aller à Wasselonne où je fis connaissance avec la famille de mon excellent ami Parmentier, avant de retourner à Metz subir les examens de fin d'année.

Au 1er Régiment du génie

Après deux mois de vacances passés dans ma famille, je fus classé troisième de la promotion du génie, j'aurais dû être deuxième (mais cela me paraissait alors bien peu important), et je fus envoyé au 1er régiment du génie, alors à Metz. L'amitié de Parmentier m'y rappelait, c'est là que je devais le retrouver ; quant à

Gandil, il faisait partie d'un régiment d'artillerie à Besançon, et allait bientôt partir pour l'Algérie où je devais le revoir dans une circonstance qui me le fit doublement aimer.

Le colonel Paulin commandait le 1ᵉʳ du génie. Il menait son régiment avec raideur, mais plutôt par pose gasconne que par méchanceté. Cependant, en 1848, le régiment se souleva contre lui ; il fut disgracié et envoyé comme directeur en Corse au lieu de passer général, et je crois qu'il ne s'en consola jamais. Il mourut très vieux, à 97 ans, au château de Saint-Léger, que le général Paulin, son frère aîné, lui avait légué. J'étais déjà à la retraite quand il me reçut très aimablement à Dijon et m'invita plusieurs fois à déjeuner avec ses vieux camarades du génie.

En arrivant au régiment, comme j'étais alors fort timide, j'eus quelque peine à m'habituer au commandement. Le service était peu chargé. Nous avions beaucoup de loisirs. Au lieu de les passer au café ou à la promenade, j'aimais à rester chez moi. Je demeurais dans la maison de Pantz où j'avais logé l'année précédente avec Gandil, mais dans le bâtiment du fond qui prenait jour sur la rue de la Crête. Ma chambre, petite mais propre, ne me coûtait que 20 francs par mois. Je continuais mes lectures de l'année précédente. Je discutais parfois sur les questions religieuses avec M. Mall, pasteur protestant, notre ancien professeur d'allemand à l'Ecole. Parmentier et moi nous l'embarrassions fréquemment par nos objections. Mᵐᵉ Mall, grande, sèche et vertueuse, était d'une religion intransigeante et absolue. Un jour, je voyais ses enfants occupés à lire une

Bible ouverte sur la table. C'est sans doute, dis-je, une Bible expurgée? — Non, Monsieur, c'est *la Bible!* — Mais il y a bien des choses dans la Bible qu'il ne faut pas, il me semble, laisser lire par des enfants. — C'est le livre de Dieu, Monsieur, et ce qui vient de Dieu ne peut être nuisible!

Il n'y avait rien à répondre. Cette *Foi* était un mur.

Je faillis être tué avec Parmentier lors de l'inspection du général Vaillant. Un fourneau surchargé fit sauter en l'air des gabions forcés et des gabions ordinaires pleins de terre, à une hauteur énorme. Deux de ces gabions vinrent tomber et s'écraser, l'un devant, l'autre derrière la baraque en bois où nous nous trouvions avec l'officier chargé de donner le feu par la pile électrique. Notre camarade Barrabé qui, depuis le parapet de la citadelle pouvait juger du danger que nous courions, faillit se trouve mal. Le général eut une épaulette écrasée par une pierre et l'épaule meurtrie.

Après l'inspection vint l'hiver, le rude et triste hiver de Lorraine. Il n'était pas encore terminé que ma compagnie reçut l'ordre de partir pour l'Algérie.

Ce fut pour ma mère un grand chagrin. Certes j'avais beaucoup de peine de quitter mes vieux parents qui m'aimaient tant. Mais j'avais hâte d'être enfin utile à quelque chose. Il y avait si longtemps que j'étudiais sans cesse sans rien produire. J'étais heureux d'être enfin un homme! Nous allions combattre Abd-el-Kader. Le colonel Paulin donna un grand dîner aux officiers des trois compagnies partantes. Au dessert on chanta une chanson que j'avais improvisée sur l'air de *Larifla* alors en vogue :

> Oui, dans quelque trou
> Sera pris par nous
> Ce grand Marabout ! *(bis)*.

Les rimes n'étaient pas riches, mais c'était gai.

Parties de Metz vers la fin de mars, les compagnies arrivèrent à Toulon à la fin d'avril. En qualité de cavalier émérite, je fus chargé, pendant le trajet, de commander un détachement de sapeurs-conducteurs avec 45 chevaux de trait de remonte. En traversant près de Cavaillon (Vaucluse) un canal, sur un pont suspendu, je vis tout-à-coup le pont osciller d'une manière inquiétante. Je criai halte, à toute voix. Ma présence d'esprit eut un plein succès, car l'oscillation s'arrêta et je pus faire passer les chevaux individuellement. J'ignorais que cette précaution simple était recommandée. Ainsi fut évité un événement grave qui aurait peut-être terminé brusquement ma carrière à peine commencée et celle des braves gens qui étaient sous mes ordres.

A Toulon, les compagnies furent embarquées sur la frégate à vapeur de l'État, l'*Albatros*, et le 1ᵉʳ mai 1846, notre débarquement avait lieu sur le quai d'Alger par un temps splendide qui contrastait vivement avec la neige de Metz au départ. Je n'avais pas 26 ans et j'étais heureux d'être enfin dans cette Algérie, où depuis quinze jours je suis revenu, et où j'écris les présentes pages au sud du Djurjura qui découpe en face de moi sur le ciel bleu ses hautes cimes dentelées et neigeuses. Je suis, pour quelques jours, établi en touriste dans la propriété concédée à notre compatriote Bombonnel, le célèbre tueur de lions et de panthères. Bombonnel est mort et sa propriété a été vendue. Elle était de 140 hectares, en partie couverte de broussailles et entourée, surtout vers l'Est, de forêts autrefois pleines de fauves, dont grâce à lui le nombre a beaucoup diminué, mais où il serait encore peu prudent de se promener après le coucher du soleil. Sa maison de chasse, où il recevait parfois des hôtes princiers, n'avait que quatre modestes chambres, si pauvrement construites qu'il n'y avait pas même de barreaux aux fenêtres défendues seulement par de légers volets de sapin fermant à peine.

J'aurai l'occasion de revenir sur les circonstances qui m'ont ramené en Algérie après 47 ans écoulés, presque un demi-siècle !

En Algérie. — La Chiffa et l'Oued-Djer

Le maréchal Bugeaud était en ce moment gouverneur général de l'Algérie. Il avait décidé que la route de Médéa devait être activement poussée. Un point était en retard ; c'était le déblai du grand rocher de la rive gauche où a été, je crois, établi depuis, le pont d'Aumale.

Roulet, un de mes camarades de promotion, et moi fûmes détachés avec la moitié de la compagnie pour venir en aide au détachement qui était déjà établi à l'Oued-Merdja, sous les ordres du capitaine de Givry. C'était un bon officier, d'intelligence ordinaire, mais qui déjà était en relief parce qu'il était arrière petit-fils du grand Vauban par descendance féminine.

J'étais plus ancien que Roulet, quoique de la même promotion. J'établis le détachement sur le bord de la route commencée, et nous nous préparâmes à passer notre première nuit dans la broussaille. Abd-el-Kader tenait encore la campagne. On posa les sentinelles comme le prescrit le service en campagne. A peine Roulet et moi étions-nous endormis qu'un coup de fusil retentit à dix pas de notre tente, et les échos de cette vallée profonde y répondirent de tous côtés. J'étais couché, tout habillé bien entendu ; je bondis comme un ressort et me trouvai debout devant la tente, mon sabre dans une main, un pistolet de l'autre (on n'avait pas encore inventé le revolver), avant qu'aucun homme fût sorti des tentes-abri.

Je courus à la sentinelle. — Qu'y a-t-il ? — Mon lieutenant, j'ai vu un arabe en burnous blanc qui se cachait derrière les buissons ; j'ai crié trois fois : Qui vive ? Il n'a rien répondu et a continué à avancer ; même que j'entendais le bruit de son fusil et de ses éperons !... Avec un sergent et deux ou trois hommes je m'avançai rapidement du côté où s'était caché l'Arabe.... Là, nous trouvâmes.... le mulet blanc de l'administration qui, s'étant détaché, traînait sa chaîne dans la brousse et broutait tranquillement l'herbe fraîche ! Le malheureux n'avait pas répondu au Qui vive. Heureusement il était sain et sauf.

Pendant quinze jours, le détachement s'amusa aux dépens de la pauvre sentinelle qui avait peut-être eu un peu peur.

Quelques jours plus tard, à quelque distance du chantier de roctage, j'aperçus sur la route un général à cheval se dirigeant vers Blida. Il était seul, je m'arrêtai et le saluai.

— Vos hommes sont de fiers Roumis, me dit-il,

ils ne m'ont pas seulement salué ! Ils viennent donc de France qu'ils ne connaissent pas Iousouf ? — Oui, mon général. — Ah ! — Et il fit un geste qui voulait dire : Alors, ce n'est pas étonnant. Et il passa.

Mais ce qui passa ensuite pendant plusieurs heures sur cette route à peine ouverte, fut inimaginable. C'était le résultat d'une razzia immense faite par Iousouf.

Une quantité de soldats de toutes armes étaient montés sur des bœufs, des vaches, des chevaux, des chameaux. Puis venaient des troupeaux de moutons et de chèvres. Cela ne finissait pas ; puis de l'infanterie, puis de la cavalerie. Le tout au milieu d'une poussière épaisse qui s'élevait jusqu'aux cimes des montagnes bordant cette gorge abrupte, boisée et habitée par une multitude de singes.

L'Algérie, avec son caractère spécial, militaire et pittoresque, venait de nous apparaître.

Au bout de quelques semaines, je fus envoyé avec un lieutenant du génie nommé Paquel et une dizaine d'hommes sur les bords de l'Oued-Djer pour faire le lever de l'emplacement d'un pont à construire sur la route à peine jalonnée de Blida à Cherchell. En cinq jours le travail fut fait. Heureusement, car nous étions tous à bout de forces. D'énormes et innombrables moustiques nous empêchaient de dormir. Nous avions la figure, les pieds et les mains criblés de pustules. Nous étions près d'une fontaine entourée de ces grands et beaux peupliers du pays à écorce blanche, avec feuilles vertes par dessus et blanches par dessous.

La Mitidja s'étendait de tous côtés autour de nous

avec ses palmiers nains, jusqu'au *tombeau de la Reine* (ou de la Chrétienne Kbour-er-Roumia), qui a si fort intrigué pendant longtemps nos chercheurs de ruines et déchiffreurs d'inscriptions.

Aujourd'hui, après cinquante ans écoulés, il n'y a plus guère de palmiers nains, le lac Alloula n'existe plus, et les locomotives traversent cette immense et magnifique plaine qui fut, hélas ! le tombeau de milliers de soldats et de colons.

En retournant à Alger, nous avons couché une seule nuit à la belle étoile. C'était au mois de juillet, le temps était beau. Mon ordonnance, qui était Lorrain ou Alsacien, prit froid sans doute. Il était rouge de cheveux avec des taches de rousseur. Il mourut à l'hôpital d'Alger. Cette nature d'hommes ne vit pas en Algérie. Ce fut notre première perte. Elle devait être suivie de bien d'autres à bref délai.

D'Alger à Oran. — Gracieux épisode

Vers le 12 juillet la compagnie (4ᵉ du 2ᵉ bataillon du 1ᵉʳ régiment) s'embarqua pour Oran. Nous devions aller à Tlemcen.

Le lendemain, à 4 heures du matin, nous passions devant Ténez. Le bateau s'arrête ; je monte sur le pont. Un petit canot se détache de la jetée. C'est le courrier qui vient prendre et apporter des lettres. Il accoste. Deux hommes montent l'échelle de la coupée. L'un, chargé de sacs, les dépose sur le pont ; l'autre se jette dans mes bras. C'est Gandil ! Il a appris que ma compagnie doit passer devant Ténez. Il est à

Orléansville au bureau arabe, sous les ordres de Richard (dont je reparlerai plus tard). Il est parti à cheval la veille au soir ; il a fait 45 ou 50 kilomètres dans la nuit.

Il m'embrasse sans rien dire : nous étions si émus que nous pleurions tous deux. Puis il redescend l'échelle, entre dans le canot qui s'éloigne. Une fois à terre il remonte à cheval et retourne à Orléansville !

Les larmes me viennent aux yeux en écrivant ces lignes. On est fier d'avoir inspiré une si profonde amitié. Non, l'amitié n'a pas encore abandonné la Terre. Jamais je n'ai oublié ni n'oublierai cette preuve d'affection simple et charmante. Maintenant il est mort. Tous mes autres amis de jeunesse sont morts, sauf quatre, le docteur Legrand, le général Parmentier, le colonel Berthaut, le conseiller à la Cour de Dijon E. Masson (dont trois sont plus jeunes que moi). Il faut que je me dépêche d'écrire ces notes, si je veux avoir le temps d'aller jusqu'au bout.

A Oran (1846)

Nous avons débarqué à Oran le 14 ou le 15 juillet par un temps splendide. Cette ville fort accidentée était alors encore peu habitée et très triste. Le général Lamoricière commandait la province et habitait le Château-Neuf, grande et solide forteresse espagnole.

Soit qu'on regardât vers Tlemcen ou Mostaganem on n'apercevait à perte de vue que le palmier nain. De loin en loin on voyait un Espagnol à peine vêtu, sous

un soleil brûlant, qui, armé d'une pioche immense,
attaquait courageusement ce végétal sec, tenace, profond qui a été avec le laurier-rose le plus grand
obstacle à la colonisation. A eux deux ils ont fait
mille fois plus de victimes, et dévoré mille fois plus
d'existences humaines que les balles arabes. J'expli-
querai plus tard l'action néfaste du laurier-rose, cet
arbuste charmant qui remplit les rivières, les sources, les ruisseaux, et réjouit l'œil du voyageur étonné.
C'est un affreux poison dont on ne s'est jamais défié,
qui donne la fièvre et qui tue.

D'Oran à Tlemcem

C'est le 18 juillet, je crois, que nous sommes partis d'Oran. La compagnie venait de recevoir un nouveau capitaine, vieil officier de troupe qui se nommait
Carpen. Nous avons campé près de la petite source
de Bridia. Elle coule dans une sorte de prairie après
être sortie de quelques rochers à fleur de terre. Elle
va se perdre non loin de là dans les sables du lac
Salé, qu'on appelle la Sebkha d'Oran.

J'ai entendu raconter sur cette fontaine une histoire
assez étonnante. Un adjudant des spahis de Misserghin que les lauriers de Gérard empêchaient de dormir, ayant appris qu'on avait vu un lion boire à cette
source, se construisit un affût en pierre d'où il pouvait tirer sans être vu. Après quelques nuits d'attente
infructueuse, il entendit un grand bruit, puis vit
arriver une lionne qui traînait un morceau de la car-
casse déjà dévorée d'un cheval.

Il tira, et toucha la bête qui s'élança sur l'affût, l'écrasa, puis roula sur l'herbe au fond de la fontaine et expira après une assez courte agonie. L'adjudant, fort mal à l'aise sous les débris de son affût, cherchait à s'en dégager lorsqu'il entendit d'affreux rugissements. Deux grands lions arrivaient sur les traces de la lionne. Ils vinrent tourner autour et la flairer, étonnés sans doute de la trouver morte. Plus mort que vif le pauvre adjudant ne bougea pas, et il vit, spectacle étrange, les lions dévorer bel et bien leur terrible compagne dont ils abandonnèrent dans la plaine les membres dispersés.

Ils ne faisaient, du reste, qu'imiter ces naturels de certaines îles du Pacifique qui mangent leurs parents pour leur donner une sépulture digne d'eux

Après une nuit de repos paisible qu'aucun fauve ne vint troubler, la compagnie se prépara à partir au point du jour. Le capitaine Carpen était marié: on avait organisé pour lui et sa femme une prolonge recouverte avec des cerceaux et une toile. Le commandement de la compagnie me fut confié, Roulet avait été envoyé, je crois, à Mostaganem. La voiture devait attendre à l'étape qui était en deçà du Rio-Salado. Personne ne soupçonnait, et rien ne faisait prévoir l'événement grave qui nous attendait.

Devant nous la route, c'est-à-dire le sentier arabe, se présentait blanc de poussière. A droite se prolongeait une chaîne de collines basses et dénudées. A gauche, sous le soleil levant, s'étendait le grand lac Salé, sans eau, avec son miroitement et son mirage. Nous étions surpris de l'étrange aspect des Arabes et des chameaux qui traversaient le lac. Les dimensions verticales étaient augmentées par la réfraction dans la proportion de 4 ou 5 pour un. Il nous semblait que nous étions devant une immense et étonnante lanterne magique.

Le soleil était déjà haut, et la chaleur très forte. Le vent du Sud, très sec, absorbait toute transpiration. J'étais monté sur un gros cheval de trait alezan, un de ceux que j'avais amenés de France. Je ne ressentais ni fatigue, ni chaleur. Les hommes marchaient bien quoique lentement. Cependant l'air était si chaud que la respiration était pénible en certains moments.

Tout-à-coup j'entends derrière moi un cliquetis d'armes. Je me retourne ; un homme venait de tomber dans le rang. Je descends de cheval ; je fais prendre par deux camarades le sac et le fusil de l'homme affaissé ; je le fais monter sur mon cheval qu'on tient par la bride, et je marche devant la compagnie ; mais bientôt un deuxième et un troisième tombent à leur tour. Je fais faire halte ; on attend que les hommes puissent se relever ; puis, en avant. Mais bientôt un vertige me prend, je me sens faiblir ; cependant j'encourage mes pauvres sapeurs ; ma tête tourne ; je veux résister, mais je roule dans la poussière. On me relève, on me remet sur mon cheval ; celui-ci part au trot ; je ne peux le conduire ni l'arrêter, mais je suis trop bon cavalier pour perdre l'équilibre ; me voilà trottant, trottant devant moi sans même tenir la bride.

Après un temps assez long, tout-à-coup mon cheval est arrêté par un homme qui se tient sur la route et lui met la main sur les rênes. C'est mon capitaine qui, inquiet et impatient, attend à l'étape la compagnie en retard, et je tombe dans les bras de son ordonnance. Ils me descendent dans la cave d'une espèce d'auberge où je m'endors d'un sommeil de plomb jusqu'au soir.

Je me réveille en sursaut, je sors de la cave, il est six heures. Je vois arriver la compagnie, mais dans quel état! Un homme tombe à mes pieds en arrivant : je veux le relever, il était mort!... Plusieurs sapeurs étaient sur des chevaux de spahis de passage; les spahis marchaient tirant leurs chevaux par la figure.

Les hommes tombèrent plutôt qu'ils ne se couchèrent autour de l'auberge. Le soir même, nous enterrâmes le pauvre camarade, victime de son courage; il était tombé à la limite extrême de ses forces; la décomposition commençait.

Le terrible sirocco avait cessé avec le coucher du soleil. On put repartir le lendemain matin. Mais bien des cerveaux étaient exaltés. Un des sergents voulut se faire sauter la cervelle; un caporal tenta de se noyer dans un creux du Rio-Salado où il n'y avait pas cinquante centimètres d'eau.

Nous réussîmes à tirer d'une ornière profonde une voiture de planches conduite par un Espagnol à l'air farouche et brutal. Tout le monde se mit à soulever et à pousser, et la voiture démarra.

Un quart d'heure après, un des hommes malade la veille se sentant faiblir, je lui dis de monter sur la voiture qui était devant nous. Mais l'Espagnol, debout sur le haut de son chargement, menaça le pauvre sapeur de le frapper avec le gros bout du manche de son fouet. Révolté de la dureté et de l'ingratitude de cet homme, et sans penser que j'avais 150 hommes sous mes ordres pour le ficeler sans qu'il fît ombre de résistance, je me préparai purement et simplement à lui brûler la cervelle! Je pris tout lentement dans mes fontes un de mes excellents pistolets rayés de Châtellerault ; je poussai mon cheval contre la voiture, et je mis le bout de mon arme contre l'oreille de l'Espagnol.

Celui-ci me regarda avec sang-froid, et voyant probablement que j'étais bien décidé, il haussa les épaules, changea d'attitude, s'assit sur le devant de la voiture, et enveloppa ses chevaux d'un coup de fouet en proférant je ne sais quel juron! — Montez, dis-je au sapeur ; et il monta. Nous escortâmes la voiture jusqu'à ce que le malade put marcher de nouveau ; sans cela....

Je suis resté dix ans en Algérie ; je n'ai jamais ressenti un sirocco pareil à celui qui m'avait jeté bas ainsi que ma pauvre compagnie.

Dans l'année qui suivit cette funeste journée, elle perdit 25 hommes sur 150 ; un sur six. Ce jour-là était le 19 juillet 1846, l'anniversaire de ma naissance. Cela ne parut pas laisser de traces tout d'abord dans mon organisme ; mais, un an après, une méningite aiguë me fit entrer à l'hôpital où je faillis mourir.

Nous arrivâmes enfin à Tlemcen où commandait alors le général Cavaignac. Le chef du génie était le commandant Gaubert. Les officiers de l'état-major du génie étaient tous plus anciens que moi. C'étaient le capitaine Ragon qui, plus tard, entra le premier à Sébastopol ; Schmitt qui fut tué un peu avant la prise de la ville ; d'Eudeville qui y gagna les épaulettes de chef de bataillon, et qui, plus tard devint général ;

Lesecq, un Dijonnais, avec lequel j'avais été élève
au Lycée; à Gravelotte, il reçut d'un uhlan un coup
de lance qui passa entre sa tunique et son ceinturon,
mais il abattit le uhlan d'un coup de canne sur la
figure; dans l'artillerie, le capitaine Auger, qui devint
général et fut tué à Magenta; puis Schmalzigand,
d'une santé délicate, qui dirigea plus tard la poudre-
rie de Vonges, puis enfin Suzzoni, de ma promotion,
qui fut tué à Fræschwiller colonel du 2e régiment de
tirailleurs indigènes, et quelques autres encore. Il y
avait de l'avenir et de la vitalité dans cette pléiade.

Tous vinrent à cheval nous offrir l'absinthe de
l'amitié au moment où nous traversions la Safsaf. On
s'arrêta pour faire connaissance sous le lentisque des
adieux, qui était aussi celui des *accueils*. Puis,
comme deux kilomètres restaient seulement à faire, on
laissa la compagnie sous le commandement du ser-
gent-major, et nous partîmes tous au grand trot pour
participer au déjeuner préparé en notre honneur.
Chose qui surprit tout le monde, c'est que j'arrivai
le premier avec mon cheval de trait dont l'arrière-
train était large comme une porte cochère. Il est probable qu'au galop les chevaux arabes des camarades
auraient distancé le mien.

Tlemcen

La ville de Tlemcen à cette époque était déjà jolie.
Adossée au Sud contre le plateau élevé nommé Lalla-
Seti, elle est contournée à l'Est par la Safsaf, et des
flancs de cette montagne sortent de nombreuses sour-

ces d'eau claire et limpide. Avant d'atteindre la ville on traversait un bois d'oliviers de haute futaie, qu'on nommait alors, comme aujourd'hui, le bois de Boulogne.

La ville était entourée d'un mur arabe restauré, mais de médiocre résistance.

Au Sud, se trouvait le Méchouar, citadelle construite par les Arabes avec des murs hauts et solides, et flanquée de fortes tours.

L'intérieur renfermait l'hôpital, une grande caserne et le pavillon du génie.

Ce pavillon, composé d'anciennes cases arabes régularisées et améliorées, comprenait : dans la première cour, les bureaux, le logement du chef du génie et la salle à manger d'hiver. Chaque officier avait une petite chambre avec une porte et une fenêtre, dans la deuxième cour. Au milieu de cette cour, était une tonnelle, salle à manger d'été ; derrière, la cuisine et les écuries. Dans la chambre qui me fut attribuée, je trouvai une espèce de lit en sapin dont le fond était formé de barres de bois espacées de dix centimètres. Je mis là-dessus un matelas de campagne ayant bien 12 centimètres d'épaisseur ; un traversin gros comme le bras ; un drap plié en deux, formant le dessus et le dessous. Il y avait une table en sapin et un tabouret de même essence. J'étais installé.

Le lendemain j'avais mon service. Celui de la compagnie ne m'occupait pas beaucoup ; il était fait par le capitaine Carpen, ancien officier sortant de la troupe, et par le sergent major. Je fus chargé des fontaines et de la distribution des eaux dans la ville ; de la pépinière ; des plantations et du *Grand Bassin*. Ce dernier travail surtout était important.

Cette question mérite d'être connue ; elle est vraiment curieuse, et pourrait avoir pour titre : « Comment on fait réussir les Prophéties ».

Le Grand Bassin

A l'Ouest de la ville, près de la Porte par laquelle on passait pour aller visiter la vieille mosquée de Mansoura, alors déjà presque ruinée, et dont le minaret avait été, comme coupé en deux, probablement par un tremblement de terre, se trouvait un ancien bassin rectangulaire d'irrigation dont le fond, suivant la pente du terrain, allait en s'abaissant du Sud au Nord. Le fond et les murs d'enceinte étaient en béton de pierres et briques reliées par un mortier de chaux grasse, de sable, de briques pilées et de cendres. Cette vaste construction reposait malheureusement sur une couche profonde de sable fin argileux, mais très pénétrable à l'eau. A la moindre fissure du fond, l'eau s'infiltrait lentement d'abord, puis formait des entonnoirs qui s'élargissaient peu à peu ; le béton se rompait, et l'eau s'échappait alors en masse par des ravinements souterrains, véritables cavernes où nous trouvâmes des sortes de magasins avec des jarres autrefois pleines, mais alors parfaitement vides. Pas le moindre trésor !

Une brèche de trente mètres environ s'était faite par un de ces affouillements, dans le mur Est. Il est probable qu'on avait déjà cherché à la réparer. On disait que le bassin était l'œuvre d'un sultan qui avait construit le village de Mansoura et sa mosquée.

Quoi qu'il en soit, une prophétie écrite et authentique déclarait que les Francs devaient venir en Algérie et que « la puissance arabe tomberait devant « eux s'ils pouvaient remettre l'eau dans le Grand-« Bassin ».

A cette époque, on était constamment en guerre avec Abd-el-Kader. L'année précédente avait eu lieu l'affaire de Sidi-Brahim, si glorieuse, mais si néfaste pour nous. Il était utile de détourner les populations arabes de l'Emir en frappant les imaginations.

Le général Cavaignac demanda dans ce but et obtint les fonds nécessaires à la restauration du bassin. Il fallait d'abord enlever la terre que les eaux y avaient autrefois déposée sur le fond ; puis réparer ce fond, et en même temps reconstruire le mur dans la portion écroulée. Je me mis au travail avec une ardeur extrême ; le général en suivait de près l'avancement. Il me témoignait beaucoup d'affection. Il savait par le commandant Gaubert que j'étais socialiste, car tous les jours, à table, il y avait des conversations, parfois très vives, sur les questions du jour. J'y apportais de l'animation et de la passion, mais aussi un sérieux et un calme qui avaient frappé mes camarades.

Il y avait toujours eu un *président de la table*. Je fus nommé à l'unanimité dès les premiers jours. Mes convictions profondes, mon amour ardent de l'Humanité, mes lectures récentes, les cours de Considérant, les conversations avec Laureau, Parmentier et Gandil, m'avaient donné une sorte d'éloquence apostolique qui imposait, et j'ai fait à cette époque beaucoup de prosélytes au socialisme. Mais cela ne m'empêchait pas de travailler, au contraire.

Le général Cavaignac, qui sortait du génie, avait dit de moi un jour, au rapport, au commandant Gau_ bert : « Je n'ai jamais vu un officier du génie comme « ça ».

Une autre fois il lui avait dit : « Dites à Marchand « que s'il continue à travailler comme il le fait, il se « tuera ».

Mais j'avais une santé de fer, une sobriété extrême; jamais je n'allais au café, et ne croyais pas pouvoir être atteint par la maladie. Je me trompais.

Je dois placer ici un petit fait qui dessine bien le caractère que j'apportais à cette époque dans ma vie active. Au moment de mon départ, mon père m'avait donné 500 francs pour acheter un cheval, car à cette époque l'État ne fournissait pas de chevaux aux officiers. Dès l'arrivée, j'avais trouvé un cheval de race marocaine. Il était de taille extraordinaire, un mètre 72 au garot, et me coûtait 500 francs tout juste.

Mais je m'aperçus bientôt qu'un seul cheval ne me suffisait pas; il fallait à chaque instant mettre pied à terre, monter sur des échelles, grimper sur des talus, faire des métrés, etc. Il me fallait une ordonnance à cheval et, par conséquent, un second cheval. Et comment le payer? Les appointements d'un lieutenant en second n'étaient pas gros, et la pension, par suite des réceptions ou des départs, ou des décorations qu'il fallait fêter, revenait à 90 francs ou 100 francs par mois.

Un jour à dîner j'exposai ma situation aux cama-

rades : je leur dis : Je regrette de vous quitter, mais
pendant deux ou trois mois je vais manger à la cantine des sous-officiers, et bientôt j'aurai économisé de
quoi payer mon deuxième cheval. On me fit quelques
objections, mais au fond on fut satisfait de ma réso-
lution, et on m'en estima davantage. C'était peu de
chose, en somme, mais cela prouvait que je savais
me dégager du *respect humain*, si puissant partout,
et qui paralyse tant de bonnes intentions.

Quand j'eus deux chevaux, je ne fis que redoubler
d'activité. Le Grand-Bassin était presque terminé.
Le général Lamoricière était venu inspecter la subdivision de Tlemcen. Il m'avait fait, à la visite de
corps, des compliments sur la manière dont j'avais
conduit le travail du Bassin ; sur le profil *parabolique*
que j'avais donné au mur de soutènement, etc.
J'avais remanié le système des conduites d'eau, établi
des bornes-fontaines dont quelques-unes avaient été
dessinées fort artistiquement par Suzzoni.

Le général Cavaignac avait dans son écurie un
admirable cheval qui lui venait du haras de Sidi-
Larribi, lequel était alors agha des tribus du Chéliff.

Ce cheval, de pure race Barbe, était d'un blanc
étincelant et sans tache. Quand il avait chaud ses
naseaux et ses flancs devenaient bleus. Le général
qui cependant était bon cavalier, ne le montait jamais.
Seul, un jeune lieutenant suédois, officier d'ordonnance du général et remarquable cavalier, était autorisé à faire sortir ce cheval et à le promener.

Depuis longtemps j'avais envie de demander au
général, qui me traitait avec la plus grande bienveil-

lance, la permission de monter son cheval blanc, mais je n'avais pas osé.

J'imaginai une petite ruse pour réaliser ce désir ambitieux. Ambitieux n'est pas trop dire, car, dès qu'il sortait de l'écurie l'animal hennissait, ses yeux étincelaient, ses naseaux se dilataient en frémissant, ses flancs se soulevaient.

Tout le monde s'arrêtait pour le regarder avec admiration.

Cavalier et cheval s'étant un jour dirigés sur la route d'Oran, je montai à cheval moi-même et je les eus bientôt rejoints.

— N'approchez pas, me cria l'officier, il y aurait une bataille ! — Cependant il prit la droite et je marchai parallèlement à lui en suivant l'accottement de gauche, de sorte que nous étions séparés par toute la largeur de la route. Je dis au lieutenant que, le sachant excellent cavalier, je désirais qu'il essayât mon cheval que je venais d'acheter depuis peu. — Demain, si vous voulez, me dit-il. — Pourquoi pas maintenant? répliquai-je insidieusement. — Ah ! vous ne connaissez pas cet animal-là ; c'est une bête féroce. Quand je sors avec lui, je ne suis pas toujours sûr de ne pas être décroché. — Comment cela ? dis-je étonné. — Voilà : sans prévenir, sans avoir l'air de vouloir bouger, tout-à-coup il se cabre tout droit, fait demi-tour debout, puis lance une ruade furieuse et part à fond de train..... Il est difficile de résister à cela.... Et qu'est ce que me dirait le général s'il vous arrivait un accident ! — J'objectai que j'étais un des meilleurs cavaliers de l'École d'application, que j'avais monté le sauteur en liberté, et que, bien prévenu maintenant, je ne me laisserais pas démonter.

Bref, le lieutenant suédois se laissa convaincre, et nous échangeâmes nos chevaux avec une précaution infinie, car ils se lançaient des regards furibonds et creusaient du pied le sol de la route. Enfin je pus me mettre en selle et, heureux de mon stratagème, je fis quelques centaines de mètres sur *la bête féroce* qui se montra raisonnable ; mais sa croupe était tellement élastique et son souffle si puissant que j'étais là comme sur une vague !

Le pauvre lieutenant me regardait de côté avec une inquiétude extrême ; je ne voulus pas abuser de sa complaisance, et je lui proposai moi-même de troquer de nouveau nos chevaux. Nous fîmes cet échange non sans peine, mais sans accident.

Je remerciai vivement le jeune officier de m'avoir procuré ce plaisir d'un instant que je désirais depuis si longtemps.

J'ai vu plus tard deux chevaux de la même race appartenant l'un au général Pélissier, l'autre au général Montauban, mais aucun des deux n'avait l'exquise perfection de formes, l'énergie furieuse, la vitalité débordante, de celui du général Cavaignac.

L'inspection générale du génie fut faite par le général Vaillant. On alla à sa rencontre au lentisque de la Safsaf. Après la présentation, le chef du génie me dit d'aller en avant faire servir le déjeuner. Le général était venu deux fois en Algérie, mais il n'avait pu y rester; les uns disaient qu'il avait toujours eu la diarrhée, les autres prétendaient qu'il ne tenait pas à cheval. Ignorant ce dernier détail, et de plus l'art d'être courtisan, comme nous étions en ce moment séparés de la route par un fossé, je fis franchir superbement ce fossé par mon cheval, et partis au galop.

J'ai su plus tard que cela n'avait pas paru plaire au général. Il fut du reste peu gracieux pendant son inspection. Il refusa assez grossièrement au général Cavaignac un petit escalier de service qui était fort nécessaire à l'hôtel, très modeste, de la subdivision.

Le général Cavaignac était le frère de Godefroi Cavaignac, qui était publiciste et républicain, et combattait la politique peu libérale de Louis-Philippe.

Le général Vaillant, nommé récemment baron par le roi-citoyen qui refusait l'adjonction des capacités, était courtisan du roi, comme il le fut plus tard de l'empereur. Il détestait cordialement le chef du génie Gaubert qu'il avait eu dans son régiment autrefois. Gaubert maltraité avait réagi, et comme il était fort spirituel, il avait souvent blessé son colonel par des mots piquants.

Recommandé vivement au général Vaillant par le général Cavaignac et le commandant Gaubert, je ne pouvais manquer d'être mal noté par l'inspecteur qui me signala comme républicain et socialiste. C'est ainsi que commença la disgrâce qui me poursuivit pour d'autres raisons, et par d'autres chefs, jusqu'à la fin de ma carrière.

L'automne de 1847 venait de commencer lorsque la prédiction du général Cavaignac au sujet de mes excès de travail faillit se réaliser.

La méningite

Un soir je rentrai au méchouar la tête en feu. On appela le médecin en chef de l'hôpital, nommé Cateloup. Il me fit entrer à l'hôpital immédiatement, et me saigna abondamment. Le lendemain il recommença, puis voyant que la saignée ne servait à rien, il conclut qu'il ne s'agissait pas d'une fièvre cérébrale, mais d'une gastro-entéro-céphalique. Cela se nomme maintenant méningite aiguë. Il ne s'occupa plus dès lors que de dégager l'intestin, et de mettre de l'eau dans le sang qui était noir et épais.

Je ne souffrais pas. J'avais une grande exaltation : je parlais beaucoup et avec une assez grande lucidité. Toutefois j'avais de singulières hallucinations. Au moment de me coucher, quand je m'étendais dans mon lit, je voyais distinctement au pied du lit la digue de Vadrino de Metz, avec son déversoir en doucine et ses grands peupliers ; et cela si nettement que je me mettais à quatre pattes sur le lit pour aller m'assurer avec la main si c'était réel ou non !

Ce que j'ai absorbé de liquides en quinze jours, tisanes, lochs, bains, etc., etc., est incroyable. Enfin une détente se produisit ; j'étais sauvé. Mais je marchais comme un homme ivre. Tout me paraissait avoir des angles aigus et tranchants. Une pipe oubliée après déjeuner par un camarade sur la table de la tonnelle, me produisit l'effet d'un serpent. Depuis cette époque, je n'ai presque plus jamais fumé.

On m'envoya en France passer trois mois en convalescence. Quel bonheur pour mes parents et pour moi. Je fus bientôt rétabli et, quand mon congé fut sur le point d'expirer, je partis pour reprendre mon service, heureux de voir que ma maladie ne laisserait pas de traces dans la solide organisation que m'avait octroyée la nature.

Retour en Algérie (janvier 1848)

Quand j'arrivai à Oran, le général Cavaignac avait remplacé le général Lamoricière. J'allai me présenter à lui. Il me prit par le bras et me conduisit chez le colonel Dalesme, alors directeur du génie à Oran, et lui dit : « Colonel, je vous prends le lieutenant Mar-« chand pour le nommer directeur de la colonisation « à Tlemcen ». Le colonel se plaignit. — Mais, mon général, mon personnel est déjà très restreint, insuffisant même, vous le savez. — C'est égal, je connais cet officier, il fera votre besogne et la mienne. « — Mon cher ami, ajouta-t-il en s'adressant à moi, « je vais vous faire donner un cheval de poste arabe, « et deux cavaliers pour vous accompagner. Il n'y a « presque plus de danger. Vous savez, nous avons « mis l'eau dans votre bassin pendant votre absence « et nous avons pris Abd-el-Kader. Vous acceptez, « n'est-ce pas ? ». Le général voulait me mettre ainsi dans une position exceptionnelle pour avoir le droit de me décorer comme il l'avait promis, sans l'intervention du service du génie.

Eh bien, j'eus la modestie absurde, la bêtise profonde de ne pas deviner cela et de répondre : « Je « partirai demain matin, mon général, et si je vois

« que je peux remplir les deux fonctions je vous
« écrirai ».

Je tardai quelque peu.

Tout à coup la Révolution de Février éclata. Le
général Cavaignac fut envoyé à Alger; il ne pensa
plus à moi; un autre fut nommé à la colonisation.

Plus tard, quand le général fut à Paris chef du
Pouvoir exécutif, j'aurais pu me rappeler à son souvenir. J'aurais été certainement décoré par lui en
1848. Je ne le fus que *neuf* ans après, en 1857!

Je commençais ainsi à compromettre ma carrière
qui aurait pu être brillante, par trop de conscience
et pour m'être trop défié de moi. Ce n'est pas le défaut
des jeunes gens d'aujourd'hui.

En arrivant à Tlemcem, je vis le Grand-Bassin
plein d'eau. J'y naviguai en barque et à la voile. La
Prophétie avait été accomplie de point en point, car
Abd-el-Kader avait été pris quelques jours après que
le bassin avait été rempli. Il est fort possible que cet
homme remarquable, mais superstitieux et crédule
comme tout véritable Arabe, ait été quelque peu
influencé par cet événement, et que ce soit là une
des causes multiples qui l'ont déterminé à se rendre;
car en réalité il pouvait encore s'échapper avec quelques cavaliers; seul, il est vrai, car sa *zmala*, c'est-à-
dire ses femmes, ses enfants, ses ressources d'argent,
était cernée. Mais le découragement l'avait saisi et
la prophétie réalisée si heureusement par l'intelligence du général Cavaignac, a dû peser d'un certain
poids dans la détermination subite de celui que les
Arabes appelaient l'Emir.

Toutefois le bassin ne conserva pas l'eau longtemps.

Le sable sur lequel il avait été primitivement construit, céda de nouveau sous quelques infiltrations. De grands dégâts en résultèrent. Le service des ponts et chaussées ne fut pas plus heureux en renouvelant la tentative de restauration. Décidément l'architecte arabe s'était trompé sur le choix de l'emplacement. On transforma le bassin en magasin à fourrage.

Dans le courant de 1848, je fus nommé capitaine et ma nomination fut signée par le grand Arago, alors ministre de la guerre.

Au bord de l'Isser

Je fus détaché alors avec un bataillon d'infanterie pour travailler à la route de Tlemcen à Oran, aux abords du pont de l'Isser, dont l'emplacement avait été préalablement déterminé, mais qui fut construit plus tard.

J'appris là à connaître quelle influence l'exemple donné par un officier peut avoir sur l'esprit de la troupe qu'il commande. Il avait plu la veille, et pour aller au travail il fallait traverser un des petits affluents de l'Isser. Je précédais à cheval le bataillon. J'avais traversé le ruisseau sans m'en apercevoir. Tout-à-coup je cessai d'entendre le bruit de la colonne. Je retournai en arrière. — Les hommes ne veulent pas passer, me dit un sergent. — Comment, c'est cela qui leur fait peur ? — Je repassai le ruisseau, je descendis de cheval, je le fis tenir par mon ordonnance ; puis, entrant dans l'eau jusqu'aux genoux, je commandai : Allons, en avant ! Tous passèrent sans dire un mot, et je remontai à cheval quand toute la colonne eut passé. Ce petit fait fut pour moi une grande leçon.

Ce jour-là même j'obtins de mes travailleurs une tâche énorme. J'eus l'idée de mettre les grenadiers et les voltigeurs en rivalité de travail au moyen d'une petite prime. L'amour-propre s'en mêla, et c'est avec acharnement qu'on attaqua le palmier nain et la broussaille. Je gagnai quatre ou cinq fois la prime.

Que ne ferait-on pas avec des armées industrielles bien recrutées, bien organisées? Au lieu de mettre dans l'*armée-école-militaire* tout le contingent, ne pourrait-on pas affecter une partie de ce contingent aux travaux publics, les ouvriers d'art ou les terrassiers, par exemple. Cela n'empêcherait pas de leur donner l'instruction militaire suffisante. Et quelle économie pour l'État si, au lieu de la journée d'ouvrier civil, on donnait seulement le tiers ou le quart. Notre réseau de navigation intérieure, les voies de pénétration dans le Sahara, les routes de Madagascar et du Tonkin, etc., seraient bien vite complétées. Les travaux exécutés en Algérie, auxquels cependant l'Algérie doit d'être devenue en 60 ans ce qu'elle est aujourd'hui, ne sont qu'une ébauche de ce qu'on pourrait obtenir par une organisation sérieusement étudiée et mise en pratique par des hommes compétents et expérimentés.

Sur la rive droite de l'Isser, le capitaine Lesecq, qui me remplaça, trouva une carrière abandonnée depuis des siècles. C'était du marbre veiné, un peu jaune, et légèrement transparent. On y remarqua l'emplacement d'un bloc anciennement extrait dont on avait dû probablement faire une colonne remarquable par son diamètre et sa hauteur.

Après bien des recherches, on découvrit que cette colonne se trouvait dans une église de Rome, mais qu'elle provenait sans doute d'une construction de la Rome antique.

Il fut un instant question de faire le pont de l'Isser avec ce marbre. Mais il était sans doute trop peu résistant. L'exploitation de cette carrière fut concédée par l'État à un colon nommé, je crois, Delmonte. Plus tard, ce marbre fut nommé, à tort ce me semble, *onyx translucide*. On voit souvent à Paris et ailleurs dans certaines vitrines, des coupes, des pendules, des flambeaux faits de cette substance qui paraît avoir acquis une assez grande valeur industrielle. J'ignore les conditions auxquelles a été soumis le concessionnaire.

Bazaine !

A l'époque où j'arrivai à Tlemcen, il y avait un chef de bureau arabe, alors chef de bataillon dans la légion étrangère.

Il se nommait Bazaine. Je n'ai jamais eu de relations avec lui.

A cette époque les femmes étaient rares à Tlemcen, ou plutôt il n'y en avait pas. Un jour une cargaison de *dames* espagnoles débarquée à Oran, et venant à Tlemcen, fut annoncée. Toute la garnison, musique en tête (non officiellement, bien entendu), alla à leur rencontre. Elles furent enlevées avant d'arriver à la ville. C'était la *civilisation* qui faisait son entrée. Jusqu'alors c'était la sauvagerie masculine avec ses atrocités.

Quelques jours après, je rencontrai l'une de ces femmes dans une ruelle étroite. Elle était jeune et superbe. Des traits charmants avec un teint doré. Je me rangeai instinctivement pour laisser passer cette apparition. Je sus plus tard qu'elle s'appelait Solédad. C'était la plus jeune fille d'une vieille espagnole qu'on appelait la *madre* ou la *mère coupable*. Elle était la maîtresse du commandant Bazaine qui s'en éprit au point de lui faire donner de l'instruction dans un pensionnat d'Alger, et de l'épouser plus tard. Elle était intelligente, et quand elle devint, longtemps après, la maréchale Bazaine, on dit qu'elle fit fort bien les *honneurs* de son salon. On sait qu'elle eut, pendant la guerre du Mexique une fin tragique.

Elle s'empoisonna, dit-on, parce que des lettres accusatrices avaient été trouvées et envoyées au maréchal par une rivale.

Je ne plains pas son indigne époux, lequel du reste se remaria peu de temps après avec une riche mexicaine. On a prétendu que Solédad était trop jeune pour ne pas être innocente quand le commandant Bazaine en fit sa maîtresse. Cette question, je peux la trancher par un mot assez difficile à reproduire, il est vrai, car il est fortement gaulois; mais on me le pardonnera, car je n'ai point l'habitude des choses épicées. Un jour, je fus inspecté à Marseille par le général Ragon qui, comme je l'ai dit plus haut, avait été, à Tlemcen, capitaine en même temps que moi. Il était aimable camarade, et causait volontiers. —

Enfin, lui dis-je, qu'était-ce donc que cette Solédad ? Est-elle donc arrivée d'Espagne avec une virginité incontestable pour que Bazaine s'en soit si profondément amouraché. Vous avez dû la connaître de près, vous qui étiez si enlevé dans votre jeunesse. — Mon cher, me répondit le général, en se penchant pour me parler à l'oreille ; « C'était une femme mal pe....? » Je n'ose pas écrire le mot, qui prouvait que Ragon, et bien d'autres sans doute, avaient passé par là avec Bazaine, avant, pendant ou après son mariage.

Lamoricière

Une autre histoire peu connue, mais plus grave, nous a été répétée souvent à table par le commandant Gaubert, notre chef du génie ; elle fait voir sous un jour peu favorable un côté du caractère du général Lamoricière, homme d'une valeur et d'une énergie extraordinaires : supérieur au général Cavaignac comme général, comme homme d'action, il lui était, je crois, inférieur comme droiture.

Lamoricière expéditionnait dans le Sud de la province d'Oran contre Abd-el-Kader. Il lui fallait des points forts tels que Tiaret et Saïda pour ses approvisionnements et ses ambulances. Le commandant Devaux, chef du génie à Mascara, était camarade de promotion du général. Celui-ci lui dit un jour au rapport : « Tu as de l'argent dans ta caisse ? — Oui, j'ai tant de milliers de francs pour faire l'hôpital provisoire de Mascara. — Il ne s'agit pas de Mascara, il faut absolument défendre Saïda. — Je ne peux pas changer la destination de mes fonds — Eh bien, je ferai crocheter ta caisse!... — Ce n'est pas la peine, tu n'as qu'à me donner un ordre formel, et j'emploierai l'argent à la défense de Saïda. — Eh bien, je t'en donne l'ordre formellement.

Quand l'inspecteur du génie arriva vers la fin de l'année à Mascara, il demanda où en était l'hôpital; le commandant Devaux répondit que pour cause de force majeure et par ordre du général commandant la subdivision, il avait employé l'argent de l'hôpital à la défense de Saïda.

Le général du génie se fâcha, écrivit au gouverneur général qui écrivit à Lamoricière. Celui-ci répondit évasivement; il dit qu'il avait demandé ce virement au chef du génie; que celui-ci avait d'abord refusé, mais qu'il avait enfin consenti, vu l'urgence. Bref il ne voulut pas couvrir absolument son subordonné de peur d'être blâmé lui-même. Le commandant Devaux fut réprimandé, peut-être fut-il puni. Pour se faire pardonner cette faute, il demanda à aller aux colonies où il mourut.

Un autre jour, paraît-il, Lamoricière avait demandé un virement de fonds pareillement illégal au commandant Gaubert qui, comme Devaux, était son camarade de promotion. Celui-ci lui répondit: Donne-moi un ordre écrit et j'obéirai. — Comment! un ordre verbal de moi ne te suffit pas? — Mon général, souviens-toi de Devaux!

Lamoricière n'insista pas.

Sa conduite envers le commandant Devaux est une tache pour sa mémoire: l'ambition altère ou même oblitère parfois le sens moral. Mais Lamoricière a fait

tant de merveilleuses choses militaires qu'on se sent
à peine le courage de le blâmer. L'histoire a enre-
gistré ces pointes formidables qu'il poussait dans le
Sud de l'Algérie jusqu'à la limite du possible. Parfois il arrivait un moment où les vivres emportés
étaient consommés. Mais on avait prévu ce cas. On
avait des faucilles et de petits moulins. On coupait
le blé sur pied, l'orge parfois ; on l'égrenait dans les
mains ; on mettait son et farine dans de l'eau avec
du sel. Quand c'était cuit on le mangeait ; on mangeait et on vivait. On vivait et on marchait. Mais la
diarrhée et la dysenterie commençaient à sévir. Le
général, accompagné des médecins de chaque corps,
faisait le matin le tour du camp et examinait les
latrines ! On comptait les selles d'aspect morbide. Il
y en avait tant pour cent. — On peut marcher encore
trois jours, disait Lamoricière. — Puis arrivait le
moment où le tant pour cent admissible était dépassé.
— Allons, il faut rétrograder disait le général.

Et alors on se rapprochait des centres, on évacuait
les malades ; on reconstituait les compagnies et les
escadrons ; on donnait quelque repos aux hommes,
puis de nouveau on *partait en plaine !*

C'était la tactique du maréchal Bugeaud. Lamoricière était plus dur peut-être aux hommes que le
maréchal dont l'aphorisme ordinaire était cependant :
« On ne fait pas d'omelette sans casser des œufs ! ».

Les hommes de cette époque sont étonnants, même
pour qui a vu les actes d'héroïsme de la Crimée, de
l'Italie et de la guerre de 1870.

Quand nous arrivâmes à Tlemcen en 1846, l'affaire
de Sidi-Brahim était encore toute récente. Elle a été

racontée mieux que je ne saurais le faire ici. Mais je trouve qu'on n'a pas assez insisté sur la part de gloire qui revient à Dutertre.

Cet officier du 8ᵉ chasseurs à pied avait été fait prisonnier par les Arabes avant le moment où Gérault et Chappedelaine avaient pu se réfugier avec leurs hommes dans le marabout devenu célèbre.

Dutertre est amené par les Arabes à une petite distance de cette redoute improvisée et rendue inexpugnable par l'intrépidité de ses défenseurs.

Il est accompagné d'un interprète juif, chargé de traduire les paroles qui doivent être échangées entre Dutertre et ses camarades du marabout.

— Dis à tes camarades de se rendre ; il ne leur sera fait aucun mal, ou bien tu es mort. — C'est bon, répond Dutertre, je vais leur parler. L'interprète est là pour traduire ses paroles. Il fait alors quelques pas vers le marabout et crie de toutes ses forces : « — Ne vous rendez pas à ces cochons-là ! ».

La phrase est traduite en arabe par l'interprète et Dutertre est haché à coups de yatagan ! C'est plus beau que d'Assas. C'est une étoile de plus dans l'infinie constellation des héros de la France.

Quels hommes ! Ce sont eux qui nous ont donné l'Algérie. Et pendant qu'ils se battaient ainsi de manière à mériter l'admiration du monde, des députés et des journalistes, les pieds sur leurs chenets, faisaient de la stratégie en chambre, et proposaient l'abandon de l'Algérie ou refusaient quelques milliers de francs au budget de la guerre.

Il en est encore parfois ainsi aujourd'hui non seulement pour l'Algérie, mais pour le Tonkin et

Madagascar. Et pourquoi? Parce que nos Chambres sont pleines de politiciens qui pensent à leur réélection et non à l'avenir de la France, que dis-je, à l'avenir du monde.

L'histoire n'a pas assez de blâme pour l'abandon du Canada! — Sans l'Algérie, le Sénégal, le Soudan, le Congo, le Tonkin, Madagascar, que deviendrait la France dans deux cents ans? La Terre appartiendrait à l'Angleterre. Or l'Angleterre a pour principe : Chacun pour soi. La France a pour principe : Liberté, Emancipation. Le drapeau Anglais signifie : «Egoïsme». Le drapeau Français signifie : « Fraternité ».

L'aide-major Baudin

Je n'ai pas beaucoup parcouru la subdivision de Tlemcen. Je ne suis allé qu'à Sebdou. Là j'ai fait connaissance avec un jeune médecin militaire nommé Baudin. Lors de l'invasion du choléra dans son petit poste, il n'avait que fort peu de médicaments, et fut d'abord très embarrassé. Mais cependant il sauva *tous* ses malades. Cela vaut la peine d'être mentionné.

Aussitôt qu'arrivait la période algide, c'est-à-dire le commencement du froid cadavérique, il mettait son malade dans un bain très chaud. Puis, quand il voyait la circulation se rétablir et la chaleur revenir, il transportait le malade dans un lit bassiné, le faisait frotter de rhum, lui donnait des boissons chaudes, et l'homme était guéri.

J'ai raconté cela à plusieurs médecins afin que

l'heureuse méthode du modeste aide-major de Sebdou ne soit pas perdue.

———————

La petite histoire que voici montrera ce qu'est parfois le musulman au moral. Nous ne comprenons
guère les Arabes surtout au point de vue religieux.

Il y avait à Tlemcem un jeune Koulougli (fils ou
petit-fils de Turc) de 19 ou 20 ans qui était l'ami de
tous les officiers du génie. Il parlait un peu français,
et nous rendait une foule de petits services. Il était très
bon, et d'une vraie droiture. Il méprisait beaucoup
les Arabes : « Arabes, comme bœufs! » disait-il. (Les
Arabes sont bêtes comme des bœufs).

Il allait à la chasse pour notre popote ; ou bien si
quelqu'un de nous avait besoin d'un cheval, il allait
l'acheter dans les tribus et choisissait bien.

Je lui demandai un jour : Dis donc, Mohammed,
tu as une bonne amie? — Oui, elle est dans une
tribu, par là.... — Tu vas te marier avec elle? —
Non, parce que.... parce que elle est mariée! — Comment, malheureux, c'est très mal cela. Et comment
l'as-tu connue? — A la fontaine ; les femmes viennent à la fontaine pour chercher de l'eau.... et aussi
pour causer. — Et tu causais. — Oui, et un jour elle
m'a dit que son mari la battait. Alors je lui ai
demandé si elle voulait m'aimer. Elle a dit oui.

— Alors, tu la voyais souvent à la fontaine? — Non,
parce qu'on nous aurait vus. Mais, quand il n'y avait
pas de lune, j'allais la nuit la trouver sous sa tente.

— Comment! Et les chiens du douar? — J'étais
leur ami. — Et comment entrais-tu dans la tente sans

éveiller personne? — Elle enlevait en dedans un des piquets, et j'entrais sur le ventre.

Et le mari? — Il dormait. — Et s'il s'était réveillé? — J'avais mon pistolet armé dans la main droite. — Diable, ce n'était pas commode. — On fait comme on peut.... Mais maintenant c'est fini.... parce que je vais me marier.

— Ah! vraiment? Eh bien, est-elle jolie ta future femme? Et d'abord, l'as-tu vue? — C'est défendu, mais je l'ai vue tout de même; j'ai fait un petit trou dans la porte! — Elle est donc de la ville? — Oui, dans une maison.... par là.... — Et qui t'a décidé si vite à te marier? — Voilà, capitaine, il y a longtemps que je pensais à ça. Vois-tu, quand on n'est pas marié on prend les femmes des autres, et le bon Dieu n'est pas content de ça.

— Eh bien, Mohammed, voilà une bonne pensée, et cela me prouve une fois de plus que tu es un brave garçon.

Je lui donnai une poignée de main et il me quitta en manifestant une joie franche et naïve de mon approbation.

Petits accidents

Mes jeunes camarades du génie, si ces lignes tombent entre leurs mains, verront qu'avec de la souplesse physique et de la présence d'esprit on peut éviter des accidents graves.

Je traversais un jour près de Mansoura un cimetière arabe abandonné depuis peu. Les deux pieds de derrière de mon cheval entrèrent dans une tombe; le cheval fut tout droit un instant; j'en profitai et me jetai rapidement de côté; l'animal alors se renversa complètement; puis, effrayé, il fit un violent effort, se dégagea et partit à fond de train. Je le crus perdu. Heureusement on me le ramena le lendemain.

Une autre fois je voulus franchir un petit ruisseau qui se trouvait sur mon chemin. Mon grand cheval marocain sautait les obstacles avec une grande légèreté. Au moment où il était *rassemblé*, un chacal passa devant lui. Il voulut se retenir, l'herbe était mouillée, les pieds de derrière et de devant glissèrent ensemble, il tourna sur lui-même et tomba en long dans le ruisseau, la selle en bas et les quatre pieds en l'air. Mais j'étais très leste et déjà j'avais sauté en arrière, de sorte que je me trouvai debout sur le bord du ruisseau pendant que mon cheval y était incrusté : si bien qu'il ne pouvait remuer que les jambes.

Sa tête était du côté d'amont; le corps formait barrage, l'eau montait, et il aurait été noyé si je ne l'avais aidé.

Je descendis dans l'eau, je soulevai la tête, je mis l'épaule dessous, et je fis un effort que le cheval comprit, car il s'aida, et se trouva assis dans le ruisseau dans la position risible d'un cheval savant de cirque qui mange de la salade à table. Je tirai la bride et l'animal se trouva sur ses pieds; puis il sauta sur le bord. Mais il avait eu tellement peur qu'il tremblait comme la feuille.

Je ne pus le monter qu'au bout d'un bon quart d'heure. La selle était un peu écrasée, mais ni la bête ni le cavalier n'avaient une égratignure.

Monter le sauteur, faire de la voltige, ne sont pas

d'inutiles exercices. Un officier peut leur devoir plusieurs fois la vie pendant sa carrière.

De Tlemcen à Oran

Vers le 20 juin 1848, je fus remplacé au pont de l'Isser par le capitaine Lesecq, et je reçus l'ordre d'aller à Mascara remplacer mon camarade de promotion Farjas qui rentrait en France. Chargé plus tard du service de Belle-Isle, il voulut faire la traversée du petit détroit par un gros temps, malgré les observations du patron de son bateau, et fut noyé.

Déjà un autre de mes camarades nommé Cayrol, fort aimable et très intelligent, en visitant dans le port même de Port-Vendres, un jour de violente tempête, une jetée qu'il faisait construire, avait été enlevé par une lame. Jamais on n'a retrouvé son corps. Ma promotion commençait à payer son tribut à la Patrie.

Fait spirite

Pour aller de Tlemcen à Mascara je dus passer par Oran. Je voyageais avec M. Schusboë, interprète principal de la subdivision de Tlemcen. Nous traversions le défilé de la *Chair*. (Ce nom vient du massacre affreux d'une colonne espagnole écrasée par les Arabes.

Tout-à-coup M. Schusboë me dit : Vous voyez ce tronc d'arbre renversé, eh bien! il a été témoin de l'événement le plus extraordinaire qui puisse arriver à un homme! — Dites, dites.... — J'allais d'Oran à Tlemcen, il y a de cela quelques années, avec plusieurs personnes. Je me sentis brusquement comme saisi à la gorge. Une impression singulière s'empara de moi, les larmes me vinrent aux yeux. Étonné, je descends de cheval, et je m'assieds sur ce tronc d'arbre, laissant passer les personnes que j'accompagnais. Pendant un quart d'heure les sanglots m'empêchent de respirer. Enfin je reprends mes sens, et je rejoins mes compagnons de voyage inquiets de cette absence. — Eh bien, dis-je ? — Eh bien, reprit M. Schusboë, quelques jours après je reçus de Tanger, où résidait mon frère, une lettre qui m'apprenait sa mort arrivée précisément au moment où j'avais été frappé de cette douleur violente sans cause apparente.

La sincérité de M. Schusboë qui, depuis, est devenu interprète du gouvernement général de l'Algérie, ne peut pas, je crois, être suspectée. Mais alors faut-il donc croire au spiritisme ? — Non au spiritisme en bloc, tel qu'un certain nombre de *croyants* bien intentionnés et parfois savants, nous le présentent aujourd'hui, mais le spiritisme *sous bénéfice d'inventaire*, quand il sera consacré par l'examen scientifiquement fait par une Commission de membres de l'Académie des sciences et de l'Académie de médecine.

Mais les académiciens *ont peur* de se tromper, et il faut qu'ils soient fortement pressés par l'opinion publique pour *oser* examiner des nouveautés aussi bouleversantes.

Ce n'est pas sans peine que l'Académie des sciences a vu quelques-uns de ses membres d'abord oser s'occuper de la navigation aérienne. Maintenant ils sont nombreux ceux des membres de l'Institut qui font partie de cette pléiade de savants dont les convictions sont favorables à la possibilité de direction des aérostats.

Il en sera de même dans une dizaine d'années pour l'étude scientifique des phénomènes spirites, même pour ce qu'on appelle la *Lévitation*, chose dont on rit d'abord, mais qui n'est peut-être qu'un phénomène d'ordre électro-magnétique, la terre étant repoussée par le fluide dont serait chargé le médium passé à l'état d'accumulateur puissant, par un procédé inconnu des spirites eux-mêmes ; phénomène physico-psychique qu'on pourrait produire physiquement par une expérience simple de laboratoire. Mais ce n'est pas ici le lieu où cette question pourrait être élucidée.

Heureuse chance

Au passage de l'Isser j'avais fait remarquer à M. Schusboé un certain endroit où, quelques mois auparavant, j'avais failli être tué.

Pour travailler à la route j'avais un bataillon d'infanterie et une ou deux compagnies de chasseurs à pied commandées par le capitaine Bras-de-Fer, je crois. Au milieu du camp, disposé en carré, campaient les convois civils et militaires de passage.

A quelques kilomètres de là, était installé, sur le haut d'une montagne, un petit détachement que mon camarade de promotion Maritz employait à la construction d'un télégraphe. On craignait que ce détachement fût attaqué, et le commandant du camp de l'Isser devait se porter à son secours s'il apercevait un feu allumé sur la montagne.

Tout-à-coup, vers les 10 heures du soir, on voit un feu allumé dans la direction du télégraphe. Le commandant part à l'instant avec une grande partie des troupes du camp et me laisse une demi-compagnie de chasseurs avec le détachement de sapeurs du génie. J'étais le plus ancien des officiers du camp ; l'attaque du télégraphe pouvait n'être qu'une feinte ; je disposai tout de manière à recevoir le mieux possible l'ennemi en cas d'attaque du camp. Je plaçai moi-même les sentinelles ; puis, un peu inquiet, je voulus faire plus tard, à cheval, le tour du camp. Comme nous étions entourés de broussailles, je voyais mieux au loin étant à cheval. Je fis donc lentement et sans bruit une sorte de ronde. J'avais déjà rencontré plusieurs sentinelles qui faisaient bonne garde. Il faisait grand vent ; je regardais attentivement dans la demi-clarté de la nuit, et cherchais une sentinelle que je ne voyais pas, quand tout-à-coup, à quelques pas de moi, j'entends une voix qui me crie : Ma foi, mon capitaine, vous avez de la chance que je sois un vieux soldat ! Voilà cinq minutes que je vous tiens au bout de ma carabine ; je vous prenais pour un Arabe. — Pourquoi, lui dis-je, n'avoir pas crié : Qui vive ? — J'ai crié trois fois, vous n'avez pas répondu !

Le vent qui soufflait très fort dans les buissons m'avait empêché d'entendre. Le chasseur à pied, dissimulé derrière une broussaille de lentisque, invisible pour moi, m'aurait envoyé à dix pas une balle en pleine poitrine. J'avais eu de la chance, en effet, d'avoir trouvé devant moi un vieux soldat aguerri, et qui n'avait pas peur.

La petite expédition n'alla pas jusqu'au télégraphe. Le feu allumé était un faux signal.

A Oran

Je fus reçu avec entrain et sympathie par les officiers du génie et de l'artillerie d'Oran. On savait que j'étais phalanstérien.

Avant la Révolution de Février s'était fondée une Société importante sous le nom d'Union agricole du Sig. Le Directeur était le capitaine d'artillerie Gautier, alors animé d'un grand zèle pour cette œuvre nouvelle. A cette époque on croyait fermement que par l'association du Capital et du Travail on pourrait transformer rapidement la terre d'Afrique.

On avait obtenu du gouvernement une concession de 1,800 hectares dans la fertile plaine du Sig, un peu au delà du village de Saint-Denis, alors en création. On achevait la construction du barrage.

Bedeau, Lamoricière, qui, par leurs opinions politiques, étaient loin du socialisme, avaient pris des actions.

Gautier s'offrit à me faire voir le territoire de l'Union. C'était ma première étape pour Mascara. Le capitaine du génie, chargé du barrage et du village de Saint-Denis, me donna l'hospitalité.

Tout commençait. Depuis cette époque quarante et quelques années se sont écoulées. Maintenant le village est assez prospère, malgré la fièvre, la rupture du barrage, la sécheresse et les sauterelles.

L'Union agricole a été soumise aux mêmes fléaux, et de plus elle a eu à subir les inconvénients de conseils d'administration résidant à Paris, et composés de membres à opinions disparates. Certains directeurs ont été insuffisants. On doit rendre justice à quelques-uns de ceux que j'ai connus. D'abord le capitaine d'artillerie Garnier, intelligent et zélé, qui voulait se consacrer à cette œuvre importante d'une association agricole modèle, et que l'ambition militaire de son père a fait envoyer à Sébastopol où il a été tué. Puis le capitaine d'artillerie Blondel, qui avait remplacé Garnier, a eu à soutenir une foule de procès et à lutter contre certains individus qui voulaient endetter l'Union pour la forcer à vendre une partie de son territoire actuellement, en effet, réduit à 1,200 hectares au lieu de 1,800.

Mais c'est encore là une magnifique propriété où un essai sérieux d'exploitation agricole, par association du Capital et du Travail pourra être réalisé quand le milieu social en France sera suffisamment préparé à une transformation de jour en jour plus nécessaire.

Car, il n'en faut pas douter, c'est là qu'est l'avenir. La reconstitution de la grande propriété par l'association.

Mascara

La subdivision de Mascara était commandée, alors par intérim, par le colonel Maissiat, du 12e léger. On l'appelait Guillaume le Taciturne; avec raison, car quand j'allai me présenter à lui il me fit signe de prendre une chaise, s'assit en face de moi, et.... ne dit rien. C'est moi qui commençai la conversation, laquelle fut courte.

Le chef du génie s'appelait Abinal. Il était chef de bataillon. Il me donna pour service le poste de Tiaret qui est situé à trente et quelques lieues au sud-est de Mascara ; puis à Mascara même, une partie du mur d'enceinte qui n'avait guère que quatre mètres de hauteur et qu'il fallait relever de 2 mètres 50 environ ; puis le tracé et l'exécution de la petite route de Mascara à Saint-André, qui était l'amorce de la route de Saïda.

Pour aller à Tiaret, il fallait coucher la première nuit dans le caravansérail de Medjaref, puis la deuxième nuit dans celui de Djelali-Ben-Amar situé sur la rive droite de la Mina, au milieu d'une tribu de voleurs très adroits et très audacieux. Il y avait à terminer l'enceinte de la place, puis à installer un moulin à vent, système Jouela, pour l'administration de l'intendance. Il fallait aussi étudier la route directe de Tiaret à Mostaganem par le col de Guertoufla ; enfin établir une portion de route militaire passant par les crêtes du Céphalon pour éviter, en cas de soulèvement des Arabes, la nécessité de passer par la route contournant cette montagne et qui était plongée sur plusieurs kilomètres de son développement.

(On remarquera le nom de Céphalon qui ressemble au mot grec κεφαλή qui veut dire tête ou sommet).

C'est pour ce travail que *j'inventai* un système de tracé expéditif.

Je rassemblais mes travailleurs à flanc de coteau, au bas de la rampe à tracer. Puis je les développais, en tirailleurs, à 20 ou 30 pas ; après avoir compté ses 30 pas, le dernier homme s'arrêtait, faisait face de mon côté, et me regardait ; avec une règle inclinée

que je tenais des deux mains, j'alignais les pieds de
l'homme sur la ligne d'intersection de mon rayon
visuel avec le terrain ; quand tous les pieds étaient alignés, chaque homme faisait une petite plate-forme,
puis montait vers la plate-forme supérieure, en faisant un étroit sentier à pente à peu près régulière. Je passais alors à cheval sur ce sentier large
comme un fer de pelle, je le faisais rectifier, puis
élargir, en piochant du côté de la montagne et rem-
blayant du côté de la vallée. A la fin de la première
journée (à moins de points exceptionnels que je
réservais pour les aborder spécialement) on pouvait
parcourir facilement à cheval le tracé qui avait alors
de 0^m60 à 1 mètre de largeur. Le lendemain on élar-
gissait encore, on prenait dans les saillants pour rem-
blayer les rentrants. Bref la route était à peu près
exécutée, à pente presque aussi régulière que si on
l'avait tracée avec un niveau. Il ne s'agissait plus que
des points spéciaux ; un convoi pouvait y passer à
bref délai.

Ainsi, sans étude préalable autre que des reconnaissances faites rapidement à cheval pour fixer les points
de passage obligés hauts ou bas, avec un simple
niveau d'eau et un cordeau divisé, ou un niveau de
pente très simple comme vérification de certains
points, on peut tracer une route aussi bien, et *souvent mieux* qu'avec cette quantité de coupes trans-
versales et longitudinales, cette multitude de dessins,
de nivellements, d'opérations géométriques préalables, et de temps perdu, qu'on emploie d'ordinaire
pour faire un tracé de route. Il est vrai qu'alors il
n'était question ni d'acquisitions, ni de propriétés à

traverser et qu'on taillait en plein drap, sans autre condition que celle d'une circulation facile en réalisant le minimum de longueur et le minimum de pente, et surtout en évitant les contrepentes non absolument nécessaires, c'est-à-dire en réalisant le minimum de travail pour une voiture normalement chargée. Mais il faut que ce tracé rapide soit fait par l'ingénieur *lui-même* et non par des conducteurs ou des piqueurs. Mais les ingénieurs vont peu sur le terrain, et ils *font faire de loin*. C'est pourquoi il leur faut tant de dessins coûteux et tant de longues études.

On aurait pu en Algérie, et on pourrait encore tous les jours, avoir des routes beaucoup mieux tracées, et faire des centaines de mille francs d'économies sur les travaux préalables.

Ce qu'il y a de difficile dans un tracé, ce n'est point le profil transversal *toujours* très *bien exécuté* par les services spéciaux, mais c'est le profil longitudinal dont l'étude est presque toujours faite par les agents locaux, parce que les ingénieurs ne sont pas assez nombreux, ou ne se donnent pas la peine de venir eux-mêmes fixer les directions générales et les points principaux.

Il faut être très mobile, si on veut voir par soi-même les travaux dont on est responsable. Il était gênant pour moi de voyager, comme j'étais autorisé à le faire, avec un interprète, mon ordonnance, et un ou deux sapeurs-conducteurs menant des mulets chargés de tentes et de cantines.

Je m'arrangeais donc de manière à ne coucher
qu'une fois en route en allant par exemple de Tiaret
à Mascara. Je choisissais le moment où je pouvais
être favorisé d'une nuit de lune. Je partais avec mon
ordonnance et mes trois chevaux. Je montai l'un
d'eux, mon ordonnance le deuxième, et il tenait en
main le troisième chargé de l'orge nécessaire pour les
trois chevaux et aussi les trois repas indispensables
pour mon sapeur et pour moi. Des figues, du sucre,
du pain et du café. Parfois des œufs durs : et c'était
tout. Après avoir quitté Tiaret dans l'après-midi, je
traversais le Céphalou en suivant le sentier arabe,
puis la Mina à gué ; il y avait en effet à cette époque
beaucoup de sangliers dans la montagne et, par conséquent, des lions et des panthères. Pour éviter leur
visite nocturne, j'allais camper sur le plateau dénudé
de la rive gauche. Vers 7 ou 8 heures du soir, nous
mettions nos chevaux au piquet ; nous dinions.... oh !
très frugalement. Puis nous nous couchions par terre
à dix mètres des chevaux ; les fusils et pistolets
armés à cause des Arabes voleurs ; l'un de nous dormait, l'autre veillait ; nous avions fait une dizaine de
lieues ; il en restait 20 ou 25 à faire le lendemain.
Nous partions à 4 heures du matin et moitié au pas,
moitié au trot, nous arrivions à Mascara sans trop
de fatigue, vers 6 ou 7 heures du soir, ce qui, en
comptant les repos nécessaires, faisait environ 10 kilomètres à l'heure.

Peu d'officiers voyageaient avec cette économie de
moyens et de temps, dans un pays encore peu sûr.

Saint-André et le laurier-rose

Saint-André était un village en création près de Mascara, sur une sorte de promontoire qui s'avançait dans la plaine d'Eghris. Cette grande et fertile plaine est pour Mascara ce que la Mitidja est pour Alger. La position de Saint-André paraissait être très saine, et cependant on y mourrait tellement de la fièvre qu'on avait beau y envoyer des colons, on ne parvenait pas à peupler ce village.

On y buvait l'eau claire, limpide et bonne *en apparence* d'un petit ruisseau qui passait près du village à une douzaine de mètres en contrebas. La route que je traçais pour relier ce village à Mascara devait franchir ce ravin sur un petit pont. Quand j'en fis creuser les fondations, la terre qu'on en tira était bleue et répandait une odeur tellement infecte que je dus faire des relais de travailleurs se relevant tous les quarts d'heure. C'étaient les racines de laurier-rose qui, en pourrissant dans la terre humide, donnaient cette couleur et cette odeur.

J'en conclus que là devait être la cause de la fièvre persistante du village, fièvre qu'on s'obstinait à attribuer à une influence paludéenne fort éloignée, ce qui était fort peu probable. On se décida à prendre à la source même, d'ailleurs peu éloignée, l'eau du ruisseau et à l'amener jusqu'au milieu du village par une conduite fermée.

Dès lors les fièvres cessèrent, et je suis persuadé que, depuis cette époque, c'est à cette modification qu'est due la santé de ce village et sa prospérité.

J'aurai à citer d'autres faits plus probants encore. Le laurier-rose est aujourd'hui, et surtout a été, un des plus grands ennemis des débuts de la colonisation.

Ma santé était bonne ; cependant je ressentais quelques maux de tête qui me firent craindre le retour de ma méningite de l'année précédente, et je demandai à rentrer en France. Le commandant Abinal fit ses efforts pour m'en dissuader en me disant qu'il me proposerait pour la décoration. Mais j'étais décidé à rentrer au pays, au moins momentanément.

Petit sauvetage

Je faisais mes préparatifs de départ et je revenais de Saint-André à cheval, avec mon ordonnance à cheval derrière moi, quand j'aperçus à une cinquantaine de mètres sur la route, qui se trouvait encaissée entre deux talus hauts et raides, un homme dans une situation très critique. Il était étendu sur le dos contre le talus qui se trouvait à ma droite, et cherchait à échapper à un taureau qui, la tête baissée, le bouleversait violemment de droite à gauche contre le talus. — Au galop, criai-je à mon ordonnance. J'arrivai à fond de train ; je n'avais pas d'armes, pas même une canne. Je pris mon képi à la main et passant derrière le taureau, mon cheval le frôla et je lui donnai sur la croupe un coup de la visière du képi.

Le taureau se retourna brusquement et se précipita sur le cheval de mon ordonnance. Il lui lança un coup de corne qui ne fit heureusement qu'effleurer le ventre en traversant la sangle !

L'homme, qui était le toucheur de l'administration, profitant de cette diversion, avait vivement grimpé jusqu'au haut du talus. Il était sauvé.

Expédition du Sud

J'avais vendu déjà mon cheval marocain quand j'appris qu'une grande expédition dirigée vers le Sud de la Province et commandée par le général Pélissier en personne devait partir sous peu de jours. Je demandai instamment et comme faveur insigne d'en faire partie. Le colonel Maissiat, qui commandait par intérim la subdivision et en second la colonne expéditionnaire, voulut bien me prendre pour officier d'ordonnance, et suspendre mon départ pour France.

Le colonel Maissiat, le commandant Deligny, chef du bureau arabe, un lieutenant d'infanterie et moi faisions table commune. Le lieutenant s'occupait de tous les détails de la *popote*, et je n'eus qu'à payer à la fin de l'expédition ma part de dépense.

On se mit en route dès que le général Pélissier fut arrivé à Mascara. On passa par Tiaret et Frendah afin d'y prendre les goums de ces deux centres, puis on arriva à Saïda où les goums de Tlemcen devaient se joindre à la colonne.

Chemin faisant, entre Tiaret et Frendah, j'eus l'occasion de rendre un très petit service au général Pélissier. Une pierre était entrée dans le sabot de son cheval. Je prévins le général qui se montra fort touché; un accident de cette nature est très sérieux en expédition parce qu'il peut rendre un cheval boiteux et indisponible. Cela ne fut peut-être pas sans influence sur la bonté singulière que le général me témoigna plus tard dans une circonstance grave.

Les goums ayant tous rejoint la colonne, celle-ci, si mes souvenirs sont exacts, se composait : 1° de ces goums formant environ 2.000 hommes de cavalerie arabe; 2° d'un petit noyau de cavalerie française formé d'un escadron de spahis et d'un escadron de chasseurs d'Afrique; puis de quelques compagnies du 12e léger et d'une ou deux compagnies de chasseurs à pied; puis de l'administration avec un troupeau et des convoyeurs conduisant une grande quantité de chameaux. Jusqu'à la fin d'avril, au moins, nous devions trouver de l'eau dans les puits ou dans les *redîrs* (flaques d'eau qui restent dans les lits des ruisseaux ou rivières quand ces lits sont à sec).

On partit de Saïda le 6 mars, je crois, de grand matin. Vers 8 ou 9 heures, nous étions sur les hauts plateaux, qui descendent en pente douce vers les Chotts.

Tout-à-coup le ciel se couvrit et une neige abondante vint à tomber. On marcha encore quelque temps, mais bientôt le général fit arrêter la colonne. On campa là où on était arrivé. On enlevait la neige avec les mains pour déblayer l'emplacement des tentes.

Dix-neuf chameaux périrent pendant la nuit. Si la neige eût persisté, la colonne, privée de porteurs, aurait dû rétrograder.

Mais le lendemain le soleil se leva radieux et l'éclat de la neige était si vif que beaucoup d'hommes devinrent subitement aveugles. On les évacua presque aussitôt sur Saïda, et je pense que cet accident fut passager ; mais la démarche incertaine de ces malheureux qui tenaient la capote de ceux qui étaient devant eux, était pénible à voir.

La neige fut promptement fondue et on continua à marcher en avant.

———

Je fus chargé de construire ou de réparer, ce qui était à peu près la même chose, une vieille petite redoute située au bord du Chott, sur un mamelon près de la source d'eau douce qui se perd dans les sables du lac et se mêle à l'eau salée. Ce point se nomme Khrieder. Ce *Biscuit-ville* était destiné à recevoir et à protéger, pendant l'éloignement de la colonne, les approvisionnements venant de Saïda et à assurer l'évacuation des malades.

La colonne traversa le Chott et se dirigea sur Naâma. Il y a des passages qui ne sont pas dangereux. Je l'ai traversé plusieurs fois depuis cette époque en toute saison, mais il faut bien connaître ces passages.

Naâma est un petit lac salé situé sur le chemin arabe qui conduit à Figuig. La colonne s'y installa, on verra pourquoi.

Le but de l'expédition était d'atteindre une certaine tribu réfractaire, puis de punir les habitants d'une petite oasis, Moghrar-Fokani, qui avaient assassiné, quelques années auparavant, un parlementaire du général Cavaignac.

On savait bien où était l'oasis, mais non où était la tribu.

Le chef du Bureau arabe, le commandant Deligny, envoya ses émissaires dans tous les sens et on attendit les renseignements.

Marche de nuit

Un soir, il était 7 heures environ, nous allions dîner. La soupe était fumante dans les assiettes. Un officier de l'état-major du général entre sous la tente, et, s'adressant au colonel Maissiat : Ordre du général de monter à cheval à l'instant. Nous nous levons tous les quatre; chacun va de son côté, le colonel pour recevoir, ainsi que le commandant Deligny, les ordres de détail du général, moi pour faire préparer mon cheval, le lieutenant Devos pour le mulet de provisions, etc. Beaucoup de choses avaient été disposées à l'avance, mais en secret.

A 8 heures, la petite colonne se met en route sous les ordres du colonel Maissiat et du commandant Deligny. La nuit est sombre; on marche, on marche en silence sans s'arrêter. Les guides arabes se dirigent, non sur les étoiles sans doute, mais sur le profil, incertain pour tout autre, des collines basses et de forme indécise qui, à droite et à gauche, bordent la large vallée que nous suivons. Vers trois heures du matin, je dormais presque sur mon cheval et deux fois je faillis tomber.

A 5 heures du matin, on fait halte. On donne un peu d'orge aux chevaux, dans les mains, sans débrider. On remonte à cheval, on marche encore. Bientôt le soleil se lève sur l'horizon.

L'effet est superbe. Au centre sont les escadrons de chasseurs et de spahis, et l'état-major. Puis mille cavaliers de goums à gauche et autant à droite avec toutes bannières rouges, jaunes, vertes, déployées.

Cette longue ligne de bataille bien alignée marche au pas relevé. On a peine à maintenir les chevaux.

Tout-à-coup une fusillade éclate dans le lointain. Une poussière épaisse s'élève devant nous, loin, très loin.

— Au trot!... Mais on a de la peine à garder cette allure tant les chevaux sont ardents, et cependant ils ont déjà marché toute la nuit et fait environ 80 kilomètres.

Cette grande poussière à l'horizon est soulevée par la tribu qui a été avertie à l'avance et qui fuit avec ses chameaux, ses bœufs, ses moutons, le tout au galop; les cavaliers formant l'arrière-garde échangent des coups de fusil avec nos éclaireurs.

Enfin, à midi, on arrive sur le campement où était la tribu le matin même. Ce sont les puits de Galloul. Ce nom était sur d'anciennes cartes; il est omis sur d'autres; je l'ai retrouvé sur une carte où sont cotées les distances en kilomètres. Il y a 96 kilomètres de Naâma à Galloul. De 8 heures du soir à midi du lendemain il y a 16 heures. Nous avions donc fait environ 6 kilomètres en moyenne à l'heure, ce qui est bien marcher, car un cheval ne marche jamais aussi vite la nuit que le jour.

La tribu a sur nous trop d'avance; nous ne sommes pas loin de Figuig et de la frontière marocaine très indécise dans ces parages. Notre coup est manqué.

Le colonel donne l'ordre de s'arrêter. On campera autour des puits, là même où était la tribu. On fait boire les chevaux, on donne l'orge.

Nous avons faim, nous n'avons pas dîné la veille au soir. On cherche notre mulet de provisions, mais en vain. Il s'est perdu probablement dans la confusion du départ, ou n'a pu suivre: bref nous n'avons rien à mettre sous la dent ! Nous aurions dû mettre un morceau de pain dans les sacoches avec l'orge du cheval. On n'avait pensé qu'au cheval. Le commandant Deligny *emprunte* quelques dattes à Kaddour Mokphy, l'agha d'El Bordj, et m'en donne *six !*

Le colonel Maissiat vient me voir, j'étais couché près de mon cheval. — Qu'est-ce que vous faites-là ? — Mon colonel, je dors; qui dort, dîne !....

Vers 5 heures j'entends un bêlement de moutons. Je me lève vivement. Nos éclaireurs en avaient ramené une trentaine; c'étaient des traînards de l'émigration. Leur sort fut vite décidé. Faute de bois, nos ordonnances ramassèrent du crottin de chameau qui brûle parfaitement quand il est sec. Une baguette de fusil arabe servit de broche et, au bout d'un temps très court, le colonel, le commandant Deligny, M. Devos, et moi, accroupis autour de l'innocente victime, sans pain, sans sel, sans fourchette, avec le couteau et le pouce, nous fîmes un repas copieux pour la faim passée et celle du lendemain, et excellent, car je n'ai jamais mangé de meilleur rôti.

Puis, quand le jour baissa on alla dormir près des

chevaux *sellés*. Car nous risquions fort d'être enlevés pendant la nuit par les masses de cavaliers que peuvent fournir les tribus marocaines qui entourent Figuig.

Avant jour, à 3 heures du matin, nous étions en selle. Les chasseurs d'Afrique étaient à cette époque des cavaliers d'élite, de fiers soldats, hommes et officiers. Eh bien, notre marche de 16 heures avait été assez dure pour qu'un officier dût être remis en selle par quatre hommes.

Quant à moi je n'étais nullement fatigué. Nous marchâmes rapidement en retraite, et à moitié chemin nous trouvâmes les chasseurs à pied qui étaient arrivés avec la vitesse qu'on leur connaît pour nous soutenir en cas de poursuites.

Le lendemain nous étions revenus à Naâma.

Les oasis du Sud-Ouest

La colonne partit alors pour la région des oasis. On visita d'abord Tiout, village important avec enceinte défensive servant d'entrepôt entre les oasis du grand désert et le Tell. La population s'était sauvée. On trouva dans les maisons une grande quantité de dattes, de grains, d'objets de toute sorte. Je fis le lever de l'enceinte et du Ksar (au pluriel Ksour). Pendant la nuit on nous tira des coups de fusil dont les balles vinrent tomber dans le camp.

Le lendemain une petite colonne d'assaut fut organisée pour atteindre les Arabes réfugiés dans les grottes d'une montagne assez escarpée ; pour y arriver il fallait suivre une vallée étroite et raide.

Le colonel mit l'épée à la main. Le commandant Deligny était à sa droite et moi à sa gauche. Les chasseurs à pied étaient derrière nous ; nous avions peine à les maintenir et à ne pas nous laisser dépasser.

Nous commencions à apercevoir l'entrée des grottes et à gravir l'escarpement quand on vint avertir le colonel que les Arabes, près d'être cernés par notre cavalerie qui avait tourné la montagne, s'étaient enfuis dans toutes les directions. On remit le sabre au fourreau ; j'avais tellement serré la poignée du mien que le filigrane s'était comme incrusté dans ma main.

La colonne passa par Aïn-Sefra et Aïn-Sfisifia. Comme Tiout, ces oasis peu importantes étaient abandonnées. Aïn-Sefra était menacée d'être ensevelie sous les dunes sablonneuses mobiles.

Je pensai qu'on pourrait peut-être fixer ces dunes par le même procédé qui a réussi à M. l'ingénieur Chambrelent pour fixer celles des Landes. Mais les conditions sont différentes.

Depuis cette époque, Aïn-Sefra est la station *terminus* du chemin de fer construit pour l'exploitation de l'alfa, et deviendra peut-être le point de départ du chemin de pénétration du Touat et du Soudan.

Je retrouvai plus tard à l'Etat-Major général à Oran des copies de mes levers, *sans signature !*

Moghrar-Foukâni

Notre objectif principal était Moghrar-Foukâni (Foukâni veut dire *du haut*, par opposition à Moghrar *Thatâni* qui veut dire *du bas*).

C'étaient les gens de ce ksar qui avaient tué le parlementaire.

Le village était abandonné. Je présidai à la destruction de son enceinte en dirigeant les travailleurs. Elle était formée d'un mur très haut, très épais et fort résistant, en pisé.

Il fallut y faire des coupures horizontales et verticales à la pioche et tirer avec des cordes les morceaux isolés pour les renverser.

Notre artillerie de montagne eût été impuissante à y faire brèche. On coupa les palmiers, les vignes, les oliviers, les abricotiers.

Cette destruction du dernier point habité avant le grand désert me causa une pénible émotion

Je revenais du travail, quand mon cheval glissant tout à coup des quatre pieds sur un rocher plat me jeta à terre en tombant avec moi, mes mains s'abattirent sur un jujubier sauvage, et elles occupèrent pendant longtemps deux médecins militaires qui en retirèrent une foule d'épines profondément enfoncées.

A peine cette opération était-elle terminée que j'assistai à un événement étrange qui aurait pu être très grave.

J'entendis tout à coup un grand bruit, et je vis mon ancien camarade de collège, de Rollepot, capitaine d'artillerie et attaché à l'Etat-Major du général

Pélissier, descendre en courant et sautant les rochers et les broussailles, de la haute montagne située à côté de l'oasis et près du camp. Il tomba sur le sable devant la tente du général de Beaufort qui était chef d'Etat-Major de l'expédition, en proférant des mots entrecoupés : « Le général... là haut.. entouré... par les Arabes ! — A cheval, sabre en main, cria le général de Beaufort ! »

Les spahis, les chasseurs d'Afrique, les hommes des goums, les isolés faisaient le pansage, en blouse, en chemise, nu-pieds.

Les sabres furent tirés, les fourreaux jetés, on passa la longe sur le nez du cheval, et à poil, au galop : un galop échevelé, infernal, les uns à gauche, les autres à droite pour tourner la montagne : puis des chasseurs à pied sans veste, la baïonnette au bout du canon escaladant la montagne avec une furie étonnante !

Ce n'était pas trop tôt.

Le général Pélissier ne soupçonnant pas que cette montagne assez nue et isolée pût receler des ennemis, était allé simplement se promener pour voir le Grand Désert qui commence de l'autre côté de cette montagne.

Le général était accompagné du commandant d'Etat-Major Cassaigne, son aide de camp, de de Rollepot et d'un sergent de chasseurs à pied. Pendant que ces messieurs examinaient les plaines de sable et les dunes mobiles qui se continuent aussi loin que l'œil peut les distinguer et se communiquaient les impressions que fait naître ce paysage étrange, tout à coup se montrèrent derrière les rares buissons et les accidents rocheux, des têtes d'Arabes jusque là cachés à plat ventre. Ces Arabes, voyant quelques hommes isolés, firent lentement le cercle et se rapprochèrent.

S'ils avaient su qu'ils avaient affaire au général, nul doute qu'ils ne l'eussent pris ou tué. Le sergent tira son sabre-baïonnette, le commandant Cassaigne prit son couteau de poche, de Rollepot, sur l'ordre du général, descendit de la montagne au galop au risque de se casser les reins ou les jambes.

Bref les Arabes, ne sachant pas quelle proie ils abandonnaient, et voyant la cavalerie prête à les cerner, se sauvèrent de tous côtés et le général leur échappa !

Quand il rentra au camp, il était, contre son ordinaire, très humble et fort penaud, le général de Beaufort lui fit des reproches très vifs sur son imprudence extrême.

S'il eût été pris ou tué, cela n'aurait pu que compromettre le succès de l'expédition et accroître la hardiesse des populations mal soumises de cette région. Mais plus tard, un autre aurait-il pris Sébastopol ?

Nous revînmes par l'oasis de Moghar-Tahtâni qui est, je crois, plus grande que Tiout. Sa forêt de magnifiques palmiers est considérable.

L'expédition était terminée. On rentrait avec le regret d'avoir manqué la razzia de Galloul.

Mais on avait prouvé aux populations turbulentes du Sud-Ouest que nous pouvions les atteindre jusqu'à la limite du Grand-Désert, et jusqu'à la frontière du Maroc.

Un singulier et fâcheux accident eut lieu pendant

le retour de la colonne, qui en ce moment descendait une côte assez raide.

Dans la plaine située au pied de cette montagne, le capitaine d'état-major Renson et un capitaine adjudant-major d'infanterie traçaient l'emplacement du camp.

Leurs chevaux étaient au galop. L'un des cavaliers regardait à gauche, l'autre à droite. Ils allaient à la rencontre l'un de l'autre sans se voir. Par un hasard étonnant les deux chevaux se heurtèrent. Sous ce terrible choc, chevaux et cavaliers tombèrent pêle-mêle, et restèrent à terre sans mouvement.

On accourut. Renson fut longtemps sans reprendre connaissance; il se remit cependant. Mais le pauvre capitaine, conduit plus tard à l'hôpital, survécut en perdant complètement la mémoire. Il avait perdu le souvenir de toute sa vie avant l'accident. Il avait oublié son nom! Je ne sais ce qu'il est devenu.

Le général Pélissier

Je vais revenir en arrière pour faire ressortir quelques traits de la physionomie morale si fortement accentuée, si originale, du général Pélissier.

A partir du Chott il avait imaginé de se faire dresser tous les soirs, par les chameliers, une zeriba, espèce d'enceinte circulaire faite de plantes rabougries du petit désert que mangent les lièvres, les moutons et les chameaux.

L'intérieur de cette enceinte avait une dizaine de mètres de diamètre et 1 m. 50 ou 1 m. 80 de hauteur.

C'était une sorte de salon où le général recevait. Quelques officiers de la troupe y étaient admis, mais surtout ceux de l'État-Major dont je faisais partie, puisque j'étais officier d'ordonnance du colonel Maïssiat.

A cette époque, mars-avril 1849, nous avions, par les journaux de Paris qui nous arrivaient fort en retard, le reflet de l'état des esprits en France.

Les discussions politiques, économiques et sociales étaient à l'ordre du jour. Après dîner, une fois installé au centre de la zeriba, le général fumait son cigare, les mains derrière le dos, en face du feu qui éclairait et égayait cette scène originale.

Mais rien n'était plus original que le général lui-même. Les cheveux en brosse, gris, presque blancs; les sourcils noirs et épais, la moustache courte et trop noire pour que l'art n'y fût pas pour quelque chose, le teint pâle d'un jaune ocreux, un regard fixe et puissant.

Petit et gros, mais cambré, et ne perdant rien de sa taille; le ventre, les cuisses, les mollets, trop accentués. L'ensemble imposait.

Et puis on avait toujours un peu peur en l'abordant.

Il était caustique et spirituel, parfois violent, cynique et farouche. Il ne fallait pas, devant lui, être humble et timide. Il prenait la timidité pour de la platitude ou de la bêtise, et il vous écrasait. Pour être accepté par lui, il fallait être droit, franc, intelligent et raide.

Parfois il traitait ses officiers comme des valets. Son aide de camp, le commandant d'État-Major Cas-

saigne, était un officier extrêmement distingué. Bonté,
instruction, esprit, culture intellectuelle remarquable,
il était admirablement doué. Eh bien, souvent le
général le maltraitait en public. Cassaigne ne répondait pas un mot ; mais après, quand il était seul avec
le général, il le traitait si durement mais avec tant
de justesse et de raison qu'il le faisait pleurer parfois,
et que le général lui demandait pardon. Il était digne
d'arriver aux plus hautes positions. Il a été tué,
hélas! devant Sébastopol, à côté du général. On a
donné son nom à un village du département d'Oran.

Je causais souvent avec lui pendant les longues
heures de marche, et c'est sans doute à son influence
que j'ai dû l'exceptionnelle bonté du général Pélissier
pour moi.

C'était ordinairement par une gouaillerie que le
général commençait la conversation en arrivant dans
la zeriba.

Par exemple il me disait de ce ton nazillard et
traînant qu'il exagérait, je crois, à dessein :

« Dites donc, vous, pourquoi donc les Phalansté-
« riens doivent-ils avoir une queue de 32 pieds avec
« un œil au bout? C'est Fourier qui l'a dit. » — Non,
mon général, c'est ce crétin de *Constitutionnel* qui,
n'ayant pas une idée, cherche à ridiculiser ceux qui
en ont.

Puis c'était autre chose : « Dites donc, vous, com-
« bien les hommes auront-ils de femmes dans votre
« phalanstère? ». — Cela dépend, mon général; il y
a des hommes qui en ont déjà trop d'une ! Le général
avait la réputation parmi les jeunes officiers de ne pas
toujours être à hauteur des situations près du

beau sexe. Mais personne ne sourcilla sous le regard
perçant du Pacha d'Oran.

Alors la conversation devenait sérieuse. Le commandant d'artillerie Auger et le capitaine Suzzoni me
soutenaient ; le commandant Cassaigne et le capitaine
de Rollepot étaient forcés d'avoir l'air de soutenir le
général. On passait en revue les questions de principes ou de faits qui passionnaient l'opinion publique
et, chose singulière, j'ai pu, pendant une douzaine
de soirées, dans le salon en plein air, faire une sorte
de cours de socialisme phalanstérien devant ce
satrape autoritaire sans céder un pouce de terrain.
Mais il ne m'en voulait pas, et parfois, quand il me
voyait de loin, en rôdant dans le camp, il me faisait
signe d'approcher, me faisant asseoir près de lui sur
une botte de paille et me racontait sa campagne de
Morée.

C'était une faveur rare et qui fit beaucoup de
jaloux. Je ne la devais cependant qu'à ma franchise
et à l'évidente sincérité de mes convictions.

Il est certain que je les émettais avec réserve et
avec une déférence due à l'estime que j'avais pour un
homme de grande valeur militaire, d'un haut grade
bien gagné, et qui, malgré de grands défauts, avait
l'avantage d'être souvent spirituel et assez lettré pour
faire des vers fort bien tournés.

Vote pour le Président de la République

Quelques jours après que la colonne fut dispersée
et que les troupes furent rentrées dans leurs garni-

sons respectives, j'assistai à Mascara à un événement qui devait avoir de bien graves conséquences, la nomination du président de la République. Jusque-là le général Cavaignac n'avait été que le chef du pouvoir exécutif. L'armée fut appelée à voter. Le prince Louis-Napoléon Bonaparte se présenta comme candidat. Les gens instruits, les officiers votèrent presque tous pour Cavaignac; tous les sous-officiers et les soldats votèrent pour Louis Bonaparte, comme d'ailleurs presque tout le peuple, en France.

Le Peuple français, si amoureux de liberté, votait pour le neveu et l'imitateur naturel d'un despote. Il avait été si longtemps habitué à la monarchie et au prestige des noms, que le nom de Prince et le souvenir du *Grand Homme*, furent comme une séduction. Il croyait, ce grand peuple crédule, qu'on peut faire un Républicain d'un Prince!

Il s'aperçut trop tard de son erreur. Combien de braves gens qui ont voté pour Louis-Napoléon en 1849, maudirent leur sottise et la payèrent en 1870-71 de leur sang ou du sang de leurs fils!

Enfin je quittai l'Algérie quoique à regret, et en arrivant à Marseille j'appris à la fois, avec douleur, la mort du maréchal Bugeaud, les journées de juin et le choléra de Paris!

En service à Salins

J'étais envoyé à Salins. C'est une petite ville du Jura, située dans une longue vallée, que suit une route aboutissant à la frontière.

Cette route, qui autrefois, était stratégique parce qu'il n'existait pas alors de chemins latéraux permettant de tourner la position, était défendue par deux forts : le fort Saint-André, ancienne forteresse espagnole à laquelle on ne faisait guère que des réparations peu importantes, et le fort Belin qu'on avait notablement augmenté et qu'on terminait. Dans la ville était une caserne d'infanterie. Dôle dépendait de Salins ; il y avait une caserne pour un régiment de cuirassiers. Le manège était à terminer. Il fallait poser les fermes du système *Ardant*, à *grande portée*, système ingénieux, mais bien démodé aujourd'hui.

Le personnel du génie se composait de quelques gardes et de trois officiers, un chef de bataillon et deux capitaines. Je remplaçai le plus jeune des deux appelé ailleurs. Je fus chargé du fort Belin et du service de Dôle. Bientôt on envoya en Algérie le capitaine Gaudin, déjà fort ancien de grade, le commandant Chavelet partit pour les eaux de Bagnères, de sorte que je restai seul pour faire la besogne de trois. Le directeur, qui résidait à Besançon, était le colonel d'Oussières, homme spirituel, intelligent, et bon qui devint général peu de temps après.

Le Commandant Chavelet

Le commandant Chavelet était le type des vieux officiers du génie. C'était la droiture et l'honneur en personne. Petit, maigre, avec de petits yeux gris, une moustache grise en brosse, une vivacité extrême ;

consciencieux et méticuleux à l'excès ; spirituel, mais distrait comme Ampère.

Un matin, l'inspecteur général nous avait donné rendez-vous à son hôtel. Naturellement j'allai prendre le commandant chez lui, quand je le vis arriver à ma rencontre. Je m'arrêtai, ne pouvant en croire mes yeux ; il était en grande tenue de service ; habit à plastron de velours, épaulettes neuves, etc., mais il avait oublié son bicorne et avait mis à la place..... son chapeau noir !.... son tube, comme on dit aujourd'hui. C'était d'un grotesque achevé. Je le prévins en riant de son erreur ; il en rit lui-même et rentra chez lui, puis revint avec son bicorne. Mais quel bicorne ! Il datait probablement des premières années de la Restauration.

Un soir d'hiver, nous travaillions, le commandant et moi, à l'achèvement des projets ; je l'entendis faire une exclamation de dépit, et il se leva vivement. — Qu'avez-vous, mon commandant, lui dis-je. — J'ai.... j'ai que je n'y vois plus du tout. — Mais voilà une seconde bougie, je vais vous l'allumer. — Non, non, nos bougies s'achètent sur les *frais de bureau*, et c'est l'Etat qui les paie.... et ce n'est pas sa faute si j'ai usé mes yeux trop vite.

Et il alla chez lui, rapporta une bougie *à lui*, la mit à côté de l'autre et, simplement, continua à travailler.

Plusieurs personnes à qui je racontai ce trait bizarre s'en moquèrent. Eh bien, j'avoue que, loin de me paraître ridicule, ce fait si minime me parut dénoter chez le commandant Chavelet une honnêteté, une conscience si profondément scrupuleuses que j'en éprouvai une sorte de respectueuse admiration.

Et depuis, j'ai souvent comparé cette droiture originale et touchante avec la facile conscience de certains serviteurs de l'Etat, je dirai même de nombreux serviteurs de l'Etat, et je n'ai pu en tirer qu'une conclusion douloureuse, c'est que le niveau du sens moral a baissé.

Mariage de raison

Le calme exagéré de la vie de Salins, comparé à l'existence mouvementée de l'Algérie, me fit sentir vivement l'isolement du célibat. Je songeai à une de mes cousines de Paris, Hélène-Mélanie Jolivet, fille d'Auguste Jolivet, frère de ma grand'mère maternelle. Elle avait cinq ans de moins que moi, et cependant était ma tante à la mode de Bourgogne.

Elle avait été mariée, pendant que j'étais à l'école d'application, à un artiste dessinateur sur étoffes, qui au bout de quatre ans était mort poitrinaire. Je savais qu'elle avait toujours eu beaucoup d'affection pour moi. Elle était fort instruite et très intelligente, mais modeste et timide à l'excès. D'une santé plus que délicate, elle n'avait pas eu d'enfants. Ses parents n'étaient pas riches; ils se saignèrent pour me donner la moitié de la dot réglementaire. Mais je me dis qu'avec une femme si douce, de goûts si simples, et si bonne, je pourrais être heureux. Ses lettres étaient bien écrites et pleines de sentiments distingués. Vers le milieu de 1850, je partis pour l'Isle-Adam où elle demeurait avec ses parents et je l'épousai, bien que je n'eusse pas d'amour pour elle, mais seulement une grande estime et une affection sincère.

C'était un mariage de raison si on peut appeler ainsi une union dans laquelle on a négligé l'amour et l'argent.

J'ai toujours méprisé l'argent, je le méprise encore bien que j'aie souffert d'avoir souvent à peine le nécessaire ; mais j'ai souffert davantage de bien d'autres choses encore, je le dirai plus tard.

Mes parents n'étaient pas enthousiastes de mon mariage, mais ils partageaient mon estime pour ma femme, et ils la reçurent affectueusement.

Il n'en fut pas de même de ma tante Tartelin et de sa fille. Mais vraiment je ne pouvais pas épouser une fille laide et grincheuse, qui m'aurait rendu le plus malheureux des hommes. Je regrettai la peine qu'en ressentit son père que j'aimais beaucoup.

(On me pardonnera ces détails intimes et peu intéressants, si on pense que ces *Souvenirs* sont surtout écrits pour mes fils et pour mes amis).

Ma femme et moi fûmes bien accueillis à Salins. Les Comtois sont bons et francs. Ils sont un peu jaloux des Bourguignons. Une dame (Mlle Thiébaut, une amie d'enfance de V. Considérant) me disait : Oh ! nous savons bien que vous avez plus d'esprit que nous, mais nous avons plus de jugement.

Cette appréciation était juste.

Jusqu'au mois de décembre 1851, notre vie à deux fut calme et assez heureuse. J'allais assez souvent voir mes parents. Mon père, fatigué de la pharmacie, avait voulu faire réparer la maison de la rue Verrerie ;

mais, comme presque tous les architectes, M. Chaussier architecte et ami de mon père, dépassa de beaucoup la somme convenue, cela absorba presque toutes les économies que mon père avait pu réaliser. Il habitait le rez-de-chaussée l'hiver, et allait passer à Avelanges la belle saison dans la pauvre maison que ma mère avait reçue en héritage de son oncle le curé Monot.

Le 1er étage de la maison de Dijon était loué, le 2e fut occupé quelques années plus tard par ma tante Tartelin.

On me croyait pour longtemps à Salins, et mes parents s'en félicitaient.

Le 2 décembre 1851

Tout à coup éclata le coup d'Etat du 2 décembre 1851. La France se trouva du jour au lendemain sous un maître sans scrupules et sans conscience, entouré de gens aussi tarés que lui, et qui jamais n'avaient su ce que c'était que le sens moral.

Je fus effrayé des crimes qui suivirent cette infamie. Les déportations, les commissions mixtes me firent peur. Je craignis de me trouver pris un jour entre mes convictions et mon devoir militaire.

Les misérables qui entouraient le nouvel empereur eurent l'idée de faire un plébiscite dans l'armée en faisant signer les *oui* et les *non*. Lorsque la feuille qui me fut envoyée officiellement de Besançon par le colonel d'Oussières m'arriva à Salins, je signai *non*. C'était pour moi, au moins, le retrait d'emploi. On a envoyé à Cayenne et à Biskra des gens qui n'avaient pas fait davantage.

Mais cette mesure inique et cynique du vote signé, causa, paraît-il, à Paris, une telle réprobation que, quelques jours après, le colonel d'Oussières me renvoya la feuille officielle en m'écrivant : « Déchirez-la, « et n'en parlez à personne! »

Je fis alors immédiatement une demande pour retourner en Algérie. Je fus de suite exaucé et j'allai, avant de partir, embrasser à Dijon mes pauvres parents qui déjà vieillissaient et me voyaient m'éloigner d'eux avec chagrin.

Hasard malencontreux

J'allai dire adieu à ma tante Chaumet (Mme Sophie Jolivet). Je sonnai, ce fut le général Vaillant qui m'ouvrit la porte. Je fis un mouvement de surprise, je le saluai, et je m'effaçai, car il se préparait à sortir tenant un paquet de lettres à la main. Mais il me regarda du haut en bas avec un air de haute protection, et me dit brusquement : Etes-vous toujours phalanstérien ? — A cette question je compris que ma tante (qui était une amie d'enfance du général) lui avait parlé en ma faveur, bien que je lui eusse recommandé de n'en rien faire; je sentis que le général, dominé par son orgueil autoritaire, voulait me faire faire amende honorable au sujet de mes opinions républicaines, enfin m'imposer une sorte d'aplatissement *moral*, moyennant lequel il m'aurait accordé sa protection, mais j'étais trop fier pour acheter ainsi quoi que ce fut. — Je fis un léger mouvement vers le général, le regardai dans les yeux et lui dis doucement et avec fermeté : Oui, mon général ! Alors sa bouche prit une expression absolument méprisante ; il mit ses lettres dans sa poche, passa devant moi, et ferma avec bruit la porte derrière lui.

C'est ainsi que commença à se fermer pour moi celle de l'avancement.

Ainsi, le général Vaillant, nommé baron par Louis-Philippe, était déjà acquis à Louis-Napoléon. — « Toujours du côté du manche ! » Telle était la théorie et la pratique des gens qui ont le sens moral atrophié, et qui jettent leur conscience par dessus les moulins.

Je reviendrai plus tard sur le maréchal Vaillant. Il y a sur son compte à Dijon une opinion qui, sans lui être trop favorable, l'est encore plus que ne le comporte la justice.

Retour en Algérie

Le chemin de fer de Dijon à Marseille n'était pas terminé ; cette belle ville n'était pas encore dotée de ce canal qui lui amène les eaux de la Durance en traversant du Nord au Sud tout le département des Bouches-du-Rhône, et qui l'a complètement transformée.

Nous arrivâmes à Alger sans accident, mais non sans fatigue pour ma femme, dont la faible santé ne supportait qu'avec peine un voyage de cette longueur.

Le général Dalesme, alors commandant supérieur du génie en Algérie, était l'ancien colonel directeur d'Oran auquel j'avais été recommandé si vivement par le général Cavaignac en 1848.

Le commandant Abinal, malade, venait de rentrer en France ; je fus envoyé à sa place à Mascara, comme chef du génie intérimaire. J'étais trop jeune pour qu'on me confiât une des plus importantes chefferies de l'Algérie d'une manière définitive, mais des travaux très importants s'y faisaient alors, et cette preuve de confiance me fit grand plaisir.

On ne songeait guère à cette époque à faire des chemins de fer en Algérie. Nous fîmes par conséquent par mer le voyage d'Alger à Oran.

Le général Pélissier commandait encore la division, et le colonel Frossard était directeur du génie.

A Mascara où j'arrivai assez promptement par une route très difficile (l'ancien chemin arabe un peu élargi) je trouvai pour commandant de la subdivision, le général Bouscaren que je ne connaissais pas.

Il sortait du génie et était entré dans les spahis lors de leur formation.

La chefferie de Mascara n'était pas une sinécure. Pour chacune des trois places de Mascara, Tiaret et Saïda j'avais : 1° le budget de la guerre, c'est-à-dire les fortifications et bâtiments militaires ; 2° le budget des ponts et chaussées comprenant la route de Mascara à Saint-Denis-du-Sig sur une douzaine de lieues de longueur, et les études dans d'autres directions ; 3° le budget et le service des bâtiments civils, alignements, eaux, voirie, etc. ; 4° le budget de la colonisation avec les villages à créer et les travaux

préliminaires ; 5° le budget arabe régulier, caravansé-
rails, puits, fontaines ; — enfin 6° les travaux à
exécuter sur la demande des caïds ou aghas avec les
fonds des contributions volontaires arabes, mosquées
à réparer, abreuvoirs, fontaines, etc.

Cet ensemble était considérable et fort difficile à
surveiller à cause de sa dispersion sur un territoire
immense.

Il y avait bien là une dizaine de comptabilités dis-
tinctes. J'avais sous mes ordres quatre capitaines un
peu plus jeunes de grade que moi ; plusieurs gardes,
un gérant, un garde-magasin dirigeant les ateliers ;
une demi-compagnie du génie de 75 hommes et un
détachement de sapeurs-conducteurs.

Ces éléments étaient généralement de bonne volonté,
mais un peu imparfaits par suite du peu d'expérience
préalable.

Sur la route d'Oran il y avait en permanence, sauf
expéditions ou nécessités militaires urgentes, un
bataillon détaché.

On employait en même temps à ces divers travaux
l'élément militaire et l'élément civil ; entrepreneurs
et ouvriers espagnols, italiens, maltais, français,
marocains, travailleurs volontaires ; arabes de réquisition.

Tout cela était difficile à manier, et cependant on
travaillait beaucoup et pas trop chèrement, mais il
fallait une main ferme et une surveillance incessante.

Expédition de Laghouat

Tout-à-coup survint l'expédition de Laghouat. Tout ce qui était disponible à Mascara partit sous les ordres du général Bouscaren.

Je ne fus pas admis à l'honneur de faire partie de l'expédition. On y envoya le capitaine Brunon qui était officier du génie (sorti de la troupe), et qui alors était détaché pour les travaux de la route d'Oran, au point culminant de la partie comprise entre l'Oued-el-Hammam et la plaine du Sig. Les soldats appelaient ce point le *col Bombard ;* ce nom peu arabe venait sans doute de ce que d'un sommet voisin on pouvait apercevoir la mer et que pour cette raison les Arabes avaient nommé Ben-Bahar (Bahar, mer).

Laghouat fut pris, mais nous y perdîmes beaucoup de monde. Brunon reçut au poignet une balle qui nécessita l'amputation. Le général Bouscaren fut blessé au genou. On l'amputa, mais on ne put le sauver

J'ai dit plus haut qu'il était entré aux spahis en sortant du génie, à peu près à l'époque où Cavaignac et Lamoricière étaient entrés aux zouaves. C'était un créole de la Guadeloupe ; il avait les défauts d'exaltation fébrile de ces fils Français du Nouveau-Monde, mais aussi un caractère et une bravoure chevaleresques. Il était bon et généreux. Il vivait comme un sous-officier pour payer ses dettes de jeunesse. Il en était criblé, mais il donnait néanmoins beaucoup aux pauvres gens.

Il adorait le génie ; et quand, au rapport, je lui

apportais un plan, un lever quelconque : « Voyez,
« Messieurs, disait-il à tous les officiers qui l'entou-
« raient, voilà comme on travaille dans le génie! ».

On ne pouvait ramener son corps de Laghouat, mais
son officier d'ordonnance, le lieutenant de Parceval,
rapporta son cœur. Le jour de son arrivée, toute la
population de Mascara, qui adorait le général, se porta
au devant de la petite escorte, à une grande distance
de la ville.

Puis on revint à l'église où un service eut lieu. Les
paroles très simples du curé furent interrompues par
les sanglots qui éclatèrent de tous côtés. Tout le
monde pleurait. Quelle oraison funèbre !.. plus éloquente mille fois que celles de Bossuet !

Avant l'amputation, il avait dit aux chirurgiens :
« Attendez un instant, laissez-moi glorifier mon
« âme ! ».

Ce qui le préoccupait le plus c'étaient ses dettes.
Le général Pélissier lui promit qu'elles seraient
payées. Alors il se livra tranquillement aux opéra-
teurs ; puis mourut calme comme un vaillant soldat
qu'il était.

On l'a accusé d'avoir contracté au contact des Arabes le vice oriental. Je n'ai jamais pu croire qu'une
nature si généreuse, si chevaleresque, ait pu s'abais-
ser ainsi.

Le général Pélissier (qui ne l'aimait pas et le traitait parfois durement) fit aux troupes de la division
un ordre du jour extrêmement chaleureux dont je me
rappelle seulement les derniers mots : « ... Son cœur
« fut toujours un foyer brûlant de patriotisme et
« d'honneur ! ».

Fondation de Géryville

C'est à peu près alors que le jeune capitaine du génie Segrétain, très bon officier, et qui, pendant longtemps, s'est montré pour moi très bon camarade, arriva d'Oran avec un plan tout fait par le directeur pour la construction d'un fort qu'on nomma depuis Géryville. C'est une caserne entourée d'un mur bastionné avec infirmerie et magasins devant servir de point d'appui de ravitaillement et d'ambulance pour les colonnes expéditionnant dans le Sud. De là le bureau arabe pouvait surveiller de près le groupe des oasis du Sud-Ouest, les tribus éloignées, la frontière du Maroc et la population remuante du centre important de Figuig.

Plusieurs fois on a parlé de supprimer Géryville. Ce poste est encore debout. Il a été fort utile en 1871, et il est, je crois, destiné à devenir d'autant plus important et nécessaire que notre influence administrative, militaire et commerciale nous portera davantage vers le Sud. Le chemin de fer de *pénétration* qui va maintenant jusqu'à Aïn-Sefra, l'occupation du Touat, la prise de Tombouctou, la boucle du Niger et le Soudan français, qui relient l'Algérie au Sénégal, sont autant de raisons de penser que Géryville doit être conservé, car c'est la première base de notre extension vers le Sud.

Moulin aéro-hydraulique

À cette époque il m'arriva de faire une jolie invention dont le ministère de la guerre aurait bien pu me tenir compte.

Un employé de l'intendance, venant de Paris, me dit qu'il avait été envoyé pour voir si, à Mascara, il n'y avait pas un cours d'eau qui put faire tourner un moulin! — Je citai l'Oued-el-Hammam et l'Oued Saïda, mais c'était trop loin. Je proposai un moulin à vent analogue à celui de Tiaret, en faisant remarquer qu'à Mascara la brise de mer arrive chaque jour assez régulièrement vers 11 heures. — Non, me répondit ce monsieur, la monture par le vent est inégale. — Je parlai des régulateurs connus. — Non, non, dit-il, tous les régulateurs connus sont insuffisants. Une idée me vint tout-à-coup. — Et si je vous trouvais un *nouveau* régulateur par lequel la vitesse serait rendue aussi régulière que celle donnée par le cours d'eau le plus régulier? — Alors vous auriez rendu un grand service à l'administration de la guerre. — Eh bien, je me fais fort d'envoyer, avant 15 jours, à M. l'intendant d'Oran un projet qui réalisera la régularité *absolue*.

J'envoyai en effet mon projet à la date promise.

Il consistait simplement en ceci : Elever 1° *irrégulièrement* au moyen d'une machine élévatoire quelconque, *mue par le vent*, une certaine quantité d'eau prise dans un réservoir inférieur, pour l'emmagasiner dans un réservoir supérieur ; puis, 2° laisser écouler *régulièrement* cette eau sur une roue hydraulique ou une turbine actionnant le moulin.

Cette eau retomberait ainsi dans le réservoir inférieur pour être remontée et pour redescendre indéfiniment. Ce serait toujours la même eau. Il suffirait d'un filet d'eau quelconque pour compenser l'évaporation.

Je donnai à mon système le nom de moulin aéro-hydraulique.

Mon ami Rivot, mon ancien major, professeur alors à l'École des Mines à qui je demandai s'il avait déjà vu cela quelque part, me répondit que non, et que mon idée était nouvelle et ingénieuse. Mais, du ministère je n'obtins pas même un accusé de réception. Toutefois, bien plus tard, je trouvai mon système sommairement, mais assez bien exposé dans un traité sur les machines en général, dont l'auteur se nomme Laboulaye. Il avait eu l'honnêteté de citer mon nom, chose qui n'a pas toujours lieu comme on le verra plus loin pour mon projet de *jonction des Ports de Marseille au Rhône*, projet autrement important que le moulin aéro-hydraulique.

Il arrive parfois que dans les travaux civils du génie on a à courir des dangers sérieux.

Un jour le sous-intendant militaire me fit avertir que dans un de ses magasins on entendait des craquements inquiétants.

J'allai visiter ce magasin, je n'entendis rien et ne remarquai aucun mouvement. Cependant, comme c'était un vieux bâtiment arabe qu'on avait relevé d'un étage et recouvert d'une toiture en tuiles, lors de l'occupation de Mascara, je prescrivis de faire enlever tous les approvisionnements lourds qui s'y trouvaient renfermés.

Il était situé sur le bord du ravin qui est aujourd'hui le jardin public de la ville, et n'en était séparé que par une rue, une sorte de quai, bordé du côté du ravin par un petit mur d'un mètre de haut.

Le lendemain je retournai, accompagné du capitaine

Morellet, visiter de nouveau le bâtiment. Nous n'entendîmes aucun bruit, nous ne découvrîmes aucune lézarde.

Descendons à la cave, dis-je à Morellet. Nous étions à peu près aux deux tiers de l'escalier, lorsque j'aperçus devant moi un mur de refend parallèle à la rue dont la surface semblait remuer. C'était un vieux mur fait avec un certain mortier de terre rouge qui n'avait peut-être jamais contenu de chaux. Le mortier des joints s'effritait.

— C'est le mur qui s'écrase, dis-je à Morellet; remontons et vivement. Nous nous élançâmes hors de la cave. Il était temps. A peine avions-nous fait quelques pas que la maison s'effondra d'un bloc avec un bruit terrible et une poussière qui couvrit tout le quartier; une partie des débris franchit la rue et roula dans le ravin comme une avalanche; des moellons arrivèrent jusqu'à nos talons. Si nous avions tardé de trois ou quatre secondes nous étions écrasés.

Même pendant le siège de Metz je n'ai jamais vu la mort d'aussi près.

Une blessure est portée aux états de services, mais les risques de temps de paix ne comptent pas.

Le commandant Mangin

J'étais resté pendant plus d'un an à Mascara comme chef du génie intérimaire; l'inspecteur général, le général Dartois, m'avait adressé des félicitations; cependant on jugea sans doute que j'étais trop jeune de grade pour occuper un poste aussi important, car on envoya au commencement de 1853 un titulaire, le commandant Mangin. C'était un homme du monde, spirituel, intelligent, instruit ; il avait été professeur je ne sais dans quelle école militaire, puis longtemps employé au ministère de la guerre, mais il n'avait aucune pratique et ne tenait pas à cheval ; d'ailleurs zélé, consciencieux et bon. On me donna alors le chantier le plus important de la Place, la route de Mascara à Oran, et j'allai m'installer au centre, à l'Oued-el-Hamman, au point où la route traverse cette rivière.

Je commençai par loger sous la tente, car il n'y avait là que la gendarmerie sur la rive gauche à côté du pont, et une baraque de cantinier à l'autre bout du pont (en bois) construit peu de temps auparavant par l'artillerie.

A Mascara le commandant prit naturellement le logement que j'occupais, et ma femme dut aller loger ailleurs. Il y avait dans la rue Chellala, aujourd'hui rue Carnot, une ancienne case arabe, un peu réparée, avec un petit jardin, qui appartenait à l'Etat, et qui avait toujours été occupée par quelque officier du génie.

Elle s'y installa. Ses manières douces et affectueuses lui avaient fait dès son arrivée deux amies. Mme Leguen, femme du capitaine Leguen, qui commandait l'artillerie ; c'était une Bretonne jeune, gracieuse, naïve et très bien élevée ; puis Mme Pironneau, très spirituelle et fort belle, femme du sous-intendant militaire, lequel sortait de l'artillerie.

Le général Bouscaren avait été remplacé par le général Durrieu, qui sortait de l'état-major, et avait passé

par les bureaux arabes. Il n'avait guère que 45 ou
46 ans. Sa femme était fort jeune et très belle. Elle
était fille de M. Dufour, l'intendant militaire d'Oran.

Ces trois dames étaient pour ma femme une société
distinguée et agréable. Elle en avait besoin, car mon
nouveau chantier me tenait fort loin de Mascara;
cependant le samedi soir, après la paie faite, je revenais à la ville, et je repartais le dimanche soir ou le
lundi matin de très bonne heure.

Chantier de l'Oued-el-Hammam

Pour comprendre ce qu'était à cette époque le service du génie en Algérie il faut, comme spécimen,
savoir en quoi consistait le chantier de l'Oued-el-
Hammam.

1° De Mascara à l'Oued-el-Hammam (rivière des
bains chauds), il fallait faire l'empierrement et construire deux ponts en maçonnerie sur l'Oued-Malah
(ruisseau salé);

2° Il fallait achever les terrassements déjà commencés entre l'Oued-el-Hammam et la vallée de l'Oued-
Krouff;

3° Il fallait faire le tracé et ouvrir la route dans la
vallée de l'Oued-Krouff sur sa rive droite très escarpée jusqu'au pont de deux arches à exécuter pour
passer sur la rive gauche et aller jusqu'à la limite
du village de Saint-Denis;

4° L'enceinte du village (auquel on a depuis donné
le nom de Dublineau) était à faire. Elle n'existe plus
aujourd'hui;

5° On devait établir un barrage de système arabe en amont, à plusieurs kilomètres, et un canal d'irrigation ;

6° La construction d'un télégraphe aérien sur le plus haut sommet de la chaîne du Krouff devait être rapidement exécutée. C'était une tour défensive carrée à deux étages avec terrasse ;

7° Il fallait tracer et commencer la route allant du village de l'Oued-el-Hammam à Perrégaux, le long de la rive gauche de l'Oued, pour être plus tard dirigée sur Mostaganem.

Pour tout cela j'avais sous mes ordres deux ou trois sous-officiers du génie et un garde ; puis deux dessinateurs géomètres ; un bataillon d'infanterie légère d'Afrique (zéphyrs), deux ou trois cents Arabes de réquisition (1), et un entrepreneur italien fournissant des ouvriers civils de toute nation.

Pour surveiller tout cela, il fallait une grande activité. Aussi, dès 5 heures du matin, après absorption d'un bol énorme de café noir, très léger, plein de pain, je montais à cheval avec mon déjeuner de midi dans mes sacoches, pain, figues, raisins secs, œufs durs ; puis je ne rentrais parfois qu'à 7 heures du soir pour dîner assez pauvrement dans un coin isolé de la cantine ; je faisais mes carnets après dîner, et je me couchais vers dix heures pour recommencer le lendemain.

Je fis ce métier, comme je l'ai dit plus haut, pendant quatorze mois de suite.

J'y fus aidé par des collaborateurs bien intelligents

____

(1) Avec ou sans bourricots.

et bien dévoués ; je ne me rappelle pas le nom des sous-officiers et caporaux, mais je dois citer un garde du génie nommé Carayon qui se relevait parfois la nuit pour aller, au clair de lune, métrer ses tas de pierre, ou mesurer les tâches du lendemain. Il y eut aussi un jeune géomètre civil nommé Costa qui me servit bien dans le tracé de la route de Dublineau à Perrégaux.

Mais je fus aidé surtout par M. Helle que j'ai retrouvé avec bonheur plus de 40 ans après à Mascara. Dans les premières années de l'occupation de Mascara il avait été fait prisonnier par Abd-el Kader; après avoir échappé au sort probable qui l'attendait, mais avoir subi un dur temps d'affreuse captivité, il fut délivré par échange contre des prisonniers arabes. Après sa libération, il se fit géomètre et surveillant des travaux du génie. Je n'ai jamais eu d'employé plus actif, plus zélé, plus consciencieux. Après moi il a servi longtemps encore le génie, puis a été architecte et agent-voyer à Mascara. Il a toujours été le serviteur zélé et honnête. Il a maintenant 78 ans, et il a été renommé conseiller municipal à Mascara avec un nombre de voix supérieur à celui qu'ont obtenu ses collègues. A défaut d'autre, cette récompense lui était bien due. Bien des gens ont la croix de la Légion qui ne l'ont pas méritée autant que lui.

Le maréchal Randon

Je ne sais si le gouverneur de l'Algérie Randon était général de division ou maréchal à cette époque, mais il m'a été donné de constater, sur un détail, son inintelligence, d'ailleurs bien connue.

La route nouvelle n'était pas terminée, mais elle était déjà ouverte sur toute sa longueur. Le général de Chabaud-Latour était commandant supérieur du génie, et accompagnait le gouverneur. Comme il me savait bon cavalier, pour me faire valoir, il m'avait fait donner l'ordre d'escorter à cheval la voiture du gouverneur.

J'eus soin de me préparer trois relais. La voiture du maréchal allant presque toujours au galop, j'avais une douzaine de lieues à faire à la portière comme un mousquetaire du Roi.

Les ouvriers, les soldats se rangeaient sur la route, portaient la main au képi, et la voiture passait, ou plutôt les voitures, car il y en avait bien trois ou quatre, lesquelles soulevaient une poussière dont j'étais absolument couvert.

Arrivé au point culminant de la chaîne qui sépare le bassin de l'Oued-el-Hammam de celui du Krouff, le gouverneur fit arrêter sa voiture, et avisa une douzaine d'hommes d'infanterie qui travaillaient en cet endroit. Ils appartenaient à un régiment arrivé de France depuis peu. Ces hommes n'ayant jamais travaillé aux routes ne faisaient presque rien, et les officiers, ennuyés d'être ainsi détachés et de coucher sous la tente, disaient aux hommes qu'ils étaient faits pour se battre et non pour piocher la terre. Aussi ces hommes travaillaient fort peu.

Le gouverneur s'adressa à un soldat et lui dit, avec cette familiarité d'assez mauvais goût très fréquente alors : « Viens ici, toi.... Dis-moi combien tu « gagnes par jour? ».

Le soldat, d'un ton traînard et geignant comme un malade : — Ah, mon général, je ne gagne guère.... — Enfin, combien ? — Deux sous, mon général....

— Comment cela se peut-il, dit le maréchal en me regardant d'un air furieux, puisque la journée de dix heures est de trente centimes. — Parce que ces hommes sont à la tâche, monsieur le maréchal. — Eh bien, justement, les hommes doivent gagner au moins trente centimes puisque le minimum de la tâche, c'est la journée. — Oui, monsieur le maréchal, quand la journée est convenablement employée; mais quand les hommes ne font rien.... — Ça m'est égal, le minimum de la tâche est de trente centimes.... — Mais, monsieur le maréchal.... En tournant la tête je vis le général de Chabaud-Latour qui, de la main, me faisait signe de ne pas insister; je ne dis plus rien, et le maréchal donna l'ordre de repartir. Et, de nouveau, je piquai mon petit galop à la portière.

Arrivé à Mascara, après la réception, le maréchal n'eut rien de plus pressé que de rédiger une circulaire où il établissait que le minimum du prix de la tâche était le prix de la journée. C'était son principe, et il expédia ce beau factum à toute l'Algérie!

Quand il fut parti j'allai trouver le général Durrieu qui, lui, était un homme intelligent et qui, sans être du métier, comprenait fort bien qu'un homme mis à la tâche, qui ne fait rien, ne doit pas gagner trente centimes.

Je lui dis : Eh bien, mon général, vous avez lu la circulaire? — Oui, me dit-il, d'un air assez ennuyé,

— Les hommes ne faisaient déjà guère, ils ne feront plus rien du tout…. — Eh bien…. faites comme vous avez toujours fait.

Je ne m'occupai plus de la circulaire ; les hommes gagnèrent d'abord deux sous. Je leur fis observer que je leur donnais les mêmes tâches qu'aux zéphyrs, et que ceux-ci gagnaient 40, 50 et même 60 centimes. Alors il se fit une réaction ; les *Roumis*, si rétifs, gagnèrent d'abord 20, puis 30, puis 40 centimes. Bref ils firent comme les autres et le travail de la route marcha comme par le passé.

J'ai fait voir par ce détail combien le maréchal Randon était inintelligent. Il était ridicule à beaucoup d'autres points de vue. Sa femme le menait, dit-on, comme un petit garçon.

Le général Pélissier se moquait de lui ouvertement, bien qu'il fût son subordonné : à propos de la première expédition de Kabylie, à la suite de laquelle nous avions été ramenés avec un insuccès douloureux pour nos armes, le général lui envoya le télégramme que voici : « Nous avons donc eu du tabac? ». Je tiens le texte de cette dépêche insolente de l'employé qui l'a transmise.

Quand il s'est agi de la prise de Tougourt, le maréchal alla à Paris pour demander des fonds et des troupes de renfort au ministre de la guerre. Le général Pélissier vint, comme à l'ordinaire, faire l'intérim à Alger, étant le plus ancien divisionnaire ; il se hâta de rassembler tout ce qu'il put de troupes disponibles, et on enleva Tougourt facilement. Alors il annonça cette bonne nouvelle au ministre à qui elle arriva au moment où le maréchal lui demandait des subsides.

Le ministre lui dit : Mais, maréchal, Tougourt est pris ! Voici la dépêche que je reçois d'Alger !

Peut-on recevoir un camouflet plus complet. Eh bien, l'empereur en fit un ministre de la guerre !

En 1870 nous avons été surpris de toute manière. La guerre du Mexique nous avait coûté énormément cher et, pour combler tous les déficits, on prenait dans les magasins : nos réserves se trouvèrent très entamées au moment critique.

A Paris, le 4 septembre, on cria à bas Randon. Il fut quelque peu question de le mettre en accusation.

Je crois que sa meilleure défense se trouva être l'idée générale qu'on avait de son incapacité.

Mais l'Empereur avait besoin de généraux à tout faire et la première qualité à ses yeux était la servilité. On a vu où cela l'a mené.

Médicament antiseptique du pus

Une circonstance fortuite me permit de faire une observation d'où peuvent sortir des résultats de grande importance.

J'achetai d'un Arabe un fort joli cheval. Quand il me l'amena, il voulut le monter devant moi, mais il fut emporté dans la campagne et je crus que le cavalier et le cheval allaient se tuer.

Une bosse purulente, grosse comme un œuf de pigeon, existait sur le dos de l'animal et lui causait une vive douleur. Le vétérinaire des spahis le traita pendant plusieurs mois ; mais chaque fois que l'abcès était vidé à la suite d'une incision, il se remplissait de nouveau et la bosse reparaissait.

Je me souvins alors que le père d'Eugène Sue, médecin distingué de la marine, guérissait les panaris en faisant prendre au doigt malade des *bains* d'onguent mercuriel. Je tirai de là cette conclusion que le *mercure est l'antidote du pus.* Je traitai la bosse purulente en l'enduisant de cet onguent ; je plaçais dessus plusieurs feuilles de papier ; puis une couverture ; puis une selle très évidée. Je pouvais monter alors le cheval avec précaution. Un mois après il était guéri. Les secrétions en forme d'écailles qui existaient le long de la colonne vertébrale, depuis le front jusqu'à la queue, étaient tombées. Il ne resta d'autre trace du mal qu'une surépaisseur du poil à l'endroit où la tumeur avait existé.

Dans plusieurs autres circonstances ce moyen m'a réussi ; j'ai constaté ainsi que le mercure était un antiseptique puissant contre le pus et pouvait être employé dans toute maladie purulente. Dans le dictionnaire de Walleix, on lit à l'article *Variole*, que Lisfranc et Zimmermann employèrent l'onguent mercuriel avantageusement, en enduisant à l'intérieur avec cet onguent un masque en baudruche. Plusieurs médecins que j'ai interrogés à ce sujet sont tombés d'accord que le traitement de la tuberculose par les vapeurs mercurielles dosées avec soin et entrant dans le poumon par inhalations convenablement ménagées, pourrait être essayé avec succès.

J'ai développé ailleurs cette question ; et j'ai fait faire une expérience qui semble confirmer cette théorie.

Mais comment la faire accepter ? Elle est restée dans le plus complet oubli.

Le laurier rose

C'est un devoir pour tout observateur de signaler les faits dont la connaissance importe à l'hygiène publique, à la santé générale.

Pendant quatorze mois que j'ai passés à l'Oued-el-Hammam, je n'ai jamais eu une heure de fièvre ! Pourquoi ? Les travailleurs militaires ou civils, que j'employais, étaient fréquemment atteints, et allaient à l'hôpital.

Voici la raison de mon immunité.

Les faits relatifs au village de Saint-André que j'ai déjà cités, m'avaient mis en défiance contre l'eau des rivières, en été surtout. Les rivières en Algérie sont des champs de laurier rose, longs de plusieurs centaines de kilomètres. Dès mon arrivée j'avais fait creuser un puits assez loin de la rivière. L'eau en était fraîche et limpide ; son niveau était supérieur à celui de la rivière, mais elle était légèrement saline. Avec le vin et le café elle était moins agréable que l'eau de la rivière, mais elle n'était pas *empoisonnée*.

Je ne bus que de l'eau de mon puits, mais je fus presque seul à en boire, et je fus aussi presque le seul qui n'eus pas la fièvre !...

Je n'ai jamais eu assez d'autorité pour attirer sur ce fait l'attention des médecins.

Le capitaine du génie Izambard, qui était à Oran, fut désigné pour aller faire des travaux sur le bord de la Mina. Or cette rivière, comme l'Oued-el-Hammam, a un très long parcours et est remplie de lauriers roses.

J'écrivis à Izambard : « Commencez par faire un « puits », et je lui développai mes raisons.

Probablement le temps lui manqua au moment de son installation, et ma prédiction ne fut que trop justifiée, car il mourut de la fièvre peu de temps après.

Brochure sur la rage

Depuis longtemps diverses circonstances m'avaient poussé à faire des recherches sur la *cause* de la rage.

Lorsque Pasteur découvrit le moyen de combattre cette affreuse maladie, il ne s'occupa point de la *cause*.

Je lui écrivis à ce sujet. Il me répondit que mes observations partaient d'un esprit logique et judicieux, mais qu'il ne croyait pas à la rage *spontanée*.

L'année suivante je lui apportai de nouveaux faits ; il me reçut dans son laboratoire de la rue d'Ulm, et après une discussion assez longue il me dit : « Du reste, je cherche d'un autre côté ; si je ne « trouve pas de ce côté là, je chercherai du vôtre. »

J'ai rédigé depuis sur ce sujet une brochure qui est intitulée : *Recherches sur la cause de la rage*. (Dijon 1889. Bibliothèque municipale).

Départ pour Oran

On a vu plus haut combien j'étais absorbé par la surveillance incessante et indispensable de mes travaux de l'Oued-el-Hammam. Ma comptabilité fut quelque peu en retard et me causa quelques difficultés avec le commandant Mangin.

En ce moment le général Durrieu fut chargé de diriger une expédition jusqu'à Ouargla.

Le capitaine Chrétien, moins ancien de grade et moins ancien que moi dans la Place, fut désigné pour faire partie de l'expédition.

Quand je l'appris, j'arrivais de l'Oued-el-Hammam, et je me plaignis vivement au commandant Mangin et au colonel Frossard. On m'enlevait ainsi une chance d'obtenir la décoration. Le colonel me répondit par deux jours d'arrêts. La punition était légère, car ma réclamation était très raide. Mais on me tint compte du motif. Néanmoins, cela m'avait mis en froid avec le commandant Mangin, et je fus envoyé à Oran.

Lorsque j'y arrivai, le général Pelissier commandait la division. Le colonel Frossard était directeur, et le lieutenant colonel Vialla, chef du génie. J'eus pour chantier une batterie de côtes dominant le port ; puis une aile de l'hôpital à terminer ; je dessinai un pont pour le Rio-Salado, et je m'occupai d'une conduite d'eau avec grand siphon pour Aïn-Témouchent, lorsque le service des ponts et chaussées se trouva à même de faire ces travaux qui lui incombaient naturellement. J'eus la triste et assez dangereuse occasion de voir le choléra de près. Les vieux chasseurs d'Afrique, cette rude troupe, ces soldats d'élite, arrivaient à l'hôpital par centaines. L'épidémie fut violente mais assez courte. Ma femme et moi, nous eûmes le bonheur d'y échapper.

Nous logions dans un petit appartement à l'Etat, dans le Château-Neuf, tout à côté de l'hôtel du général. Ce logement était bien simple, mais assez original, parce que le *salon* était un ancien marabout arabe, de forme octogone, à peine éclairé par le haut.

Quand j'allais faire une visite au général et lorsqu'il me rencontrait, il me disait : « Nous sommes « voisins, il faudra que j'aille voir Mme Marchand »... Mais il ne vint jamais, parce que ma femme ni moi n'allâmes jamais faire de visites à Mme X..., femme d'un consul, qu'on disait être l'amie intime du général.

C'était une femme charmante à la vérité, mais le général avait le grand tort d'obliger, en quelque sorte, les femmes de ses subordonnés à aller voir cette dame. Il rendait la vie dure à ceux qui ne se pliaient pas à cette loi arbitraire digne de Gessler ! mais ma femme n'allait pas dans le monde ; le général n'insista pas et ne me garda pas rancune. Du reste pour lui, depuis l'expédition de 1849, j'étais resté sans doute un être à part, un peu illuminé, mais honnête, et qui méritait le respect à cause de sa foi vive et de son amour pour l'Humanité.

Scène grave

Je dois raconter ici la scène étrange et presque violente qui eut lieu entre le général et moi pendant un déjeuner officiel auquel assistaient une douzaine d'officiers de divers grades.

On s'étonne parfois du peu d'indépendance de

caractère des officiers de l'armée. Mais il est dans la nature même de celle-ci d'être le bras de la Nation. Or le bras n'est pas tenu de penser.

Un soldat ne doit avoir d'opinion qu'à la condition d'agir comme s'il n'en avait pas, à moins de circonstances tout à fait exceptionnelles, comme au 2 Décembre par exemple, où une partie de l'armée a commis un crime en obéissant à certains de ses chefs, précisément les moins recommandables ; puis en faisant violence aux représentants de la France, en jetant en prison les chefs les plus illustres de cette armée, Cavaignac, Lamoricière, Bedeau et d'autres encore. Cependant nous pourrions citer plusieurs faits d'indépendance philosophique dans l'armée, et prouver qu'il s'y trouve encore des penseurs courageux.

J'ai raconté dans l'*Utopiste*, roman que j'ai publié en 1882 après avoir quitté l'armée, un fait jusqu'alors parfaitement inédit. Je me suis désigné dans ce récit par l'initiale X...

Donc, X... avait été invité à déjeuner par le général Pélissier qui, comme je l'ai dit plus haut, commandait à Oran avec l'autorité et les allures d'un véritable pacha. Le général si dur, si violent, avait distingué ce jeune officier et prenait parfois plaisir à causer avec lui, précisément parce qu'il se tenait à l'écart, et ne fatiguait jamais le général auquel la politesse humble et timide, et la courtisanerie déplaisaient fort.- Pour lui plaire, il fallait lui tenir tête, respectueusement, mais rudement.

Comme le capitaine X... était fort net dans ses idées, assez entier de caractère, et que souvent il l'avait prouvé, le général l'avait pris en affection sérieuse d'autant plus remarquée qu'elle était plus rare.

Un jour donc, il l'avait invité à déjeuner au Château-Neuf. C'était un jour de départ du bateau de France, et une douzaine d'officiers avaient été invités ce jour-là à la table du général.

Le déjeuner avait commencé depuis quelques instants, et la conversation était languissante, tout le monde ayant une certaine appréhension des sorties bizarres, souvent spirituelles et toujours mordantes, que le général avait coutume de faire aux dépens de tel ou tel. Chacun craignait d'être la victime.

Mais le général qui venait de lire les journaux venus de France ne paraissait pas songer en ce moment à attaquer ses invités ; une sombre irritation visible à ses sourcils noirs contractés annonçait cependant un orage, et chacun était un peu inquiet de savoir qui serait frappé par la foudre olympienne.

Ce qui motivait ces lueurs farouches dans l'œil du « pacha d'Oran, » c'était un article relatif à Barbès, article qui, paraît-il, lui avait souverainement déplu.

Le capitaine X... se trouvait précisément en face du général qui lui dit brusquement avec cet accent traînant et nasillard bien connu :

— Dites-donc, vous ? vous êtes républicain et socialiste..., mais vous êtes encore un honnête homme..., je veux bien le croire...

X... s'inclina en souriant imperceptiblement.

— Dites-moi « voire » ce que vous pensez de cette canaille de Barbès.

La réponse était difficile, et tous les yeux se fixèrent sur l'officier ainsi interpellé.

— X... répondit : ma foi, mon général, je n'ai jamais connu Barbès. Je sais qu'il était fort exalté et qu'il a pu commettre certaines actions répréhensibles ; mais je sais qu'il était très riche et très bon, et qu'il consacrait toute sa fortune soit à l'expansion de ses idées, soit au soulagement des misères qui l'entouraient.

— Je vous dis, moi, que c'était une canaille. Est-ce que vous ne savez pas qu'il a assassiné à Paris un officier chef de poste ? Et tous vos socialistes sont des gredins et des canailles !

X..., en présence d'une opinion exprimée avec cette dureté et cette violence, répliqua vivement :

— Vous m'avez dit tout à l'heure, mon général, que vous vouliez bien croire que j'étais encore un honnête homme... ; moi aussi je crois que vous êtes un honnête homme, et cependant...

— Et cependant ?... dit le général avec hauteur.

— Et cependant vous avez deux poids et deux mesures ; vous traitez Barbès de canaille parce qu'il a tué un officier dans une émeute, dans un moment de lutte révolutionnaire ; mais vous vous garderiez bien d'employer cette expression au sujet de celui qui a tiré sur un officier et tué un grenadier sur la plage de Boulogne !...

L'effet de cette réponse fut profond. On était en 1854. Le général fit un haut-le-corps brusque, et quoique ordinairement pâle, pâlit encore. Toutes les fourchettes restèrent en l'air, tous les yeux se fixèrent sur l'audacieux qui osait exprimer une opinion sem-

blable dans un déjeuner officiel, en face du redouté
proconsul de la province; puis on regarda le général
qui était resté un instant immobile avec le front
plissé et les dents serrées. Qu'allait-il advenir?

Le capitaine X... s'était remis à manger, tranquille
en apparence, mais non sans émotion intérieure.

Le silence profond qui régnait dans la salle à
manger lui fit comprendre la violence du coup qu'il
venait de porter. Il releva les yeux sur le général.

Sa figure s'était détendue; il avait changé d'attitude.
Il lui fallait répondre et, généreusement, il évita de
faire un éclat.

— Moi, dit-il avec un grand geste indiquant l'indif-
férence, et avec un accent plus traînant et plus
nasillard encore qu'à l'ordinaire, j'ai l'habitude de
l'obéissance passive, et je n'ai pas à juger la conduite de mes supérieurs!...

Et le déjeuner continua.

Cette réponse fut un trait de bonté et un trait
d'esprit. Je ne fus pas envoyé à Mers-el-Kébir comme
je m'y attendais; le général parut oublier cette
violente attaque au passé de l'Empereur, alors tout-
puissant. Mais d'autres s'en souvinrent, et pendant
tout le temps que dura l'Empire, je fus systématiquement écarté de l'avancement auquel mes services m'auraient donné le droit de prétendre, comme
on le verra plus loin.

Cela continua même après la chute de l'Empire.
Les bureaux de la guerre ont des notes secrètes,
vraies ou fausses qui survivent à la chute des gou-
vernements, que l'intéressé ne connaît pas, contre
lesquelles il ne peut se défendre, lors même qu'il

pourrait parfois, d'un mot, les réduire à néant ; notes qui se retrouvent toujours et ne pardonnent jamais.

Et c'est pour cela qu'on trouve si peu de « caractères » dans l'armée. Tout les hommes qui ont un peu trop d'indépendance politique, d'originalité ou de vigueur d'intelligence, font la faute de se laisser connaître dans les grades inférieurs. Dès lors leur carrière est systématiquement entravée ; il sont mis à l'index, et puis définitivement écartés. C'est l'exception rare qui « malgré » ces qualités arrive à force d'énergie ou de services rendus.

En France, dans les hauts grades, on rencontre presque toujours la probité privée et le courage militaire ; mais on y remarque trop souvent l'absence d'idées larges et d'impartialité politique. Ce qu'on voudrait trouver toujours, ce sont d'abord des principes philosophiques et politiques élevés ; c'est ensuite le « courage civil » qui consiste à défendre ces principes même aux dépens de l'intérêt personnel et de l'avancement.

On ne peut pas toujours éviter d'être mal noté par des supérieurs passionnés ou peu intelligents.

Dans ce cas on ne devient pas général, mais on reste homme.

Peu de gens me blâmeront d'avoir agi ainsi. J'étais insulté en face, non peut-être personnellement, mais dans mes convictions, dans mes amitiés, dans mes sympathies.

Je ne serai pas blâmé par les monarchistes qui détestaient l'Empire ; je ne le serai pas par les républicains tels que le général Cavaignac dont j'admirais l'honnêteté politique et la droiture ; je ne le serai pas par ce grand parti socialiste qui s'accroît sans cesse parce qu'il résulte des aspirations, les unes justes, les autres fausses, mais incessantes des masses vers un meilleur avenir.

Quelque fâcheux qu'ait été pour moi, plus tard, l'incident bizarre que je viens de raconter, je ne crois donc pas avoir à le regretter.

Retour à Mascara

L'expédition de Crimée était arrivée à un moment critique. Saint-Arnaud était mort. Canrobert était insuffisant; on y envoya le général Pélissier et on fit bien.

Le colonel Frossard partit avec lui. Le commandant Mangin obtint de partir aussi. La chefferie de Mascara devint de nouveau vacante. Le général de Chabaud-Latour qui était orléaniste, et naturellement détestait le régime impérial, m'envoya de nouveau à Mascara, mais cette fois ce n'était plus à titre intérimaire, et à trente-quatre ans j'étais titulaire d'une des plus importantes chefferies de l'Algérie.

Je repris alors mes anciens travaux avec une ardeur nouvelle, et je revins habiter le logement dont j'avais été dépossédé par le commandant Mangin.

Le général Durrieu avait pour moi une affection sincère dont il me donna un jour la preuve. Je l'avais accompagné jusque dans la plaine de l'Habra où il voulait visiter des travaux d'irrigation exécutés pour les indigènes.

En passant près de l'emplacement qu'occupe

aujourd'hui le village très prospère de Perrégaux,
mon cheval, qui avait fait la veille une longue course,
se trouva fatigué, et le général me fit donner le cheval d'un Arabe de son escorte. Je lui fis mettre ma
selle sur le dos, mais je lui laissai sa bride. Je
m'aperçus au bout de quelques instants que la
têtière de cette bride avait été assez mal raccommodée
avec une ficelle. Je descendis de cheval et refis de
mon mieux le nœud prêt à céder. Puis je me remis
en selle. Pendant ce temps, le général avait pris
de l'avance, et mon animal voulut rejoindre l'escorte.
Je le maintins, mais il secoua la tête si violemment
que la ficelle cassa, la bride tomba et les rênes se
brisèrent, alors mon cheval affolé partit comme un
trait.

Je criai : gare, gare !... L'escorte et le général lui-
même me firent place, et je passai au milieu comme
un boulet de canon.

Je décrochai mon sabre qui battait les flancs du
cheval ; je lui parlais pour le calmer, mais cela l'ex-
citait davantage ; il sautait par-dessus les palmiers
nains, et se jetait de côté pour éviter les jujubiers
sauvages ; il traversait des troupeaux de moutons qui
éclaboussaient de tous côtés. Tantôt il approchait
des berges à pic de l'Habra, et je me couchais sur
l'encolure pour tirer furieusement sur l'oreille opposée ; tantôt le voyant sur les épaules et craignant
qu'il ne fît la *panoche*, je me couchais presque sur
la croupe en me tenant sans vergogne aucune à la
crinière, et je lui disais tout haut : Gredin, tu te
tueras, mais je resterai dessus !...

Je n'ai jamais eu l'esprit si lucide que pendant

cette course échevelée. Enfin, à bout d'haleine, le cheval brusquement s'arrêta. Je sautai à terre, je le saisis par le toupet puis, mettant la main sur ma poitrine qui battait à se rompre, j'attendis — Le général arriva bientôt au galop. Il mit pied à terre à dix pas de moi; il accourut en ouvrant les bras et me dit très ému en m'embrassant : mon cher ami, je croyais vous retrouver mort !...

Et en effet, sur vingt cavaliers soumis à cette épreuve, dix-neuf peut-être auraient eu un accident grave Mais je n'avais pas eu un instant d'émotion ou de crainte. L'exercice du sauteur à l'école d'application m'avait donné une grande confiance dans ma solidité. Je me suis tiré de ce danger à force de présence d'esprit et de souplesse physique. — Jeunes camarades, montez le sauteur.

A mon arrivée à Mascara, quelqu'un me fit connaître un propos échappé au gérant de la Place et que j'avais soupçonné d'infidélité, mais que le commandant Mangin n'avait pas pu trouver en défaut.

Ce gérant, dont je ne veux pas dire le nom, avait dit imprudemment : « Quand j'ai appris que le capitaine Marchand revenait ici comme chef du génie, « mes cheveux ont blanchi dans la nuit. » Je ne dis rien, mais je surveillai de près. En vérifiant la caisse, je la trouvais toujours conforme aux écritures, mais un jour j'aperçus un zéro presque imperceptible à côté d'une feuille de dépense portée au registre des paiements. Je la demandai, elle n'était pas acquittée. Le gérant se troubla: je demandai toutes celles qui étaient ainsi indiquées ; elles étaient impayées. Le gérant *faisait attendre* les entrepreneurs sous prétexte qu'il n'avait pas assez d'argent en caisse ; puis il faisait valoir cet argent à la petite semaine. On payait alors l'argent à 5 et 6 pour 100 *par mois !* Je fis mon rapport au directeur, et le gérant qui avait 17 ans d'exercice et qui était proposé pour la Légion d'honneur, fut renvoyé en France et rayé du tableau d'avancement.

Mais quelques années après l'Empereur passant par la nouvelle résidence de ce serviteur indélicat, celui-ci fut proposé à titre de vieux sous-officier ayant beaucoup de campagnes et décoré de la main de Sa Majesté.

Il n'avait pas volé l'Etat, mais il avait volé les entrepreneurs et fournisseurs, et personne ne s'en était douté.

Autres prévaricateurs

Voici un autre fait qui prouvera mieux encore combien il est nécessaire pour les supérieurs d'une administration quelconque de bien choisir et de bien surveiller les agents inférieurs.

L'Inspecteur des forêts à Mascara vint un jour m'offrir des pièces de chêne vert pour les travaux que je faisais exécuter. J'avais sur son compte des renseignements fâcheux. J'allai voir le bois et lui en demandai le prix: il m'indiqua un prix approchant de celui du chêne de France venant d'Oran. Je lui

demandai à qui je devais payer le bois que j'achète-
rais. — A moi, dit-il. J'étais fixé.

Eh bien, non, Monsieur, lui dis-je, ce bois ne vous
appartient pas ; vous l'avez pris dans la forêt de
Nesmoth qui appartient à l'Etat ; j'ai vu les voitures qui vous l'ont amené ; et ce n'est pas à vous,
c'est au Trésor d'en encaisser la valeur ; et pour vous
le prouver je vais faire venir ici les prolonges du
génie, et mettre dans le magasin du génie tout ce
que vous avez dans le vôtre. — Vous ne ferez pas
cela, me dit-il en colère. — Vous allez voir.

Alors j'allai chez deux charrons qui lui avaient
acheté du bois. D'où vient ce bois, leur dis-je.
— De la forêt de Nesmoth. — A qui l'avez-vous
payé ? — A l'inspecteur. — Alors c'est du bois
volé à l'Etat, et je vais saisir votre approvisionnement.
— Mais vous nous ruinerez. — Tant pis, je vais le
faire prendre de force... à moins que vous ne veniez
déclarer au commandant de la subdivision ce que
vous venez de me dire.

C'était un vieux colonel, ancien président de conseil
de guerre, qui remplaçait le général Durrieu pendant
l'expédition d'Ouargla.

Je lui amenai les deux charrons. Quelques jours
après l'administration forestière renvoyait en France
son misérable inspecteur, lequel, après avoir traversé
la Méditerranée, m'écrivit une lettre d'injures en la
terminant ainsi : « Quand je vous rencontrerai, je
« pisserai dans le fourreau de votre sabre ! »

Voilà un employé de l'Etat bien choisi.

Les administrations envoyaient alors en Algérie
les employés tarés ou douteux qui s'étaient compromis

ou étaient gênants. C'est parfois encore comme cela aujourd'hui, mais moins fréquemment.

La femme d'un certain juge de paix était une ancienne blanchisseuse condamnée, disait-on, autrefois pour vol de linge. A l'approche du jour de l'an elle envoyait des cadeaux *sans valeur* aux femmes des juifs de la localité, et ceux-ci, dans l'espoir d'une protection efficace dans leurs affaires véreuses, répondaient en faisant de riches présents. — Et alors les Arabes disaient : « Les Français ne valent pas mieux que nous. »

C'était l'époque de l'affaire Doineau. Je me promenais un matin sur la place qui était devant ma maison, en causant avec le chef du Bureau arabe.

Il lisait un journal d'Oran : « Il faut qu'il ait un « fier toupet, s'écria-t-il tout-à-coup ». — Qui donc ? « — Mais Montauban !... Figurez-vous qu'il vient « de déclarer devant la Cour d'assises que les Bureaux « arabes n'ont plus de *masse noire* en caisse. — Eh « bien, aujourd'hui même, j'ai dans la mienne 30,000 « francs, et il le sait bien. »

Il y avait un territoire considérable à concéder aux colons, près de l'emplacement du village qu'on allait fonder et qui s'est depuis appelé Perrégaux. D'après un ordre du ministre ou du gouverneur général, les concessions supérieures à 100 hectares

devaient être données d'après l'avis de la commission
consultative de Mascara composée de tous les chefs
de service de la subdivision, et présidée par le général
Durrieu. — Messieurs, nous dit un jour le général
(qui était un honnête homme), le général Montauban
a fait diviser le terrain de Perrégaux en lots de 99 hectares. Il s'en est réservé ainsi la répartition exclu-
sive. Que pensez-vous de cela ? La commission à
l'unanimité protesta, mais je suis convaincu que la
protestation fut mise au panier à Oran et que le
général de division passa outre. On pouvait tirer de
gros avantages en distribuant de la main à la main
ces lots de 99 hectares à des gens capables de reconnaissance..... pécuniaire.

A cette époque on racontait à Oran une assez
curieuse histoire.

Le général qui commandait la division avait eu une
jeunesse un peu accidentée On disait que, ayant été
pendant un certain temps en non activité pour je ne
sais quelle raison, il avait réussi à se faire nommer
directeur du théâtre de la Porte-Saint-Martin.

Là il avait connu (dans le sens où ce mot est
employé dans la Bible) parmi son personnel, une
habilleuse assez belle et surtout fort habile qui avait
eu plus tard le talent de se faire épouser. Elle avait
pris à la longue une autorité telle qu'elle partageait
avec son époux le commandement de la division.

Très soucieuse des intérêts de sa maison, elle avait
obtenu, je ne sais de qui ni comment, une vaste concession de terrain à Misserghin, et là, plantait, labou-
rait, semait et surtout récoltait, avec le concours des
bras et du matériel militaires.

Elle ramassait ainsi des écus qui, comme ceux de la boulangère de la chanson, « ne lui coûtaient guère ».

Mais voilà que le commandant du train reçoit tout à coup l'ordre de préparer ses voitures pour une expédition ou un ravitaillement quelconques.

Vite, avec le tact d'un courtisan, il expédie à Misserghin le plus beau, le plus monumental de ses maréchaux de logis avec ordre de ramener à Oran les prolonges de Madame.

Le maréchal des logis arrive, met pied à terre, et est introduit dans une chambre où on lui dit d'attendre la générale.

Tout à coup une porte s'ouvre vivement et la générale apparaît avec la tête haute et les sourcils froncés. Le maréchal des logis porte militairement la main au képi. Le dialogue suivant s'établit :

— Qu'est-ce que vous voulez ?

— Madame, mon commandant m'envoie pour que je ramène à Oran, ce soir, les prolonges qu'il a prêtées à Madame.

— Ah !... Eh bien, allez porter ma réponse à votre commandant....

Et, tournant autour du maréchal des logis qui était resté immobile, elle lui adresse, dans la partie de l'individu qui repose ordinairement sur la selle, un coup de bottine distingué. Puis elle sort en coup de vent comme elle est entrée !

Le maréchal des logis, qui avait conservé la main droite au képi, porte la main gauche sur la blessure, reste un instant ahuri dans cette position, puis sort lentement, monte à cheval et revient à Oran rendre compte à son commandant de l'insuccès de sa mission diplomatique !

Comme la colonisation devait bien marcher avec de pareils procédés.

Corvées arabes

Pour terminer la route de Mascara à l'Oued-el-Hammam et de ce village (appelé aujourd'hui Dublineau) à Saint-Denis-du-Sig ; puis, pour commencer la route de Dublineau à Perrégaux, qui suit la rive gauche de l'Oued, le général Durrieu m'avait souvent donné des corvées arabes commandées dans chaque tribu par les soins du Bureau arabe. Elles venaient le samedi matin et partaient le jeudi soir.

Il y avait un tarif ; tant pour un Arabe avec deux bourricots et leurs chouaris (paniers doubles). — Un travailleur seul avec une pelle ou une pioche avait un douro (5 francs) pour six jours de travail. Le génie fournissait les outils. On m'avait proposé de faire exécuter les paiements par les caïds et les chaouchs. Il ne serait pas entré beaucoup d'argent dans la poche des travailleurs. Le jeudi matin j'envoyais à Mascara prendre la somme nécessaire à la paie. Le sergent du génie, porteur de la solde, arrivait avant la fin du travail ; celui-ci terminé, les Arabes, debout, se plaçaient sur un seul rang, tout le long de la route. Le sergent passait et mettait un douro dans la main de chaque travailleur qui s'accroupissait dans son burnous sans changer de place. La paie terminée, je frappais dans mes mains et tous riaient et jubilaient en se sauvant dans la broussaille. Bien adroit aurait été celui qui aurait soutiré la pièce si convoitée et immédiatement cachée dans quelque repli profond du burnous.

Aussi mes corvées travaillaient-elles très bien, et mes camarades des autres chefferies disaient : Comment donc Marchand fait-il pour obtenir de ces paresseux d'Arabes un travail sérieux ?

Je voulus expliquer mon système. J'avais été invité par l'administration militaire elle-même à écrire des articles pour un journal fondé à Alger.

Je fis connaître le mot de l'énigme qui consistait à ne pas employer l'intermédiaire des Bureaux arabes et à payer directement les travailleurs.

Mon article me fut renvoyé par la division d'Oran : on me dit de supprimer ceci et cela. Je ne répondis pas et supprimai l'article.

Et je reste convaincu qu'en s'y prenant bien, c'est-à-dire en traitant les Arabes avec justice et bonté, on peut tirer d'eux une somme de travail importante et à bon marché.

De grands travaux se préparent dans des contrées lointaines, désertes, sans ressources. On ne pourra les exécuter qu'avec les gens du pays habitués à vivre de très peu. Les hommes de mes corvées arrivaient de leurs douars avec une peau de bique pleine de rouina (farine de blé ou d'orge grossière). Je les ai examinés avec surprise ; l'Arabe s'asseyait le matin, avant le travail, au bord de l'eau, source ou rivière ; il faisait tomber un peu de rouina dans sa main gauche, y mettait un peu d'eau, et de l'index de la main droite, mêlait l'eau et la farine ; puis faisait une boule qu'il divisait en trois ou quatre boulettes artistement alignées sur une pierre ; alors il avalait successivement ses boulettes à intervalles convenables et buvait de l'eau dans le creux de sa main. C'était le déjeuner du matin. A midi et le soir, même chose. Chaque homme dépensait deux ou trois sous par jour. Il y a là, matière à réflexions sérieuses. Et ces gens-là étaient contents !

Un jour, j'étais sur la route près du Sig. J'aperçois un Arabe qui arrivait à moi en trottant sur le bord de la route, nu jusqu'à la ceinture, par en bas, le burnous en sautoir, les mains appuyées sur un bâton blanc passant derrière le cou. Il s'arrête brusquement à dix pas de moi, me regarde attentivement et me dit : « Toi captane bono !! » Et il repart au petit trot. C'était un de mes anciens travailleurs qui, de sa vie, n'avait jamais été payé que par moi ; qui n'avait jamais tenu dans sa main d'autre douro que celui qu'y avait mis le sergent du génie. Je me suis senti honoré par cet éloge naïf et vrai.

Le général Durrieu avait épousé à 45 ans la fille encore très jeune de M. Dufour, intendant militaire, à Oran. Ma femme et moi étions toujours invités aux soirées de la subdivision.

J'avais été, dans ma jeunesse, tellement éloigné de ce qu'on nomme le monde, que c'est dans le salon du général Durrieu que je dansai pour la première fois à 34 ans ! Je dois attribuer en partie à cette lacune de mon éducation première la timidité qui m'a été si nuisible pendant toute ma vie.

Là, je fis connaissance avec quelques grands chefs arabes de la province d'Oran et en particulier celle de Kaddour-Mokfi, l'agha d'El-Bodj, le magnifique cavalier qui avait fait sous les ordres du général Pélissier l'expédition des Ksours du Sud en 1849, dont j'avais aussi fait partie.

Kaddour dominait tous les invités par sa haute taille, et se promenait majestueusement dans les salons en causant avec le général qui, ayant servi dans les Bureaux arabes, parlait l'arabe facilement. Le général estimait beaucoup Kaddour dont les services rendus à la France étaient remarquables. Celui-ci avait dans sa ceinture je ne sais combien de pistolets et de yatagans richement ornés.

Madame Durrieu l'invita gracieusement à se désarmer. Madame, répondit Kaddour simplement, mais avec un sourire à peine perceptible, et ce grand air que les chefs arabes ont presque toujours, « la laine ne fatigue pas le mouton », et il continua sa majestueuse promenade.

A cette époque, je n'étais qu'un petit capitaine du génie non décoré, quoique chef d'un grand service; Kaddour-Mokfi était officier de la Légion d'honneur.

Il fallait que le général lui eût dit de moi et de ma femme beaucoup de bien, car le petit fait que je vais raconter est caractéristique.

Un soir, j'allais rentrer à Mascara avec ma femme par la porte de Mostaganem. De loin, j'aperçus Kaddour-Mokfi qui, monté sur son grand cheval de bataille, sortait de la ville et venait à notre rencontre.

A quinze pas de nous, Kaddour arrêta son cheval, mit pied à terre légèrement quoiqu'il fût déjà vieux,

fit quelques pas à notre rencontre, s'inclina avec
dignité, puis, faisant demi-tour, remonta sur son
cheval qui, bien dressé, n'avait pas bougé, et partit
au galop !

Surveillance des postes annexes

Je visitais deux fois par an chacun de mes trois
postes annexes, Saïda, Géryville et Tiaret. Une fois
après avoir vu Saïda et Géryville, je voulus gagner
du temps et passer par Tiaret avant de revenir à
Mascara. Il fallait faire cinq journées de marche
dans le petit désert. Je partis avec une *carta* du
chef du Bureau arabe de Géryville, le lieutenant de
Colomb qui, depuis, est devenu général de division.
J'avais avec moi mon ordonnance, deux sapeurs-
conducteurs pour mener les mulets portant les vivres
et les tentes, puis un jeune spahi arabe qui me
servait d'interprète.

A la 2ᵉ étape, le Caïd de je ne sais quelle tribu
nomade devait m'apporter la diffa ; elle fut splendide. On n'aurait pas fait mieux pour un général.
Outre le Caïd, il y avait une dizaine d'Arabes avec des
mulets, et même des femmes pour faire la cuisine.

Ce point est situé à 15 ou 20 lieues de tout endroit
habité. C'est le désert moins le sable mouvant. L'œil
fait le tour de l'horizon sans rencontrer autre chose
que le ciel, comme en pleine mer.

Sous une vaste tente, sur des tapis étendus, un
dîner abondant me fut servi. Il dura beaucoup trop
longtemps. Après le café et la pipe, j'allai prendre
l'air. La lune en son plein apparaissait à l'horizon ;

le soleil se couchait. Le Caïd m'accompagna jusqu'à la tente qu'il m'avait destinée et se retira.

En ce moment mon petit interprète vint me parler. Il était très pâle. — Tu ne sais pas, captane? — Non, quoi? — Le frère du Caïd veut nous tuer tous cette nuit. Il m'a dit qu'on me tuerait aussi parce que j'étais un chien de chrétien comme vous autres. — C'est pour plaisanter? — Non, mon captane. — En tous cas dis-je, en riant, car nous étions observés, il ne faut pas avoir peur, et d'abord n'en pas avoir l'air. Tu feras comme les camarades : il faut avoir l'air gai en me quittant, va... Je rentrai en chantonnant dans la vaste tente qu'on m'avait préparée. J'indiquai à mon ordonnance ce qu'il fallait faire. J'allai dire bonsoir au Caïd.

Pendant ce temps mes hommes avaient mis au milieu de la tente les cantines en cercle, et les selles debout sur les cantines. Je visitai toutes les armes. Deux hommes se mirent à ma droite, deux à ma gauche. Je leur dis de dormir, voulant veiller seul. Devant moi la tente entr'ouverte me laissait voir les animaux au piquet, éclairés par une lune splendide. Mon fusil et mes pistolets étaient à côté de moi. Nous étions protégés par derrière par le cercle des cantines, des selles et des bagages. Et je veillai. Les hommes ne bougeaient guère, mais ils étaient inquiets et ne dormaient pas.

Vers 4 heures, je donnai l'ordre de préparer le départ. Quand tout fut prêt, je vis arriver le Caïd seul qui me souhaita bon voyage. Je le remerciai de sa bonne réception. Son frère n'était pas avec lui.

Enfin je me mis en route, non sans regarder

de temps en temps en arrière. Mais tout se termina tranquillement. Peut-être avaient-ils voulu seulement nous faire peur. Dans ce cas ils s'aperçurent que leur plaisanterie n'avait pas réussi. Peut-être ont-ils vu que nous étions prêts à nous défendre, et ont-ils réfléchi aux conséquences qu'un assassinat aurait pour eux et leur tribu.

Quelques années plus tard, un chef de Bureau arabe fut assassiné à quelque distance du point où je m'étais arrêté.

Je n'avais pas été fort inquiet, mais ce jour-là, sans prétendre à la vertu, j'aimai à voir lever l'aurore.

Passage de rivière

L'Algérie est un cours pratique d'équitation comme je l'ai déjà dit et montré. En voici encore un cas spécial.

Je rentrais d'une course à Saïda, seul avec mon ordonnance, comme je le faisais souvent. J'avais quitté le caravansérail de Dra-er-Remel le matin, par une pluie diluvienne. J'avais à passer l'Oued-Saïda à gué. Mais une foule d'Arabes rassemblés en ce point criaient : Ne passe pas, ne passe pas ; un cheval a voulu traverser tout à l'heure, il a été roulé et emporté.

Je voulus passer néanmoins, et j'essayai un procédé spécial. Je fis entrer mon cheval dans l'eau doucement, mais en *appuyant*, comme au manège, la tête du côté d'amont. Plusieurs fois le cheval qui avait de l'eau jusqu'au poitrail fut soulevé, mais alors il se levait lui-même du devant en s'arc-boutant sur les pieds de derrière, et offrait ainsi au courant une résistance qu'il n'aurait pu opposer par le travers.

J'arrivai par ce procédé sur la rive droite, lentement, mais patiemment et sans accident. Mon ordonnance que j'avais laissé sur l'autre rive fit comme moi, et franchit heureusement l'obstacle.

La pluie fine et glaciale dura toute la journée, et la nuit allait venir lorsque je rencontrai le ruisseau encaissé, l'Oued-Froha, je crois, qui forme le Thalweg de la plaine d'Eghris. Au loin, de l'autre côté de la plaine, je voyais Mascara. Mais les berges du ruisseau gonflées par une eau rapide et bourbeuse, étaient escarpées, argileuses et glissantes. C'était infranchissable. Fallait-il donc passer la nuit sur le bord ? Mon ordonnance et moi nous étions mouillés jusqu'aux os, glacés jusqu'à la moelle. Dans le lointain, sur la rive gauche du ruisseau, c'est-à-dire sur la même rive que nous, j'aperçus de la fumée, des tentes, et même une maison !

Charmante hospitalité

Là se trouvait, heureusement, la résidence d'un Caïd de la plaine.

Il était absent, mais son fils le remplaçait. C'était un enfant de 7 ans, beau, intelligent, sérieux et gracieux. Il vint à moi, et donna des ordres. On nous descendit de cheval tant nous étions transis et raides. Il me donna la main, me fit entrer dans la maison pendant que les femmes se retiraient sous les tentes. Un feu pétillant fut allumé.

L'enfant me fit coucher sur un tapis devant le feu, enleva mes habits mouillés, m'enveloppa dans deux ou trois burnous; puis, quand je fus réchauffé, me fit apporter à dîner.

Pour accomplir jusqu'au bout ses devoirs d'hospitalité, il voulut me tenir compagnie. Mais il ne parlait pas français et je parlais fort mal l'arabe. La conversation languissait, c'était gênant. J'avisai une ficelle dans ma poche. Je nouai les deux bouts, je la plaçai sur les doigts de mon petit ami, puis je lui fis faire le berceau, la table, le miroir, les chandelles, la scie !... Il sautait de joie. Mon ordonnance et mes chevaux furent bien soignés aussi. Enfin je dis bonsoir à mon jeune hôte, et je m'endormis.

Le lendemain matin, l'enfant était là qui me fit servir le café. Je l'embrassai, il me tint l'étrier et me fit indiquer un gué praticable. J'arrivai de bonne heure à Mascara.

Sans ce secours inespéré que serait-il arrivé?

Décoré !

En arrivant je trouvai ma croix de chevalier de la Légion d'honneur que le général Cavaignac voulait me faire donner en 1848. Nous étions en 1857 ! Deux lettres accompagnaient l'envoi du ministre, l'une du général Tripier, l'autre du général Frossard, qui s'excusaient, avec un peu d'embarras, de ce que j'avais été si longtemps *oublié !* Je n'avais pas été oublié, *au contraire*, on ne s'était que trop souvenu, au ministère, de la scène du déjeuner à la table du général Pélissier en 1854, ainsi qu'on va le voir.

Quelques jours après je retournai au douar où j'avais été si bien reçu. J'invitai le Caïd et son fils à venir déjeuner chez moi à Mascara. Ils acceptèrent, et cette politesse bien simple parut leur faire plaisir. Après le déjeuner, mon charmant petit ami me quitta en m'embrassant et en emportant un gros sac de bonbons.

Honteuse iniquité

Voici le récit étonnant d'une iniquité du régime impérial. C'est une petite honte à ajouter aux hontes et aux méfaits de cette affreuse époque. C'était vraiment une indignité d'agir envers moi comme l'a fait le ministre de la guerre, car je ne pensais qu'à me dévouer au service dont j'étais chargé. Je ne faisais point parade de mes opinions, lesquelles avaient seulement le malheur d'être républicaines et socialistes.

Le général de Chabaud-Latour était, en 1857, inspecteur général pour l'Algérie. Il vint à Mascara, examina mon service, prit à mon sujet l'avis du général Durrieu, et me proposa pour chef de bataillon ! Il était monarchiste, il savait que j'étais républicain ; c'était lui qui m'avait nommé à la chefferie de Mascara ; je ne l'avais pas demandée, et je n'étais protégé par personne.

Mais être proposé dans le génie pour chef de bataillon à 37 ans, c'était presque une certitude d'arriver au grade de général.

Or cela ne faisait pas l'affaire des séides de l'Empire : du général Dejean en particulier ; c'était un impérialiste-né, puisque son père, inspecteur général de l'artillerie sous le premier Empire, avait été choisi pour présider le procès Mallet. Du reste dur et passionné.

Il fallait donc à tout prix empêcher qu'on me plaçât au tableau d'avancement. Quelqu'un accepta cette triste tâche. Ce fut le colonel Chauwin qui avait remplacé à Oran le colonel Tripier, devenu général. Voici comment il s'y prit. On savait que j'étais très réglementaire, et un peu raide à défendre ce que je croyais droit et juste.

Un jour je vis arriver dans mon bureau un jeune officier du génie qui venait d'Oran. — Mon capitaine, me dit-il, je viens, par ordre du directeur, pour faire le projet de la route de Mascara à Bel-Abbès. — Ah, lui répondis-je, soyez le bienvenu, j'ai déjà étudié en partie ce tracé avec le capitaine Chrétien, et avec un bon dessinateur tel que vous, j'aurai bientôt rédigé ce projet. — Le colonel est donc pressé de l'avoir ? Il ne m'en a cependant encore rien dit. — C'est que, répondit le jeune officier d'un air un peu embarrassé, il veut que je fasse seul ce projet. — Comment ! dans ma chefferie ? Avez-vous un ordre écrit ? — Non, mais j'ai reçu l'ordre de vous le dire.

— C'est bien, mon cher camarade, je vais écrire au directeur. Et j'écrivis aussitôt : Mon colonel, je vous remercie de m'avoir envoyé M. X.... (j'ai oublié le nom) J'ai déjà déterminé sur le terrain les principaux points de passage ; ce n'est plus qu'une affaire de rédaction. Je peux vous envoyer ce projet dans très peu de temps.

Le colonel me répondit le lendemain : « Non seulement vous ne dirigerez pas le tracé de la route de Mascara à Bel-Abbès dont est chargé M. X....., mais vous lui fournirez tout ce dont il aura besoin, et vous ferez la comptabilité des travaux qu'exécutera cet officier.... ».

Je répondis le soir même : Mon colonel, l'article 45 du règlement relatif au service du génie en Algérie porte textuellement ceci : « Les chef du génie sont « chargés de la comptabilité des travaux dont ils ont « la surveillance et la direction » ; vous m'enlevez la surveillance et la direction des travaux dont va être chargé M. X....., je ne peux donc en faire la comptabilité.

Le colonel Chauwin me répondit par *trente jours d'arrêts forcés* pour refus d'obéissance ! Je devais immédiatement remettre mon service au plus ancien de mes officiers en sous-ordre, au capitaine Barillon.

J'allai de suite chez le général Durrieu pour lui remettre mon épée conformément au règlement. — Comment cela, dit-il ? — J'expliquai le fait « C'est une « indignité, s'écria-t-il, on ne traite pas comme ça un « officier tel que vous. Je ne veux pas de votre épée, « et je ne l'accepterai que sur un ordre formel du « général de division. De ma vie je ne voudrais avoir « fait chose pareille ! »

L'indignation était peinte sur son visage. Qu'allez-vous faire, me dit-il ? — Comme le règlement le prescrit, subir ma punition et réclamer après.

C'est ce que je fis. Le capitaine Barillon n'était pas au courant du service. Je fis le service chez moi, et il signa lettres et pièces. Le service ne souffrit donc que fort peu de cet intérim qui fut en réalité fait par le titulaire.

Au bout des trente jours j'écrivis à l'inspecteur général pour réclamer officiellement. En ce moment je reçus l'ordre de rentrer en France; puis, au moment où je faisais mes préparatifs de départ, je reçus du général Chabaud-Latour, en réponse à ma plainte officielle, un petit billet grand comme la main, un vrai chiffon de papier. Il me disait : que le règlement, il est vrai, était de mon côté (c'était lui qui l'avait fait), mais qu'il fallait considérer ceci et cela.... Bref, disait-il en finissant, vous avez eu tort !

Abandonné du chef qui devait me protéger et me défendre, mais qui, malgré sa bienveillance un peu banale, manquait de décision et d'énergie, je quittai Mascara pour m'embarquer à Oran, le cœur ulcéré.

Avant de partir, j'avais reçu du général Durrieu sa photographie que j'ai encore, et au bas de laquelle il a écrit : Témoignage d'estime et d'affection.

Le règlement prescrivant à tout officier puni d'aller à l'expiration de sa punition faire une visite au chef qui la lui a infligée, j'allai faire ma visite au colonel Chauwin.

Il fut si surpris qu'il resta un moment immobile ; puis il m'avança une chaise ; je m'assis à un coin de la cheminée. Il s'assit à l'autre coin. Il était sans doute très ému par la réprobation générale que cette affaire lui avait attirée de la part de tous les camarades du génie de l'Algérie. Il n'osa pas m'adresser un mot ! Ce que voyant, je me levai, saluai légèrement, et partis sans lui avoir dit moi-même un seul mot !

En cette circonstance le colonel Chauwin ne fut

que l'instrument docile et platement servile d'un homme, le général Dejean, qui me fut hostile jusqu'à sa mort ; qui ne me pardonna jamais d'être républicain sous l'Empire, et d'avoir une conscience que l'intérêt et l'ambition ne purent jamais pousser à l'aplatissement au moment où tout le monde, généraux et maréchaux, étaient à plat ventre.

A Metz

Je fus envoyé à Metz au 1ᵉʳ régiment du génie. Je fus reçu très gracieusement par le colonel Jourjon qui avait été mon capitaine à l'école d'application.

Je lui dis : Mon colonel, j'arrive dans votre régiment sous de bien fâcheux auspices.... — Pourquoi donc ? — Je viens de faire trente jours d'arrêts forcés. — Vous, ce n'est pas possible ! — Ce n'est malheureusement que trop certain. Et je lui racontai mon histoire. — Votre dossier ne porte pas trace de cela ; le voilà, je l'ai reçu avant-hier du ministère. Il n'y a pas trace de punition !

Il est très probable que le général inspecteur m'avait quelque peu défendu contre le ministre ou plutôt contre le général Dejean, et qu'il avait voulu, sans me donner ouvertement raison, donner tort au colonel Chauvin en levant ma punition. C'était un moyen terme fâcheux et absurde. Quand un chef a été injuste d'une manière aussi indigne, son injustice doit être connue. Autrement la discipline est compromise parce que l'esprit de justice est méconnu.

Les chefs violents et despotes comme le général

Déjean, plats et serviles comme le colonel Chauvin, indécis et faibles comme le général de Chabaud-Latour, abaissent le sentiment de la justice et, par suite, celui de l'obéissance dans l'armée.

Cela, et bien d'autres choses encore, ne m'empêcha jamais de servir avec zèle et de tout mon cœur. Je servais la France, et non les généraux qui me traitaient ainsi.

C'est avec bonheur que je revis Metz, cette ville si patriote, si militaire, une des grandes sentinelles de la France. Metz qu'on appelait la *Pucelle* parce qu'elle n'avait jamais été prise, et qui peut s'appeler encore ainsi, car elle ne s'est pas rendue : — elle a été vendue !

Le jour de l'entrée des Allemands à Metz, un officier prussien disait au café du Heaume : « Nous « avons pris Strasbourg, nous avons pris Toul, « *mais nous avons acheté Metz !* »

Mais n'anticipons pas.

Tous ces déboires, une gêne sensible malgré une grande économie, le ménage sans enfants (la cage sans oiseaux, comme dit le poète) me ramenèrent le spleen qui m'avait à peu près abandonné.

L'été et l'hiver de 1858 furent employés à des travaux d'école pratique, ou de théorie sans beaucoup d'importance ou d'intérêt. Le printemps de 1859 arriva.

Tout à coup éclata la guerre d'Italie. J'allai trouver le colonel Jourjon et le priai de me placer dans une des compagnies partantes. Il me regarda d'un air bienveillant et triste. Pourquoi demandez-vous à partir, me dit-il ; il ne faut pas aller au-devant des événements. — Mais, mon colonel, vous avez demandé vous-même à partir. — Oh moi, c'est une autre affaire. J'ai, depuis la Crimée, comme un engagement vis-à-vis du maréchal Niel ; vous partirez si le tour de votre compagnie arrive.

Ce tour arriva et ma compagnie partit de Metz le vendredi 13 mai 1859. Les gens superstitieux auraient vu là un funeste présage pour moi. C'est le colonel qui fut tué !

Un vapeur nous transporta de Marseille à Gênes. Nous fûmes dirigés de là sur le 1er corps d'armée commandé par le maréchal Baraguey-d'Hilliers, pour faire partie de la 1re division. Nous remontâmes la rivière de Gênes. La route est montueuse, il faisait très chaud. J'avais une escouade de chanteurs en avant ; elle était accompagnée en sourdine par les tambours. Les Italiens des villages que nous traversions étaient devant leurs portes.

Ils nous regardaient d'un air ahuri, et paraissaient étrangement surpris de voir des gens aller à la bataille en chantant :

> C'est aujourd'hui la fête du village
> Chantez, dansez, fillette au blanc corsage...

Nous arrivâmes en ligne le jour même de la bataille de Montebello, mais trop tard pour y prendre part.

Le café en campagne

Je peux consigner ici une observation utile. On croit que le café est *toujours* très bon pour le soldat en campagne. C'est une erreur, car il est fort nuisible par la chaleur pour les tempéraments nerveux. A Brescia je m'aperçus que mon ordonnance maigrissait étrangement. il me dit que depuis quinze jours il ne pouvait plus avaler que du café. Il en prenait sept ou huit fois par jour. Prenez du sucre dans ma cantine. lui dis-je. et ne mangez pendant quelques jours que de la soupe à l'eau sucrée.

Au bout de huit jours il était guéri. Dans mes longues tournées à Géryville au mois d'août. je ne pouvais prendre de café. Le soleil produisait sur mes nerfs une agitation déjà trop forte qui, si elle avait été augmentée de celle du café, m'aurait certainement rendu malade. Quand je rentrais après une course de quinze jours, on voyait les battements de mon pouls à un mètre de distance. Pour les tempéraments lymphatiques il faut du vin et du café ; pour les gens nerveux il ne faut ni vin ni café (sauf exceptionnellement), et j'ajouterai : ni tabac.

Abd-el-Kader défendait à ses réguliers de fumer, et je ne crois pas qu'il leur fournît beaucoup de café.

Malgré les appréhensions de mes parents et de ma femme j'étais parti gaîment. Mes croyances personnelles, ma foi politique, pourrais-je dire, me faisaient détester la guerre en principe, mais celle-ci se présentait avec un caractère tout particulier. N'était-ce pas une guerre de délivrance? N'allions-nous pas chasser les maîtres de cette nation latine de laquelle nous tenons en partie notre langue et notre civilisation : cette nation pour laquelle nous avions une sympathie originelle? et qui depuis.... Mais nous apprécierons plus loin les raisons de cette ingratitude qui a étonné le monde.

On a beaucoup versé d'encre à ce sujet. Il est fort possible qu'au point de vue des intérêts *matériels* de la France, l'unité de l'Italie ait été et soit encore un mal. Certes, l'Empereur n'a pas été mu par la grande idée que poursuivaient nos pères de 1789, l'émancipation des peuples. Il a dû être conduit par des considérations moins hautes; par les menaces des Carbonari peut-être. Mais, sans le vouloir, il suivit une politique qui fut la bonne, parce qu'elle était celle de la générosité, du désintéressement, et qu'elle était conforme au génie de la France.

Il a eu le tort, plus tard, de s'opposer à la prise de Rome et à l'unification complète de l'Italie. Il eut la faiblesse de subir l'influence du clergé par l'intermédiaire de cette sotte impératrice, à laquelle nous devons par la même raison, la désastreuse expédition mexicaine. Charmante femme, aimable, ultra-légère, mais faite plutôt pour vendre des dentelles dans quelque magasin fashionnable de Paris que pour régner sur une grande nation.

C'est certainement la crainte du clergé français qui a jeté le roi Humbert et l'Italie dans les bras de l'Allemagne.

Mais nous ne pouvions en 1859 deviner tout cela,

et nous partions en chantant : C'est aujourd'hui la
fête du village ....

La journée de Montebello fut suivie de près par
celles de Turbigo, Palestro et Magenta qui furent
autant de succès pour nos armes. Le général Auger,
de l'artillerie, dont j'ai parlé dans le récit de l'expédition des Oasis de 1849, fut tué à Magenta. Ce fut
une grande perte pour l'armée à ajouter à tant
d'autres.

A Milan

Les Autrichiens, craignant d'être débordés par
Garibaldi dans le Tyrol et inquiets sur l'attitude de
Milan, s'étaient retirés. On marcha en avant pour
prendre possession de la ville. Ma compagnie qui
marchait en tête de la 1re division du 1er corps fut
écrasée de bouquets qu'elle méritait médiocrement,
n'ayant pas fait grand'chose jusqu'alors. Nous marchions sur les fleurs. Chaque sapeur en avait au bout
de son fusil ; mes fontes en étaient pleines. C'était
comme une procession de la Fête-Dieu. L'enthousiasme était indescriptible! On était délivré du Tudesque
exécré !!

A Melegnano

Nous croyions que nous allions passer à Milan
la fin de cette splendide journée. Nous avions
laissé aux bagages nos manteaux mouillés de la

veille ou de l'avant-veille. Mais bientôt nous nous aperçûmes que nous sortions de la ville et nous apprîmes que nous marchions vers Melegnano. Tout à coup, vers 2 heures je crois, je reçois l'ordre de quitter la chaussée et je passe avec la compagnie sur un petit pont jeté sur le Naviglio (canal d'irrigation) situé à droite de la route. La 1re division passe aussi sur le pont, et la division Bazaine prend la tête. Elle s'avance sur la grande chaussée qui mène droit à Melegnano. Pendant ce temps, nous avançons sur la droite. On fait faire halte au milieu d'une prairie ombragée de grands peupliers. A peine ma compagnie était-elle arrêtée, que j'entends crier : Le génie, le génie!... C'est un officier d'État-Major. Il s'agit de jeter *tout de suite* un pont sur un canal qui se trouve devant nous. Il est large, un peu encaissé, mais est peu profond. Vite on forme les faisceaux, on met sac à terre, on prend les haches, on abat quelques peupliers qu'on jette en travers du canal, mais la division arrive au pas de course et s'élance dans l'eau pour traverser. Un capitaine d'infanterie est renversé dans le canal avec son cheval. Je cours à lui, je prends le cheval par la bride ; le cheval et le cavalier se relèvent. Je suis trempé, mais il fait chaud ; le soleil est même brûlant. Nous reprenons outils, sacs et fusils. Mais la division est déjà loin et nous tâchons de la suivre. On ne peut pas cependant faire un pont en dix minutes.

Tout à coup des nuages noirs comme de l'encre se forment et descendent sur nos têtes. Un orage épouvantable éclate ; tonnerre, éclairs, pluie torrentielle. Il n'y a plus de chemin. Une ferme se trouve sur notre passage, nous nous y réfugions ; la nuit vient et avec elle une obscurité absolue. On ne voit plus, on ne s'entend pas. Avec Bonnevay, mon capitaine en 2ᵉ, je rassemble à tâtons le plus d'hommes possible, je ne peux trouver les deux lieutenants. Nous arrivons sur une route, mais nous avons dépassé Melegnano probablement. Personne, point d'ordres, nous attendons. Bonnevay, à moitié poitrinaire, est perclus de froid. Nous nous mettons dos à dos pour nous réchauffer. Nous ne pouvons rester là. Nous nous orientons du côté où il nous semble que doit être Melegnano. Je me dirige vers une lumière, j'entre dans la maison éclairée, je trouve avec surprise et joie les deux lieutenants et l'autre moitié de la compagnie. Nous nous installons dans deux chambres désertes. Il n'y a qu'un fauteuil de paille. A tout seigneur tout honneur, je m'y place et tout le monde sur le plancher se couche autour de moi, la tête sur le sac, le fusil au mur. Les hommes dorment avec des ronflements effrayants. Je ne dors pas. Je suis inquiet. Au petit jour, je sors pour voir où nous sommes.

Spectacle horrible ! Des hommes, des chevaux morts en travers de la route ; des bras, des jambes sortent çà et là de l'eau des fossés qui bordent cette route, rue centrale de la ville et route de Mantoue.

Du sang çà et là. J'entends des gémissements. Ils partent d'une remise ; j'entre et je vois sur la paille, grouillant pêle-mêle, une foule de blessés.

— De l'eau..., un chirurgien !... — Je cours et je trouve par hasard, un aide-major. Je l'amène près des blessés ; il commence son œuvre. La journée se

passe à creuser d'énormes tranchées où de grandes
voitures de réquisition apportent une quantité de
cadavres !...

Courtisanerie !

Je ne sais si ce qui suit est absolument historique,
mais cela résulte des renseignements reçus sur place
pendant cette lugubre journée d'enterrements.

L'Empereur, paraît-il, avait dit le matin au maré
chal Baraguey d'Hilliers : « Maréchal, j'espère que
nous coucherons ce soir à Melegnano. » Comme tout
le monde, le maréchal fit le courtisan.

Il y avait environ 12.000 Autrichiens dans la ville.
En avant, la chaussée était barrée par un épaulement
défendu par quatre pièces de canon. Les ordres
avaient été donnés pour que le corps de Mac Mahon
coupât la retraite à l'ennemi du côté de Mantoue,
mais ce mouvement n'était pas achevé et la route de
Mantoue était encore libre, quand Baraguey voyant
que l'heure avançait, et voulant *aller coucher* à
Melegnano pour satisfaire Sa Majesté, lança la division Bazaine, les zouaves en tête. Elle était en
colonne sur la chaussée, et celle-ci avait à sa gauche et à sa droite deux canaux larges et profonds.

La tête de la colonne fut abîmée par la mitraille,
mais les pièces furent enlevées, et dès lors ce fut un
combat terrible à la baïonnette, dans les rues, dans
les maisons. Les Croates étaient féroces et terribles.
Ils tiraient du haut des toits et par les soupiraux des
caves. L'un d'eux blessé, couché sur les dalles d'une

église transformée en ambulance, avait tué, disait-on,
un médecin militaire qui se préparait à le panser.

Les Autrichiens perdirent beaucoup d'hommes et
nous aussi. Si le maréchal Baraguey avait attendu
jusqu'au lendemain que le maréchal Mac-Mahon eût
fait son mouvement tournant, ou si seulement avant
de lancer Bazaine il eût laissé notre division passer
derrière Melegnano, on aurait fait prisonnier ces
12.000 hommes sans tirer un coup de fusil ; mais la
plupart s'échappèrent par la route non gardée de
Mantoue.

Mais l'Empereur avait dit : « J'espère que nous
coucherons ce soir à Meleguano ! » Ce mot avait
suffi pour faire tuer inutilement plusieurs milliers
d'hommes.

Quelle plaie que la courtisanerie ! Que de malheurs publics et privés n'a-t-elle pas causés sous
l'ancienne monarchie où le Roi était tout, et où tout
le monde était à ses pieds !

> Détestables flatteurs, présent le plus funeste
> Que puisse faire aux Rois la colère céleste !

Et Racine qui a fait ces beaux vers était lui-même
un courtisan.

Et dire que la République ne nous a pas encore
délivrés de cette lèpre honteuse ! C'est que nous avons
encore les vices des générations précédentes ; c'est
que nous sommes les descendants de ceux qui ont
servi les rois et les empereurs.

C'est que 89 n'a pas suffi à extirper la servilité.
C'est que celle-ci a pour origine l'ambition,
l'égoïsme, que n'ont pas encore remplacé les vertus

républicaines, c'est-à-dire l'indépendance du carac
tère et le respect de la vie humaine !

Solférino

Melegnano n'était qu'un épisode. L'armée se
reforma et marcha en avant. Le 24 juin, on prit le
café à 3 heures, ma compagnie formait l'avant-
garde du 1er corps. Le maréchal Baraguey passa près
de nous avec son État-Major. Il avait été averti, la
veille au soir, par des zouaves rôdeurs, que l'ennemi
occupait Solférino. Mais il ne le croyait pas sans
doute, et s'avançait avec une confiance qui prenait
sa source dans cette légèreté déplorable, dont plus
tard la guerre d'Allemagne nous a fourni maint
exemple.

Tout à coup une décharge retentit à peu de distance et nous voyons repasser le général et sa suite.

Il avait été accueilli par une troupe de Tyroliens
cachés dans les blés. Par un hasard inouï, ni lui, ni
aucun officier n'avait été blessé. Il donna des ordres,
on marcha en avant, la bataille s'engagea.

Un général que je ne connaissais pas me dit en
passant : quittez la route et placez-vous derrière les
chasseurs à pied. Nous étions dans une plantation
de mûriers qui nous couvraient. Nous suivions les
chasseurs depuis quelques minutes, quand tout à
coup ils partent au pas de course. Mais bientôt ils
disparaissent, et je ne peux les suivre avec des
hommes chargés de pelles et de pioches. Nous marchons dès lors en avant, mais sans avoir reçu d'ordre.

La bataille est depuis longtemps très vive, surtout au loin, à droite et à gauche. De temps en temps des balles et des boulets qui ne nous sont pas destinés passent sur nos têtes en brisant des branches. Je fais faire halte à la compagnie. L'heure s'avance, et le canon s'éloigne. Sans comprendre pourquoi, je me sens défaillir. Je n'avais rien pris depuis la veille qu'une tasse de café à l'eau.

Il devait être 3 ou 4 heures de l'après-midi. Une compagnie de la garde passe près de nous. Je fais reprendre la marche. Mais ne recevant aucun ordre, je fais de nouveau faire halte, et je vais en avant reconnaître le terrain devenu plus découvert; je trouve devant moi quelques cadavres, entre autres celui d'un pauvre adjudant dont un œil sortait de l'orbite. Il était mort.

Le général Frossard m'avait aperçu depuis la tour de Solférino. Il m'envoya l'ordre de gagner le village.

Il savait sans doute où était ma compagnie, mais il ne voulait pas l'engager pensant qu'il en aurait besoin pour un siège prochain, celui de Peschiera, par exemple, et il nous avait laissés toute la journée dans une pénible perplexité.

A 11 heures du soir nous entrâmes dans une maison du village où nous avons pu passer la nuit. Chaque homme mangea comme il put. Un morceau de pain fut mon dîner. Depuis 3 heures du matin je n'avais absolument rien pris. Je n'y avais pas pensé. Mes hommes à chaque halte avaient grignoté le biscuit qu'il avaient dans le sac.

C'est sur la droite où commandait le maréchal Niel que la bataille fut terrible. Le colonel Jourjon, en ralliant quelques troupes qui faiblissaient, eut le bras brisé par une balle. Il tomba, on le replaça sur son cheval après un pansement sommaire et on le conduisit vers l'ambulance. Il perdait beaucoup de de sang, les os brisés ayant coupé une artère.

Il demandait à chaque instant : « Est-ce que nous sommes encore loin ? » Hélas, il mourut en arrivant.

Il s'était montré très brave en Crimée, et sa tristesse qui m'avait frappé quand je lui avais parlé du départ pour l'Italie, aurait pu passer pour un pressentiment, s'il n'avait pas eu une jeune femme qu'il adorait et qu'il fallait quitter.

Je ne sais si c'est une erreur, mais il me semble que le général Morris avait en ce moment sous ses ordres 19 régiments de cavalerie, et qu'il n'osa pas donner l'ordre de charger. A cause de l'orage, a-t-on dit ; mais il n'a pas été bien fort si ce n'est à gauche, du côté de l'armée italienne, et au 4° corps, car j'avais mon caban sur le bras, et pour quelques gouttes d'eau qui sont tombées, je n'ai pas eu besoin de le mettre sur mon dos.

Les ponts du Mincio étaient tellement chargés de troupes en déroute, que l'escorte de l'empereur d'Autriche dut lui faire place le pistolet au poing.

Si le général Morris eût chargé, la bataille aurait probablement été décisive ; nous aurions eu toute l'Italie, Venise comprise. De là aucune raison pour l'Italie de s'allier à la Prusse lors de Sadowa.

Et comment aussi expliquer l'inaction de l'amiral Romain-Desfossés devant Venise ?

Mais Morris, quoique brave, n'était ni Murat, ni Kellermann ! ni Lasalle.

Et Romain-Desfossés n'était pas Jean-Bart.

Le Mincio

Avant de passer le Mincio, l'armée campa sur les hauteurs de la rive droite. Le surlendemain matin, je crois, j'allai seul faire une reconnaissance dans les broussailles de cette rive droite qui forme un vaste demi-cercle au-dessous du pont en bois brûlé par l'ennemi en se retirant. Un moulin était situé sur la rive gauche, près du pont détruit. Au coin d'un buisson je me heurtai contre le général Frossard, accompagné de deux officiers du génie. — Qu'est-ce que vous faites là, me dit-il? — Je fais comme vous, mon général, une reconnaissance. Je lui montrai un lever à vue qui pouvait servir à l'installation de batteries qu'il aurait fallu placer si le passage eût été défendu par l'ennemi. Cela parut l'apaiser, mais il me dit : Vous ne savez donc pas que ce moulin est plein d'Autrichiens, et il me le montrait du doigt, en passant sur un petit pont où nous étions très à découvert. En ce moment nous reçûmes une décharge venant du moulin. Le général se baissa et fit quelques pas courbé à l'abri du parapet. Nous fîmes comme lui, mais quand il se redressa il m'interpella sévèrement en me disant : « Je vous disais bien que ce moulin était occupé! » Nous nous mîmes à rire, car le général n'avait pas plus pensé que nous à se défiler, et son reproche avait quelque chose de comique. Il se mit à rire lui-même.

Le lendemain les Autrichiens avaient abandonné le moulin. La compagnie fut chargée de faire un pont de chevalets sur le Mincio, un peu en aval du pont brûlé. Ce cours d'eau était assez profond et très rapide en ce moment, car les Autrichiens avaient fait lever les vannes du lac de Garde. Mais avant de passer, il fallait assurer le passage en retraite au cas où un mouvement en arrière aurait été nécessaire.

Je voulus m'assurer de la force et de la rapidité du courant pendant que les lieutenants faisaient couper les peupliers de la rive, et construire les chevalets, puis allaient requérir des charrettes de planches pour le tablier. Je cherchai à traverser le courant à la nage, mais je fus emporté très loin en aval; puis après avoir remonté sur la rive gauche je traversai une deuxième fois.

J'étais fixé. Nous allions avoir fort à faire, et il fallait de grandes précautions. Tout homme qui serait tombé à l'eau aurait couru grand risque, surtout la nuit, de se noyer.

Toute la journée et la nuit suivante furent employés à ce rude travail. Le fond de sable était très inégal et mobile. Enfin, dans la matinée du lendemain, le tablier était en place. Il était solide, mais très ondulé; néanmoins l'infanterie et l'artillerie pouvaient y passer sans danger.

Enfin la compagnie put partir vers 10 ou 11 heures du matin, mais nous ne pûmes rejoindre le 1ᵉʳ corps que vers 9 ou 10 heures du soir. A peine avions-nous formé les faisceaux, qu'un aide de camp vint me dire de retourner en arrière, que nous étions trop en pointe, et par conséquent très exposés.

Mes pauvres sapeurs étaient exténués. La veille ils avaient travaillé toute la journée ; puis toute la nuit ; puis avaient marché depuis le matin jusqu'au soir ; puis au moment de se reposer il fallait marcher encore ! Enfin on marcha. Mais à la première halte, tous les hommes se couchèrent ou plutôt tombèrent, leurs fusils à côté d'eux, et il me fut impossible de les remettre en route avant le jour.

Paix de Villafranca

C'est en arrivant à notre place, c'est-à-dire à la droite de la 1re division du 1er corps que nous apprîmes la paix de Villafranca. Le sentiment qui domina à cette nouvelle fut la surprise. Comment ! C'était déjà fini ? Mais on était généralement content de voir la guerre terminée ; d'ailleurs peu de soldats et même d'officiers purent émettre un avis de quelque valeur sur cette solution, parce que les états-majors, seuls, savent quelque chose. La masse est absolument ignorante de ce qu'on a à sa droite ou à sa gauche. On ne sait ni où on est, ni où on va ; et c'est un tort, parce que ne sachant rien, l'armée ne s'intéresse à rien. Pour bien se battre, il faut se passionner, sinon on marche et on se bat automatiquement.

Ce n'était pas ainsi que les choses se passaient sous le premier Bonaparte. Ses ordres à l'armée étaient de la stratégie et de l'histoire en marche.

On savait ce qu'on avait fait la veille et ce qu'on ferait le lendemain. Il y avait un lien de sympathie entre le soldat et son général.

Mais qui eût été capable de rédiger ces ordres, ces allocutions d'une éloquence enflammée, qui enlevaient les légions de l'ancienne République, comme des trompettes et des tambours sonnant et battant la charge ? Ce n'était ni ce somnambule d'Empereur, ni son glacial chef d'Etat-Major général, le maréchal Vaillant.

Bref, la campagne était terminée dans les conditions médiocres que l'on sait

L'Empereur avait hâte de revenir à Paris pour triompher. Une partie de l'armée fut désignée pour assister à ce triomphe. Ma compagnie eut la chance de faire partie des troupes qui devaient figurer dans la cérémonie.

Notre retour jusqu'à la frontière française eut lieu à pied. Nous repassâmes par Milan où la compagnie fut inspectée par le général Frossard. Je passai tout mon temps à faire des états d'inspection. Je pus à peine aller voir le *Dôme*, c'est-à-dire la cathédrale, et la *Bibliothèque ambrosienne* où est un tableau admirable de Guido Reni, le *Christ en Croix*. Je fus logé pendant ce court séjour chez le comte Casati, le frère de l'ancien ministre de Victor-Emmanuel. On m'invita à dîner ; on me donna la chambre d'un des fils du comte. Mme Casati, qui avait les manières d'une grande dame, fut fort aimable pour moi. Je cherchais à parler l'Italien que je connaissais fort mal ; elle me dit avec un sourire gracieux et bienveillant : « Ne cherchez pas, monsieur, à parler notre langue. Ici nous nous faisons tous un plaisir de parler français ! »

Un malheureux accident attrista notre retour.

Nous étions campés sur la rive sablonneuse de la Chiese. J'étais étendu en costume très léger sur mon lit de campagne. Il était onze heures ou midi. La marche du matin avait été fatigante.

Tout à coup j'entends crier : au secours... Je sors de ma tente en courant, plusieurs hommes me crient : Il est là ! La rivière, large et profonde en cet endroit, était peu rapide. — Qui donc est là ? — Un tel, le muletier de la compagnie. Les mulets se sont sauvés, mais lui est resté. — Immédiatement je me jette à la nage et je plonge. Quatre ou cinq hommes, bons nageurs, en font autant. Nous explorons le fond dans tous les sens ; rien ! L'eau était malheureusement troublée par les chevaux de la cavalerie qui avait bu en amont.

Au bout de vingt minutes, désespérés, nous continuâmes nos recherches avec une barque et une gaffe. Enfin on sent quelque chose de mou. On plonge en ce point. Là était un rocher plat creusé en dessous par le courant. Le corps du malheureux sapeur était presque entièrement engagé sous le rocher qui l'avait dérobé à notre vue. Un médecin survenu fit tous les efforts possibles pour le ranimer ; il était mort. Je trouvai dans sa poche une lettre qu'il écrivait à sa mère. Réjouis-toi, bonne mère, disait-il, la guerre est finie, et je vais aller te voir bientôt !... Le soir nous l'avons enterré dans le cimetière du village le plus voisin. On mit sur cette tombe sans cercueil une croix grossière.

Le lendemain nous continuâmes la route. Souvent depuis, j'ai pensé à ce triste épisode de la campagne et à la douleur de la pauvre mère. Mais combien d'autres pauvres mères ont pleuré en France, en Italie, en Autriche, en Hongrie. Si encore tout ce sang avait servi à sceller une paix durable, un état de choses meilleur. Mais non, voilà l'Autriche et l'Italie aujourd'hui liguées contre la France.

Ah ! les rois et les empereurs sont bien fous et bien cruels. Et en somme bien peu intelligents. Et ils prétendent être chrétiens, les uns catholiques, les autres protestants, et se disent les serviteurs fidèles de celui qui a dit : « Vous êtes tous frères ». Mais tous ces pasteurs de peuples n'ont pas le sentiment religieux au fond du cœur; ce sont tous des hypocrites !

Passage du Mont-Cenis

Le tunnel du Mont-Cenis n'était pas encore fait. Ma compagnie dut traverser les Alpes en suivant la route. Elle passa la nuit dans le grand bâtiment construit sous le premier Empire au point culminant du col. Je profitai de cette halte pour aller me plonger dans le petit lac voisin. Mais son eau transparente comme le cristal provenait de la fonte des neiges et était glacée. J'en sortis bien vite.

La vue des Alpes est impressionnante. La grandeur des paysages qu'on découvre avant de descendre la vallée de l'Arc vous saisit. Dans les villages, les enfants criaient : Vive la France! Cela avait l'air d'être spontané. Mais les sous que nous leur jetions y étaient bien pour quelque chose.

A Paris

Partis de la gare de Modane nous arrivâmes à Paris. Ma compagnie qui était à la droite du 1er corps conserva sa place dans le défilé, de la place de la Bastille à la place Vendôme.

On ne peut donner l'idée de l'affluence des spectateurs. Il y en avait tout le long des grands boulevards, jusque sur les cheminées ; mais tout le monde sait cela.

Nous passâmes, en faisant le tour de la colonne Vendôme, devant l'estrade impériale. L'émotion était générale. On sentait qu'une grande chose, quoique incomplète, venait d'être accomplie.

Je l'ai déjà dit ; je hais le régime impérial qui a fait tant de mal à la France, mais je pense encore que l'unification de l'Italie était la conséquence de cette grande idée de 1789 que « la France, avant « tout, doit être Humaine et Emancipatrice ! »

La France a donc fait son devoir. Elle a agi conformément à ses inspirations et à sa nature chevaleresque. Elle peut en être la victime, mais l'Histoire dira qu'elle a été grande, et que le gouvernement Italien (je ne veux pas dire l'Italie) a manqué en 1870 de reconnaissance et de cœur.

Mais Garibaldi et les républicains d'Italie ont protesté contre l'égoïsme du gouvernement italien. Dijon devrait déjà avoir élevé une statue à Garibaldi.

La guerre d'Italie, acte de grande fraternité, sera peut-être, avant peu, considérée comme acte d'intérêt français. C'est aussi peut-être la seule chose noble et utile que l'Empire ait faite.

Quelques jours après nous revenions à Metz au 1er régiment, mais le colonel Jourjon n'était plus là. Le plaisir du retour fit place dans nos cœurs à un sentiment de profonde tristesse.

Toulon

Je retrouvai ma femme malade. Le docteur Defert me conseilla de la conduire dans le Midi. J'obtins immédiatement un changement de résidence, et je fus envoyé à Toulon par l'intervention bienveillante du général Frossard et du commandant Segrétain, son aide de camp. C'est par eux que j'avais obtenu la décoration de Victor-Emmanuel. On m'envoyait à Toulon (d'après une indiscrétion des bureaux du ministère) parce que j'étais noté comme bon constructeur, tandis que mon futur chef du génie, le lieutenant-colonel Long, ne présentait pas, paraît-il, de suffisantes garanties à ce point de vue.

Les travaux à faire étaient considérables.

Il s'agissait de faire à Toulon une enceinte nouvelle

qui, passant au pied du Faron, devait, en élargissant
la ville, rejoindre le fort Malbousquet et comprendre
les terrains de la nouvelle Darse, ainsi que les établissements annexes à créer entre le faubourg du
Pont-du-Las et la mer.

A la fin de 1859, j'eus pour chantier l'achèvement
des fronts au pied du Faron. Je me logeai dans une
maison isolée, en dehors de l'enceinte, mais tout près
de mon travail, auquel je me donnai entièrement. Je
n'allais en ville que pour assister au rapport.

Navigation aérienne

Ma femme sortait peu ; nous passions nos soirées
à la maison. C'est-là que j'ai rédigé mon projet de
navigation aérienne que Piton-Bressant, successeur de
V. Meunier, a bien voulu insérer dans trois numéros
de l'*Ami des Sciences*, des 11, 18 et 25 mars 1860, et
au sujet duquel mon ancien professeur de physique
à l'Ecole polytechnique, Lamé, m'a écrit : « Je n'ai
« jamais rien lu d'aussi raisonnable sur la navigation
« aérienne, y compris ce qu'a écrit mon collègue
« Seguin (qui n'y entendait rien du tout). Si vous
« voulez nous travaillerons cette question ensemble. »

De la part d'un physicien dont la réputation était
européenne, membre de l'Institut, et l'un des premiers mathématiciens de son temps, cette bienveillante proposition me faisait plus d'honneur que je
n'en méritais, mais en ce moment j'étais trop absorbé
par mes travaux techniques pour en profiter.

Seïsmomètres

C'est à la même époque que je rédigeai un travail sur les *Seïsmomètres*, séries d'instruments destinés à *mesurer* sur trois axes coordonnés les tremblements de terre. Ces instruments devaient donner non seulement *la direction* mais encore *l'intensité* du mouvement. M. Lamé, à qui j'envoyai ce travail, me promit de le faire insérer aux comptes rendus de l'Académie des sciences. Je n'ai jamais lu cet article des comptes rendus, mais je crois qu'il y est en effet, car M. Abbadie (ou d'Abbadie), membre de l'Institut, m'a écrit, longtemps après la mort de Lamé, pour me demander si j'avais fait construire ces instruments ou si j'en avais conservé les dessins.

J'ai aussi rédigé, je crois à cette même époque, une courte brochure sur un moyen de développer rapidement l'instruction publique en France. Je l'ai adressée (sans nom d'auteur) à M. Duruy, alors ministre de l'Instruction publique. Puis à diverses personnes. Quelque temps après, le docteur Legrand, un de mes amis de Paris, m'envoyait un journal en m'écrivant : Lis la circulaire du ministre, tu seras content de lui, car il reproduit presque textuellement plusieurs phrases de ta brochure.

Dès l'année suivante on entreprenait la partie de l'enceinte nouvelle comprise entre la *porte de France* et le fort Malbousquet.

J'eus pour ma part deux fronts, l'un à fossés pleins d'eau, l'autre à fossés secs. Le premier devait être fondé dans les eaux souterraines et courantes du

Ragass. Le second coupait une colline rocheuse dont la crête atteignait la magistrale, et se terminait à un bastion avec cavalier dont la crête devait être à près de 15 mètres au-dessus du sol naturel, fond du fossé. Ces travaux présentaient bien des difficultés d'exécution.

Le maréchal Vaillant

Cette fortification est une des erreurs capitales du maréchal Vaillant. Avant la campagne d'Italie, il avait été président du Comité des fortifications, puis ministre de la guerre.

Fort orgueilleux, spirituel, mordant, caustique, hautain avec ses inférieurs, souple avec qui pouvait lui être utile, il fut plat devant l'Empereur.

Le Comité ne l'aimait pas et, à propos de son enceinte de Toulon, le Comité ne fut pas de son avis. Il dit alors orgueilleusement : « Comité, vous n'êtes « qu'un Comité consultatif ! ». Et, comme il était ministre, il fit faire sous ses yeux, par le colonel Doutrelaine, le projet de la nouvelle enceinte. Mais ce projet était détestable. Comme officier du génie le maréchal Vaillant était un géomètre très habile qui s'entendait parfaitement à faire les glacis d'une fortification sur le papier ; à diriger des crêtes, à disposer des plans de défilement. Mais je ne crois pas me tromper en disant qu'il n'était pas militaire d'instinct.

Il avait pu apprécier à Solférino ce qu'avaient produit les petits canons rayés de 4. Des officiers d'artillerie, et entre autres le colonel de Blois, directeur à

Toulon, avaient écrit qu'on ferait prochainement des canons rayés de siège qui auraient une portée et une puissance énormes ; — que la fortification allait être mise en infériorité, et que ses conditions seraient complètement changées, etc. Le maréchal Vaillant ne comprit pas cela. Cela dérangeait ses idées. Et il fit son plan de la nouvelle enceinte de Toulon sans se préoccuper de l'artillerie future. Aussi cette nouvelle enceinte n'avait-elle ni traverses, ni parados, ni abris-voûtés. Il fallut plus tard (pour les fronts que nous allions commencer, heureusement) faire des escarpes en décharge, c'est-à-dire creuses, de manière à faire des abris.

Le défilement d'un certain bastion K, au pied du Faron, était déplorable et risible à la fois. Il était fait en *supposant* l'ennemi à une certaine courbe horizontale. Si l'ennemi montait plus haut, on était vu jusqu'au sous-pied.

Et puis, les défenseurs d'un des côtés de la place, auraient reçu dans le dos tout ce que l'ennemi aurait voulu leur envoyer depuis les attaques des fronts opposés, la portée des pièces futures devant être considérablement augmentée.

Il était, dès cette époque, très certain qu'il ne fallait faire à Toulon qu'une forte *chemise* comme en certaines places de l'Algérie, mais plus solide. Puis une série de forts sur les hauteurs dans un rayon de 7 à 10 kilomètres, comme il a fallu le faire plus tard. Le nombre des millions engloutis dans l'enceinte bastionnée du maréchal est considérable, et cette faute est due à son orgueil et à sa courte vue militaire.

J'ai été à même de connaître un certain nombre de faits, peu importants sans doute, mais qui serviront à apprécier en lui, l'*homme*.

J'ai déjà dit qu'en 1847 il fut inspecteur général du génie en Algérie, et combien alors il fut impoli et grossier envers le général Cavaignac parce que celui-ci était républicain, et par courtisanerie pour le roi Louis-Philippe.

Il était ou avait été fort coureur de filles. On le savait bien dans le corps du génie et, quand l'Empereur l'autorisa à faire un jardin dans une partie réservée du bois de Vincennes, pour satisfaire ses goûts horticoles, un officier du génie fit un très joli mot : « Allons, dit-il, voilà que le maréchal se met à greffer « des rosiers,... depuis qu'il ne peut plus greffer de « rosières ! ».

Il était fort ordurier, et aimait ce qui était graveleux. Je me suis trouvé souvent avec lui à table à Paris, chez le père du général Jolivet, qui était mon correspondant, quand j'étais à l'Ecole polytechnique. A chaque instant c'étaient des mots à double entente que mes cousines ne comprenaient pas, heureusement, et qui me paraissaient déplacés.

Un jour, le commandant Latour, un de mes camarades de promotion, avait à parler au maréchal qui était alors, aux Tuileries, ministre de la Maison de l'Empereur. Latour se présente avec une lettre d'audience. L'huissier lui dit qu'il va être reçu et le laisse dans l'antichambre. Le temps se passe ; Latour, pensant que le maréchal est dans son cabinet de travail, frappe, puis pousse la porte entr'ouverte ; il entre, va à une deuxième porte, frappe, point de réponse. Il pousse, et entre. Tout à coup, dans le fond de la chambre, il aperçoit un gros monsieur prêt à changer de chemise. Le monsieur se retourne : Tiens, c'est vous? — Oui, monsieur le Maréchal, répond Latour avec son ton traînard. — Eh bien, vous pourrez vous flatter d'avoir vu le derrière d'un maréchal de France !... Et il ôta sa chemise.

Latour se retira discrètement, ... mais trop tard!

On parlait devant le maréchal de ses nombreuses décorations. — Oh! moi, dit-il en mettant la main sur sa fesse gauche, j'en ai jusque-là !

Il les a données par testament au musée de Dijon où elles remplissent une belle vitrine, ainsi que son portrait qui occupe une belle place; et c'est justice, car il a été peint par Horace Vernet.

Comme tous les gens adroits, il ménageait les puissances, et était au mieux avec son curé. Mais il n'était pas fort respectueux des choses religieuses.

On parlait devant lui, avec admiration, de la vocation d'une jeune fille qui venait de prendre le voile. « Pauvre bon Dieu, dit-il, il a tous les cœurs dont le monde ne veut pas! »

Voici une petite anecdote qui ne manque pas de sel bourguignon. Je crois bien que je la tiens du docteur Lavalle, homme très intelligent et fort spirituel, alors conseiller municipal à Dijon.

Le maréchal, qui touchait plus de 300,000 fr. par an, et qui d'ailleurs était fort économe, avait fait plusieurs libéralités à la ville de Dijon. Il tenait beaucoup à y établir sa popularité.

Je dis un jour en riant, à Lavalle : Prenez garde, le maréchal va vous demander en échange, un de ces jours, de lui ériger une statue. Allons donc, dit Lavalle, vous n'y pensez pas ! — Vous verrez.

Quelque temps après arriva une lettre du maréchal au maire de Dijon avec une grosse somme, cent mille francs, je crois. Il disait qu'il laissait la municipalité libre d'en disposer comme elle l'entendrait, mais que s'il lui était permis d'émettre un vœu, il désirait qu'une partie de cette somme fût employée à ériger une statue... (tournez la page) à Bossuet.

Lavalle se souvint de la prédiction que j'avais faite, et dans la lettre de remercîments qui fut adressée au maréchal, *on* (ce fut peut-être bien Lavalle lui-même) répondit avec courtoisie, mais on ajoutait malicieusement que la statue de Bossuet serait peut-être assez mal accueillie à Dijon: qu'il existait un autre souvenir à honorer par une statue à ériger à un homme, à un officier du génie, dont certes l'effigie serait acceptée avec enthousiasme, et que cet homme était... (tournez la page) Lazare Carnot !!

Se non è vero...?

Et dire qu'il y a des braves gens pour lesquels un titre, une haute position, effacent toute tache, et qui pensent ériger, en effet, une statue au maréchal Vaillant, à Dijon.

Pour moi, je ne lui pardonnerai jamais d'avoir accepté lui, honnête homme au point de vue de l'argent, d'avoir accepté, dis-je, d'être ministre de la Maison de l'Empereur, au milieu de tant de gens de cet entourage dont la malhonnêteté n'était pas douteuse, et de s'être fait l'étiquette honnête d'un sac frelaté.

Grosses économies

Cette fortification de Toulon à laquelle j'étais attaché, était un grand travail.

J'ai dit que mon chantier seul comprenait deux fronts. Je dirigeais plus de 80 maçons et une masse de terrassiers et de rocteurs. J'ai dépensé pendant quelque temps plus de 3.000 fr. par jour. Mais j'ai fait faire à l'État de grosses économies. Le chef du génie avait commencé à faire les parements d'escarpe en moellons piqués ! Par l'intermédiaire du commandant Segretain, aide de camp du général Frossard, j'obtins de faire désormais les escarpes simplement en moellons smillés ; et les parements de contrescarpe en moellons bruts au lieu de moellons smillés.

J'avais posé ce principe vrai que la fortification est un art qui n'est pas fait pour les yeux comme l'architecture, et qu'elle ne vaut que par son tracé et sa solidité. Le colonel Long fut très vexé de voir l'inspecteur me donner raison pour cela, et encore pour une autre question grave tout à fait technique et qu'il serait trop long de mentionner ici.

Je fus, à cause de cela, obligé de demander à quitter Toulon.

Visiteurs étrangers

Nos escarpes en décharge étaient déjà faites lorsque je reçus du chef du génie, et *venant du ministre de la guerre*, un ordre qui me prescrivait de

faire visiter mon chantier par le prince de Hohenlohe
et de lui servir de guide!! Heureusement, le prince
fut malade, et ne vint pas Mais il faut avouer qu'il
y a des ministres bien sots. Ils laissent visiter nos
fortifications nouvelles par le premier Prussien venu
qui, paraît-il, nous fait honneur en le demandant.
Et quand nous voulons aller voir une place ayant
une garnison allemande, il y a de cent en cent pas
une sentinelle qui ne permet pas même de mettre le
pied sur la banquette.

Nous sommes généralement si bons garçons vis-à-
vis des étrangers que nous en sommes stupides.

En ce moment c'était le maréchal Randon qui était
ministre de la guerre !

Découverte d'une statue antique

C'est à cette époque que remonte l'histoire d'une
des plus heureuses circonstances de ma vie.

J'ai toujours eu de *la chance*, comme on dit,
quand je me suis occupé des choses d'intérêt général,
mais jamais je n'en ai eu pour les miennes.

Il vaut mieux qu'il en soit ainsi.

Parmi les propriétés nombreuses acquises par
l'État pour l'agrandissement de la fortification et du
fort de Toulon, se trouvaient plusieurs maisons de
campagne qui devaient plus tard être démolies. Pour
être plus à proximité de mes travaux, je me logeai
dans l'une d'elles. Derrière la maison, dans l'angle
rentrant d'une vieille remise, était, enfoncé dans le
sol, et appuyé au mur, un tronçon de statue. La tête

et les bras manquaient. En passant et repassant
devant ce débris, je me disais : D'où cela peut-il
venir ? Le dessin en est superbe ; cela ne peut-être dû
à un ciseau moderne. C'est peut-être une antique !...
Cette idée me revenait sans cesse, j'allai trouver le
propriétaire qui avait vendu la maison. Qu'est-ce
donc, lui dis-je, que ce torse enfoui dans un coin de
votre vieille remise : cela a l'air d'un fragment de
statue antique ? — Certainement oui, répondit-il. —
Comment ! Mais vous ne l'avez pas vendu avec la
maison ? — Non, dit-il sententieusement, la maison
est l'immeuble vendu, et la statue est un meuble !
— Très bien, mais comment se fait-il ?... — Voici :
Le contre-amiral de Grasse a été pendant longtemps
en station dans l'archipel. Il a trouvé cette statue, l'a
rapportée sur son vaisseau ; puis il l'a placée dans
un jardin qu'il possédait à Toulon. Mon père a acheté
le jardin, et en même temps la statue. Moi, j'ai vendu
le jardin et fait transporter la statue ici ; là où vous la
voyez encore. — Mais c'est un objet de grande valeur
artistique, bien qu'il n'y ait que le torse. — Pardon-
nez-moi, elle est enfouie à moitié de sa hauteur. —
Cela augmente encore sa valeur ; pourquoi ne la
donnez-vous pas au musée de Toulon ? — Oh, ça,
c'est une autre affaire ; *je ne veux pas* la donner au
musée ; et du reste elle est très lourde et cela me coû-
terait fort cher.

Je vis alors que mon interlocuteur, qui avait bien
trente mille francs de rente, était un vieil avare.
J'ajoutai : Cependant on ne peut laisser se dégrader
ainsi un objet réellement précieux. — Ah, dit-il, ça
m'est bien égal, et j'ai envoyé l'autre jour chercher

mon marbrier pour la couper en morceaux et faire des mortiers à aïoli !... — Est-ce possible, m'écriai-je ; et qu'a dit le marbrier ? — Il a dit que c'était du Paros et que c'était trop tendre. — Comme cela, dis-je, exaspéré de cette sauvagerie, vous n'en voulez rien faire ? — Non. — Eh bien, faites m'en cadeau. — Oh, je veux bien ; si vous voulez la prendre, prenez-la. — Ma foi, je vous remercie, dis-je, enchanté de cette conclusion inattendue ; j'accepte, mais pas pour moi, bien entendu ; je l'enverrai au musée de Dijon. — Vous en ferez ce que vous voudrez.

Je quittai ce vieux barbare, je rentrai chez moi. Je fis enlever la statue ; on l'étendit sur des planches dans la remise. Je la lavai avec le plus grand soin au moyen d'une éponge et d'une brosse douce trempées dans de l'eau tiède. Elle me parut alors magnifique, admirable. *Patuit Deus.*

Et cependant je me disais : Si le bonhomme se trompe, si c'était une statue de la Renaissance de médiocre valeur....

Le lendemain j'allai trouver le conservateur du musée de Toulon. — Monsieur, lui dis-je, seriez-vous assez bon pour venir voir une statue que j'ai trouvée près d'ici, au Pont-du-Las. — Quelle statue ? — Une statue antique, je le crois du moins. — Monsieur, me répondit-il d'un air goguenard, il n'y a pas de statue antique à Toulon. Mais, si ça vous fait plaisir..., il fait beau ; tenez, voilà un cigare ; allons voir votre statue.... *antique !!*

Nous arrivons devant la remise ; le soleil donnait en plein sur la statue couchée, épongée, séchée, blanche, se détachant sur son cadre rustique de vieilles planches noires. Le conservateur s'avance avec son sourire de rapin caustique, le cigare à 45 degrés... Tout à coup, il s'arrête ; sa figure devient grave ; son nez s'allonge un peu ; il fait deux fois le tour de la statue ; se dresse sur le socle comme pour vérifier les aplombs, fronce le sourcil, puis fait demi-tour et part brusquement en disant : Oui, Monsieur, c'est une statue antique !

Et il disparait !...

Le soir, la statue emballée était au chemin de fer. Quelques jours après on la recevait à Dijon.

J'avais prévenu le maire (M. Joliet, notaire, père de M. Albert Joliet, le conservateur actuel du musée). Beaucoup de personnes assistaient au déballage, artistes, conseillers municipaux, le préfet lui-même.

Quand elle apparut, M. Boulanger, alors directeur de l'École des beaux-arts, dit tout haut : « Messieurs, « cette statue est de la même époque que la Vénus « de Milo, et peut-être du même ciseau ! »

Quand j'appris avec quel enthousiasme mon cadeau à ma ville natale avait été accueilli, et quel précieux morceau du grand art j'avais sauvé d'une destruction certaine, je ressentis un instant de joie aussi vive que le jour où, pour la première fois, je vis passer devant moi, sur la route d'Oran à Mascara enfin ouverte, après un travail de cinq années et des efforts inouïs, une voiture chargée de planches arrivant paisiblement par la gorge de l'Oued-Krouff, là où n'avaient jamais passé que des chèvres, des chacals et des panthères !

Quelques années après, je visitai le musée dont M. Devillebichot était alors conservateur.

Chose bizarre, il avait trouvé parmi les moulages en plâtre, de camées antiques que possède le musée de Dijon, un camée représentant dans son intégrité, la statue dont il vient d'être question.

Or, on sait que les artistes qui taillaient ces objets d'art dans diverses pierres plus ou moins précieuses, prenaient ordinairement pour modèles les plus beaux ouvrages des grands maîtres. Ainsi se trouvait confirmée en quelque sorte par un graveur grec, l'appréciation du peintre de talent, directeur de notre École des beaux-arts, M. Boulanger.

On peut remarquer d'ailleurs qu'il y a une grande ressemblance de pose entre l'Apollon Cytharède et la Vénus de Milo (1). Ce nom de Cytharède a été donné à la statue, parce que le camée représente Apollon tenant une sorte de lyre (supportée par une petite figure annexée à la statue), lyre dont il va se servir pour appeler les Muses à la danse. On sait que la danse des Muses est le sujet d'un tableau de Jules Romain. Sans doute le dieu qui présidait aux beaux-arts avait le visage olympien, l'air grave et noble, et non point ricanant comme cet Apollon de *barrière*, beau cependant, qui orne la façade de l'Opéra de Paris.

Un jour peut-être, quelque jeune sculpteur dijonnais (mais il faudrait être déjà un maître pour cette œuvre) sera assez audacieux pour oser prouver son talent en reproduisant dans sa grandeur normale et

(1) On trouve à la bibliothèque de Dijon l'album de Wicar qui classe et reproduit la galerie Pitti, à Florence, et aussi le musée florentin de Joanni Gastoni. (Planche LXVI, fig. III. Texte : page 131). La statue s'y trouve reproduite dans son intégrité.

sa beauté divine, la statue primitive, « à peu près » telle qu'elle est sortie des mains du grand Phidias !... Et cependant on a reculé devant la restitution de la Vénus de Milo.

Verdun-sur-Meuse

J'avais demandé au général Frossard un changement de résidence. Je sentais que le lieutenant-colonel Long m'était hostile. Il fallait cependant qu'il eût grande confiance en moi, car de toute l'année il n'était venu visiter mon chantier qu'une seule fois, deux ou trois jours avant l'inspection. Je sentais qu'il ferait comme le colonel Chauwin pour être agréable au ministre de la guerre. Le général Frossard eut la bonté de me faire envoyer à Verdun-sur-Meuse en qualité de chef du génie.

J'étais toujours sous le coup de ces trois misères : Point de fortune, point d'enfants, point d'avancement. On croit que le spleen est produit par les brouillards britanniques. Mais l'âme malade le ressent sous les ombrages de Tlemcen, devant les vastes horizons de Mascara, sur les bords de la Méditerranée bleue, soit à Oran, soit à Toulon. J'avais toujours le cœur et la gorge serrés. Pendant bien longtemps, la vie a été pour moi une souffrance presque permanente.

Verdun était une petite ville assez ordinaire, un peu triste. La fortification était ancienne. On n'y changeait rien parce qu'il y aurait eu trop à faire. Cependant on y était dominé de toutes parts. Je signalai ce danger. On vit en 1870 combien il était grand. Mais en 1862 ou 1863, personne ne croyait à une guerre avec l'Allemagne. Et puis on pensait en haut lieu avec fatuité qu'il n'y avait qu'à passer le Rhin pour aller à Berlin. Alors je me mis à rédiger plusieurs mémoires dont je parlerai plus loin.

Tout d'abord, ma femme et moi, nous eûmes le bonheur d'être recommandés à Mme Catoire, de Moulainville. C'était une femme fort honorable et très distinguée. Elle était veuve depuis longtemps. Elle nous accueillit avec une affabilité extrême. Elle avait deux amies intimes : Mlle Pilatrie, sœur du général de ce nom, et Mlle Génin, fille d'un ancien député de la Meuse qui avait fait partie des 221. Ces trois dames se prirent d'amitié vive pour ma femme qui le méritait bien, et ce fut pour nous une agréable société. Nous passions chez Mme Catoire trois ou quatre soirées par semaine.

Le vieil abbé Clouët, ancien professeur de philosophie au grand Séminaire, ayant eu des discussions avec son évêque, était devenu bibliothécaire de la ville. C'était, comme on dit, un puits de science; le Littré de Verdun et de la Lorraine dont alors il écrivait l'histoire. Le dimanche, invariablement, il venait le soir prendre sa tasse de thé. Nos amies étaient fort catholiques, mais non dévotes, car elles étaient intelligentes et bonnes. Que de lances courtoises n'ai-je pas rompues alors, moi qui étais républicain et libre-penseur ! J'avais beaucoup à faire pour me défendre. Heureusement j'avais souvent l'abbé pour soutien. Je disais à mes adversaires : Eh bien, dimanche, nous prendrons l'abbé pour juge !

Il avait lu, en allemand, Strauss et Bauer ; il avait

lu Renan. Il savait par cœur les origines du christia-
nisme J'allais parfois chez lui à l'heure de son café ;
il m'en offrait une tasse, et nous causions. Quand je
lui demandais un renseignement, il levait lentement
son grand corps maigre et courbé ; il étendait son
grand bras vers ses livres, et bien qu'il fût presque
aveugle pour avoir trop lu, sa main tombait juste sur
le volume, puis à quelques pages près, il mettait le
doigt sur le verset ou le passage demandé.

Un jour, que nous avions causé à cœur ouvert, car
il m'avait jugé digne de sa confiance, je lui demandai :
Dites-moi donc, Monsieur l'abbé, puisque nous sommes du même avis sur bien des questions religieuses,
comment il se fait que, n'admettant pas la *présence
réelle*, vous alliez tous les dimanches dire votre
messe à Saint-Sauveur, vous qui êtes droit et consciencieux ?

Il me regarda un instant par-dessus ses lunettes,
sourit légèrement en faisant une petite moue fort
originale, et me répondit doucement : « Ce sont des
symboles ! » Eh bien, dis-je, voilà qui est grave : que
dirait Monseigneur s'il vous entendait ? — Oh, Monseigneur, c'est une grosse bête ! Et il acheva sa tasse
de café.

Cette appréciation peut paraître fort irrespectueuse,
mais j'ai eu moi-même un jour une conversation
avec cet évêque qui s'est montré d'une intelligence
au-dessous du médiocre

Tout le monde à Verdun respectait l'abbé Clouet.
Dans la rue on le regardait passer avec étonnement.
Il marchait en fermant les yeux pour ne pas les fati-

guer et les conserver plus longtemps, l'étude et la lecture étant sa vie.

Mme Catoire et ses amies, qui étaient presque de l'âge de l'abbé, s'amusaient de sa naïveté d'enfant. On l'invitait à des parties de campagne.

Un jour qu'il ne parvenait pas à remettre en place une partie du harnais de la mule : « Je vous le disais « bien, dit-il à Mme Catoire, il faudrait toujours avoir « un homme avec nous ! »

La dernière fois que j'ai vu l'abbé Clouet c'était en 1871 en revenant de la captivité d'Allemagne. Une poutre cassée par une bombe prussienne pendant le siège, descendait dans son salon à travers le plafond, en forme de V. Le pauvre homme avait passé pas mal de jours dans sa cave. Il en est mort peu de temps après.

Il représentait un capital important de science et de valeur morale. Tous les capitaux que détruit la guerre ne peuvent s'estimer en argent.

Oh la guerre ! Ceux qui l'ordonnent sont des sauvages inintelligents et cruels.

Mme Catoire était la femme sévère, dévouée, humble, avec la nuance d'orgueil que donne une vertu dont on est sûr.

Mlle Pilatrie était la délicatesse, la finesse d'esprit, avec une résignation grande contre des souffrances continuelles, physiques et morales.

Mlle Charlotte Génin, élevée à la campagne, d'une santé plantureuse, aimait à donner autour d'elle des conseils et des soins aux malheureux ; sœur de charité au besoin, avec de l'enjouement et de la sensibilité.

Que de bonnes soirées intimes. J'étais le lecteur attitré. Notre petite société était fort jalousée à Verdun. On appelait la maison de Mme Catoire, « l'Hôtel de Rambouillet. »

Depuis quelque temps on m'avait mis enfin sur le tableau d'avancement. Mais le Ministre prenait toujours derrière moi, de sorte que je n'étais toujours pas nommé.

A Avelanges, ma pauvre grand'mère (la mère de mon père) qui avait 93 ans, se désolait. Elle se figurait qu'on ne me nommerait jamais chef de bataillon. Enfin, en décembre 1863, ma nomination arriva. Il y avait six ans que j'avais été proposé par le général de Chabaud-Latour. Quand j'annonçai cette nouvelle à mon père, ma grand'mère s'écria : « Allons, c'est bien, je peux mourir à présent! » Et en effet elle mourut quelques jours après.

Les gens haut placés, qui font du favoritisme, découragent bien des gens et font couler bien des larmes. Mais aussi combien ils se font d'ennemis. Cela s'est vu à la fin de l'Empire.

Travaux exceptionnels. — Mémoires sur l'Argonne

Mon service journalier ne suffisait pas à m'occuper. Je me mis à étudier le pays. Près de Verdun était la forêt de l'Argonne historiquement célèbre. Je voulus la connaître en détail : voir ces *défilés* dont parle Thiers dans son histoire de la République française ; juger de l'obstacle qu'ils pouvaient fournir, et du poids dont ils pouvaient peser dans la défense de la frontière, en indiquant comment on devrait s'en servir pour leur donner leur véritable valeur militaire.

Mon premier mémoire daté du 30 mai 1863, me valut un témoignage très vif de satisfaction de la part du Comité des fortifications et du ministre, lequel me prescrivit de faire sur le reste de la forêt, c'est-à-dire dans les chefferies de Sedan, Châlons et Bar-le-Duc le complément de cette reconnaissance que j'avais naturellement limitée à la chefferie de Verdun.

J'y avais rappelé qu'en 1792 Dumouriez ayant voulu défendre l'Argonne, fut tourné par un chemin qu'il ne connaissait pas, la *Croix au bois*, et j'ajoutais que, depuis ce temps, bien d'autres chemins avaient été créés par les ponts et chaussées et la voirie départementale sous l'influence militairement néfaste du décret du 15 mars 1852. Je concluais que maintenant la forêt était percée à jour!

Mon deuxième mémoire rédigé à la suite de l'invitation du ministre de compléter le premier, porte la date du 1er avril 1866. J'avais parcouru cette fois les parties sud, ouest et nord de la forêt. Le Comité examina mon travail et le ministre m'écrivit, le 4 août 1866, que *ce travail complétait bien le premier*.

J'avais indiqué ce qu'il fallait faire pour restituer au massif de l'Argonne ses propriétés défensives :

1° Concentration de la défense sur cinq points ;

2° Mesures à imposer à l'administration forestière consistant à conserver le long des routes un grand nombre de grands arbres qu'en deux ou trois jours la défense pouvait abattre en les jetant en travers de la voie.

Je faisais remarquer qu'une partie de la forêt

située sur la chefferie de Châlons et appartenant ou
ayant appartenu au duc d'Aumale, était en cours de
défrichement complet. Or cela était incompatible avec
les règlements en vigueur sur la *zône* frontière. Il
fallait qu'il y eût là une sorte de favoritisme éhonté
pour qu'une pareille infraction à ces règlements fût
possible. Mais je n'entendis parler de rien à ce sujet.
Je pense que le propriétaire était trop haut placé pour
qu'on osât lui dire quelque chose.

La lettre de satisfaction ministérielle était du reste
beaucoup plus froide que celle en réponse à mon
premier mémoire.

J'ai fait en cela mon devoir, mais il est probable
que le ministre n'a pas fait le sien.

Mémoires sur la défense de la frontière de l'Est

Mon esprit éveillé par cette importante étude,
frappé de la faiblesse réelle de cet obstacle : *Les défilés de l'Argonne* que chacun s'obstinait, à la suite de
M. Thiers, à considérer comme très fort, chercha les
moyens d'augmenter *en quelques jours* l'obstacle
naturel en le complétant par des obstacles artificiels
d'une création presque instantanée.

Ce nouveau mémoire daté de Verdun, 1er novembre
1866, eut pour titre « Système complémentaire de
« défense de la France en cas d'invasion ».

Le Comité des fortifications en fit au ministre de
la guerre un rapport si favorable et si chaleureux
que, sur-le-champ, le ministre donna l'ordre à tous
les directeurs du génie de France, de commencer les

études correspondant aux dispositions et aux desiderata indiqués dans le mémoire.

Mais malheureusement le Ministre oublia de joindre à sa circulaire trop brève et trop peu explicite, une copie ou un extrait de mon mémoire, de telle sorte que personne ne comprit, je crois, ce que désirait le Ministre, et que je fus peut-être le seul directeur qui, beaucoup plus tard, réalisa ce travail pour le département des Bouches-du-Rhône.

L'étude que je demandais, faite à temps, c'est-à-dire avant 1870, sur la frontière de l'Est, aurait peut-être complètement changé la face des événements. Je transcrirai à la fin de ces souvenirs une lettre du général Bressonnet, président du Comité du génie, qui fera voir en quelle estime il tenait ce dernier travail resté inutile, comme tant d'autres, dans les cartons ministériels.

Vol d'une pièce importante

J'avais trouvé dans les archives de la place de Verdun un mémoire du général Haxo sur la défense de la frontière de l'Est. Je fus surpris de n'y trouver rien de saillant. On le citait pourtant comme une œuvre remarquable. Je cherchai, en le prenant pour base, à le rajeunir et à y combler certaines lacunes. J'envoyai mon travail au Ministre, je ne sais à quelle date, mais craignant qu'il n'eût le sort des premiers j'en fis une copie, et je la portai au maréchal de Mac-Mahon qui était alors à Paris dans son hôtel de la rue Bellechasse. Il commandait à Nancy. Je l'avais connu à Tlemcen quand il était colonel du 41°. Je fus introduit près de lui par un vieux soldat d'Afrique qui avait été son ordonnance et qu'il avait gardé à son service. Je tenais à la main mon mémoire roulé. Le maréchal était à son bureau. Il me fit asseoir le dos à la fenêtre ; j'avais devant moi la porte d'entrée. J'expliquai au maréchal ce que contenait mon mémoire. Il parut très satisfait. « Donnez, donnez-moi « cela, me dit-il vivement. Justement j'étudie en ce « moment la frontière de l'Est Ce qui est au minis- « tère restera dans les cartons, mais moi je m'en « servirai. »

En disant cela il ouvrit le tiroir de son bureau (qui n'était pas fermé à clef) et y plaça mon manus- crit roulé. Puis il repoussa le tiroir. A ce moment précis, je vis le domestique se pencher et regarder par l'entre-bâillement de la porte. Voilà qui est bizarre, pen- sais-je, cet animal-là est joliment curieux ! Puis je pris congé. C'était en 1867 ou au commencement de 1868.

Je disais dans ce mémoire : La forêt de l'Argonne percée à jour doit servir *moins comme obstacle que comme rideau*. En cas de siége de Metz ou de Verdun une armée de secours pourrait, en faisant une vive démonstration entre Sedan et le *Chêne-populeux*, y attirer l'ennemi, puis filer pendant la nuit sur Villers- en-Argonne, et de là, marcher rapidement sur les villes assiégées.

Quelle singulière prévision : et si le Maréchal avait fait cela !...

Mais le Maréchal, très probablement, n'a pas même lu mon mémoire. Deux fois je lui ai écrit à ce sujet ; il ne m'a pas répondu.

Mais savez-vous ce que j'ai appris depuis, d'un capitaine de gendarmerie. C'est qu'un ancien soldat, ordonnance du Maréchal, a été condamné pour lui avoir dérobé des papiers de service!... Etait-ce le même domestique qui avait regardé par la porte entr'ouverte ?

C'est possible, car alors on ne soupçonnait pas sur quelle échelle étonnante les Prussiens avaient organisé l'espionnage !

Et après vingt ans, on voit encore des généraux et des officiers de tout grade prendre à leur service des institutrices, des bonnes, des Gretchen quelconques qui « tisent fenir de Souisse », et qui sont simplement des Prussiennes dressées à l'espionnage.

Oui, nos officiers sont vraiment trop bons garçons. Ils sont trop les camarades de *leur vieux Pierre*, de *leur vieux Jean ;* ne vont-ils pas, après déjeuner, *griller un cigare* bras dessus bras dessous avec leur officier d'ordonnance ?

Cet esprit de franche camaraderie qui provient de la bonté de notre caractère aboutit à la faiblesse et à la duperie.

N'a-t-on pas vu le maréchal de Mac-Mahon et le général de Ladmirault, les plus vaillants et les plus honorables officiers de notre armée, aller (avant la condamnation) donner la main à Bazaine sur le banc des accusés ! Bazaine six fois traître ! On le verra plus loin.

Je ne veux pas poser en stratégiste, mais je ne peux m'empêcher de penser que j'avais eu une idée militaire juste.

Si le maréchal de Mac-Mahon avait pu lire mon

mémoire, s'il ne lui avait pas été dérobé, s'il s'en était servi comme il me l'avait dit, s'il avait trompé l'ennemi à Sedan et qu'il eût passé pendant la nuit derrière l'Argonne, les sièges de Verdun et de Metz auraient été levés, la guerre aurait changé de face, et la France n'aurait peut-être pas été envahie !

Départ de Verdun

L'année précédente (1865) le jour de Noël, c'était grande fête dans cette ville de Verdun très catholique et qui se ressent encore aussi, par le profil de certains de ses habitants, d'avoir été Espagnole.

Il faisait un temps splendide, chose rare à cette époque en Lorraine; les cloches sonnaient à toute volée.

Hanté par les idées de défense du pays, j'allai m'asseoir sur le haut du mont Saint-Michel qui domine de si près la ville et d'où, en effet, en 1870, les Allemands la bombardèrent.

Là, je rêvai longtemps de la guerre possible et de cette paix universelle qui était l'objet de toutes mes aspirations. C'est alors que j'eus la première idée d'écrire un livre sur ces sujets qui bouillonnaient dans ma tête; c'est là que je combinai le plan de mon livre de l'*Utopiste*, lequel ne put être imprimé que beaucoup plus tard.

C'est là qu'en 1874, appelé par le Ministre de la guerre, j'installai l'un des nombreux forts destinés aujourd'hui à éloigner l'ennemi de l'ancienne place qui est devenue le noyau central de la défense.

A Melun

J'étais bien à Verdun ; que n'y suis-je resté ? Ma femme s'y plaisait à cause des bonnes amitiés qu'elle y avait trouvées. Mais elle était loin de ses parents, et comme je n'avais jamais eu que des résidences éloignées de Paris, je commis la faute de vouloir me rapprocher de la Ville-Lumière, comme a dit V. Hugo. Je savais par cœur son ode à l'Arc de Triomphe.

. . . .

Oh Paris, c'est la Cité mère ;
Paris, c'est le lieu solennel
Où le tourbillon éphémère
Tourne sur son centre éternel...

. . . .

Je voulais entendre de bonne musique, voir nos musées que je connaissais à peine. Mal m'en prit comme on va le voir. Je n'étais pas fait pour me rapprocher du soleil. J'allais me trouver dans une atmosphère irrespirable pour moi. J'avais demandé Melun ; on m'y envoya.

Il y avait à Melun les carabiniers de la Garde, et à Fontainebleau (qui dépendait de Melun avec Auxerre et Joigny) les cuirassiers de la Garde.

Dans ma naïveté d'officier du génie consciencieux, j'appliquai à la Garde, comme j'avais fait partout ailleurs, le règlement sur le service du casernement auquel tous les autres corps de l'armée se soumettaient très bien. Je fis payer les carreaux cassés, les bat-flancs brisés ; j'empêchai les officiers de faire emporter en ville, dans les écuries de leurs logements personnels, les bat-flancs du quartier qui, une fois partis, ne revenaient pas toujours.

Je voulus empêcher les colonels de mettre les blanchisseuses au 3e étage, ce qui pourrissait les planchers, et leurs voitures particulières dans les locaux du rez-de-chaussée dans le corps de garde, ou les magasins à fourrage, etc., enfin de bouleverser ce qu'on appelle l'assiette du casernement, pièce officielle signée par le Ministre.

A Fontainebleau, le colonel fit ouvrir par son armurier un grenier qui servait de magasin du génie. Je me plaignais à mon directeur, mais cela n'aboutissait pas. Déjà, à Paris même, la garde faisant l'exercice dans les galeries de ses casernes, en avait brisé les carrelages. Le directeur s'était adressé au maréchal Niel qui en avait parlé à l'Empereur ; mais le maréchal Canrobert avait résisté, et cela faillit même dégénérer en duel entre les deux Maréchaux, comme cela avait déjà eu lieu à la suite de la bataille de Solférino, Canrobert ayant envoyé une seule brigade au secours de Niel sur lequel avait porté le grand effort des Autrichiens.

L'Empereur avait terminé ce nouveau dissentiment en disant avec son air endormi : « Je ne veux pas qu'on tourmente ma Garde ! »

Il y avait à Melun et à Fontainebleau des abus dans le service du génie que je fis cesser en déplaçant les titulaires.

Je voulus faire payer à la ville de Melun une somme assez importante (10,000 francs, je crois) qu'elle devait depuis très longtemps à l'État, et le maire à ce sujet devint mon ennemi.

C'était un vieil avoué, retors et peu estimé dans la ville. Il se présenta pour le Conseil général comme candidat agréable à la Préfecture, en concurrence avec M. de Praslin. Il crut recruter des voix en envoyant des cartes d'électeurs aux officiers qui, je crois, n'auraient pas dû voter.

Le général Dubos, l'ingénieur en chef, et le Sous-Intendant militaire ainsi que moi, nous votâmes contre le maire. Malheureusement il présidait le bureau quand je lui remis le bulletin imprimé de son adversaire, et il le reconnut !

Or le général du génie Javain venait d'inspecter ma chefferie. Il me dit qu'il la trouvait très bien tenue, et me demanda ce qu'il pouvait faire pour me témoigner sa satisfaction. — C'est bien simple, répondis-je ; il y a nombre de mes camarades qui ont moins d'ancienneté et de campagnes que moi, et qui sont lieutenants-colonels ou proposés pour ce grade. Vous pouvez donc me proposer. — Eh bien je vous proposerai.

Mais au moment où le comité se réunissait, le général Tripier m'avertit que je n'étais pas sur la liste du général Javain. Je courut à la rue du Regard, où celui-ci demeurait. — Certainement, me dit-il, je vous avais proposé, mais.... mais je vous ai rayé !...

— Et pourquoi donc? — « Parce que vous avez eu *des affaires* avec le maire de Melun. »

J'appris plus tard que le maire s'était plaint de moi au préfet parce que j'avais voté contre lui, et le préfet qui connaissait le général Javain m'avait fait rayer simplement. Et le général avait eu la faiblesse, la couardise, de ne pas me défendre. C'était la répétition de ce que m'avait fait dix ans auparavant le colonel Chauwin.

Ces sortes de faits font voir quelle pression l'Empire exerçait sur le personnel. Il ne suffisait pas d'être dévoué corps et âme au service du pays, il fallait être impérialiste, ou le paraître.

Je dus me résoudre à quitter Melun.

Je demandai donc une audience au général Dejean qui était pour moi l'homme néfaste : étant depuis longtemps directeur du génie au ministère, il était tout-puissant sur le personnel. Il m'indiqua de la main un siège, puis se promena plusieurs minutes dans son cabinet sans rien dire. Enfin, il s'arrêta debout devant moi, et me dit lentement et en appuyant sur les mots : — Vous n'avez pas été mis sur le tableau d'avancement cette année... — Je le sais, mon général, mais j'ignore pourquoi... — Eh bien, vous n'y serez pas encore l'année prochaine. — Pourquoi donc, mon général ?... — Vous avez un mauvais caractère !...

Cette froideur, ce parti pris évident d'injustice calculée à mon égard me révoltèrent. Ainsi donc j'avais beau faire, contenter tous mes inspecteurs généraux ; cela ne servait à rien. Très calme en apparence, je ne répondis pas un mot. Je me levai, passai devant le général en le saluant, et je sortis.

Le général, très surpris, resta un instant immobile au milieu de son cabinet.

Deux jours après il m'envoyait à Perpignan !

J'aurais dû dire au général Dejean : Il y a dans le

génie deux officiers qui ont un mauvais caractère, cela ne les a pas empêchés de devenir généraux de division. C'est le général Frossard et vous !

———————

Quelque temps avant ces événements personnels, peu importants sans doute, mais qui font comprendre l'odieux du régime impérial, j'avais eu le malheur de perdre ma mère. Elle avait quitté momentanément Avelanges, on le croyait du moins, pour recevoir à Dijon les soins éclairés de l'excellent docteur Fleurot, fils du pharmacien Fleurot, ami de mon père. Malgré ses efforts, le mal augmenta : le télégramme envoyé par mon père m'arriva trop tard. Je la trouvai morte dans cette chambre du rez-de-chaussée dont j'ai fait mon bureau. Je coopérai moi-même à la triste tâche de la déposer dans le cercueil, et lui donnai là le dernier baiser.

Douce, bonne, résignée, un peu naïve, ma mère qui, dit-on, avait été fort jolie, n'avait jamais eu l'ombre de coquetterie. Mon père qui souvent avait des humeurs noires, la brusquait parfois parce qu'elle était nonchalante. Mais elle était aimée de tout le monde. Elle a écrit en dix lignes un testament par lequel elle laissait à mon père, comme cela devait être, l'usufruit de tout ce qu'elle possédait, et spécialement Avelanges. Ce testament était, dans sa brièveté, un modèle de sentiments bons et touchants exprimés avec distinction. Je la pleurai bien sincèrement et, après quelques jours, je retournai à Melun que je n'avais pas encore quitté ; mon père, de son côté, retourna à Avelanges reprendre cette vie d'isolement qui lui plaisait, car il avait toujours été comme je le suis aussi, un peu sauvage et n'ayant d'autre distraction que ses fleurs et ses abeilles.

Il est une rouerie ministérielle que je dois signaler et dont on se sert envers les naïfs tels que moi. Pendant que j'étais à Verdun j'avais été proposé pour officier de la Légion d'honneur. On ne voulait pas me nommer lieutenant-colonel, on me donna, avant mon départ pour Perpignan, cette croix d'officier.

J'avais déjà été décoré en 1857, parce qu'on ne voulait pas me mettre sur le tableau d'avancement pour chef de bataillon.

A la fin des fins en 1880, on m'a donné la croix de commandeur pour ne pas me nommer général! Ce truc est bien connu, mais je l'ignorais.

A Perpignan

Pendant environ deux ans, jusqu'à la guerre de 1870 je restai à Perpignan. Mon directeur, le colonel Puiggari était un excellent homme. Le service de ma chefferie n'était ni compliqué ni difficile. Je travaillai à diverses questions qui m'intéressaient. Il en est une que j'avais déjà élaborée pendant mon séjour à Toulon, avec M. Dieulafait, alors professeur de physique au Lycée et depuis professeur de géologie à la Faculté des sciences de Marseille. Je cherchais à prouver que les végétaux n'absorbent pas, comme on l'enseignait alors, l'acide carbonique par les feuilles.

mais bien par les racines; que ce sont de véritables pompes aspirantes, absorbant par les racines l'acide carbonique à l'état gazeux ou dissous dans les liquides fournis par le sol, ce gaz, se trouvant en bien plus grande quantité dans le sol que dans l'atmosphère, par suite de l'action de sélection qu'exerce la porosité du sol et aussi par la décomposition des matières organiques. Les végétaux, disais-je, ne sont pas assez bêtes (qu'on me passe l'expression) pour prendre l'acide carbonique là où il n'y en a presque pas. Du reste, n'est-il pas déjà prouvé que le végétal pompe *jour et nuit* l'acide carbonique; que ce gaz, pendant la nuit, sort des stomates des feuilles sans être décomposé (ce qui est bien reconnu), tandis que sous l'action de la lumière les stomates retiennent le carbone et laissent filtrer l'oxygène qui est rendu à l'atmosphère.

Ce fait a été constaté plus tard, expérimentalement, par M. Commaille, pharmacien à l'hôpital militaire de Marseille, qui a adressé un mémoire à ce sujet à l'Académie de médecine, mémoire dans lequel il reconnaît que je suis l'auteur de l'idée. Mais, quoique habile chimiste, il était fort peu lettré, Son mémoire, plein de fautes d'orthographe (j'en ai lu seulement la minute après sa mort, en 1876, en revenant à Marseille) a été sans doute jeté au panier.

Lettre chargée décachetée par la poste

L'envoi d'une note assez volumineuse sur cette question au docteur Legrand à Paris me permit de

constater que le Ministre et la police me faisaient
l'honneur de me croire dangereux pour l'Empire.

Il est vrai que je venais de commettre un nouveau
forfait politique !

L'ingénieur en chef des Pyrénées-Orientales,
M. Domanget, était allé à la gare serrer la main à un
de ses amis, son camarade de promotion, je crois,
Emmanuel Arago, qui allait à Estagel, ville natale
de la famille. Le soir même Domanget recevait par
la Préfecture l'ordre de se rendre à Limoges. C'était
une punition et une disgrâce. Un ou deux jours après
Mme Domanget eut le courage d'aller seule à un bal
donné par le général Legrand, bal auquel elle avait
été invitée avant la disgrâce de son mari. Quoique
fort belle et très répandue dans le monde de Perpignan, elle fut laissée seule sur sa banquette. Personne n'osa approcher de cette pestiférée. Ce que
voyant, j'allai l'inviter, et je valsai plusieurs fois avec
elle. Ce crime ne pouvait rester impuni. Deux fois,
ma boîte à lettres de service fut dévissée et ouverte.
La note sur la respiration des plantes dont j'ai parlé
plus haut, mise à la poste par moi-même, sous forme
de lettre chargée avec ses cinq cachets de cire, fut
décachetée par le cabinet noir de M. Vandal et remise
au destinataire *ouverte* et enveloppée d'une ficelle.

Naturellement, je ne fus pas mis sur le tableau
d'avancement pour 1869. Le général Dejean avait eu
soin de m'en prévenir à l'avance.

Le maire de Perpignan, en même temps député,
était un chaleureux impérialiste. Il s'appelait Durand.

On ajoutait *du Rastell*, en catalan, c'est-à-dire *du Ratelier*, parce que, étant fort riche, il avait payé largement à boire et à manger à ses électeurs. On racontait à Perpignan que son père avait composé, avec les plantes sauvages des *Garrigues*, une infusion qui donnait au vin du pays le goût du Porto. Les Anglais préféraient ce vin au véritable Porto, et en consommaient énormément, l'achetant à Porto 5 francs et 6 francs la bouteille. Il revenait à M. Durand, sur place, à 0 fr. 15 ou 0 fr. 20 le litre. Il y avait en plus le transport et les faux frais. On estimait à trente millions (ce qui me paraît une bien grosse somme), la fortune que cette intelligent négociant avait laissée à son fils Durand du Rastell. Celui-ci faisait fructifier, comme banquier, l'argent paternel et possédait, disait-on 35 millions.

Or Perpignan n'avait que de mauvaise eau de puits, insalubre et sentant le marécage. Mais pour y remédier il fallait faire venir de loin l'eau d'une bonne source, et la dépense aurait obéré les finances de la ville.

M. Durand, maire et député, ne songeait pas, à l'époque de mon séjour à Perpignan (je désire pour lui et pour la ville qu'il y ait songé plus tard), à faire cadeau à la municipalité de deux millions, la quinzième partie de sa fortune immense, pour donner de bonne eau à ses concitoyens. O sordide avarice ! Quand j'appris cela, lors de mon arrivée à Perpignan, j'en fus tellement écœuré que je n'allai pas lui rendre visite, bien que, en qualité de chef de service, j'eusse dû le faire.

Canigou

Je voulus un jour voir les Pyrénées de près. Je remontai le Tech en voiture jusqu'à Pratz-de-Mollo où je couchai. Le lendemain, monté sur un cheval loué, et conduit par un guide, je gravis les pentes du Canigou dont je contournai le sommet neigeux en franchissant un large plateau dénudé appelé dans le pays le *plat-Guillem*. Un peu au-dessous, vers 2.000 mètres d'altitude, je vis, spectacle étrange, un laboureur qui retournait avec sa charrue des lopins de terre aussi gros que ceux des plus profonds terrains de plaine.

A mon retour à Perpignan, je manifestai à un jeune ingénieur des mines très savant, mon étonnement au sujet de l'existence de terrains profonds sur des pentes raides et *déboisées*. Il me répondit que le granit de ces montagnes était tendre, et s'effritait par les gelées ; qu'il se reformait ainsi chaque année, en certains points, autant de terre que les pluies en emportaient.

Je conclus de ce fait que le reboisement de ces montagnes devait être facile. Ce n'est pas, me dit l'ingénieur, la nature qui s'y oppose, c'est la population. On a essayé, il y a quelques années, de reboiser certaines parties, mais les habitants ont protesté et ont déclaré qu'ils recevraient à coups de fusil les gens qui les empêcheraient de faire brouter chèvres et moutons *partout*. Et l'administration a *calé*.

Ainsi, ce gouvernement fort, dont le canon a fauché

le boulevard des Capucines, n'a pas osé reboiser ces montagnes. Et cependant ce reboisement :

1° Aurait créé des centaines de millions de valeurs forestières ;

2° Aurait mis fin aux inondations fréquentes et désastreuses du Teck, de la Têt, de l'Arriège, de la Save, du Gers et de la Garonne ;

3° Aurait enrichi les misérables montagnards hostiles, par ignorance, à cette immense amélioration ;

4° Aurait permis le traitement au bois des riches minerais contenus dans les flancs de ces montagnes et dont l'exploitation a cessé faute de combustible à bon marché. Quelques usines subsistent encore malgré tout, et j'ai vu de mes yeux des voitures y amener du charbon venant de *Sardaigne !*

Le phylloxera

C'est à cette époque que M. Planchon, professeur à la Faculté des sciences, à Perpignan, découvrit le phylloxera. Je ne sais pourquoi je pressentis si vivement quel fléau devait être ce nouveau parasite ; mais j'eus comme un mouvement d'instinctive colère.

Il est vrai que j'exècre tous les parasites, surtout ceux qui vivent aux dépens des pauvres gens et des travailleurs. Je pris le train et partis pour Montpellier. M. Planchon me reçut avec une extrême bienveillance. Je ne le connaissais point ; il m'invita à dîner, me fit coucher chez lui, et me montra, au microscope, sa bête sous toutes ses faces. Je repartis le lendemain, cherchant un moyen de combattre cet envahisseur, plus terrible que les sauterelles puisqu'il est permanent.

Après avoir réfléchi sur cette difficile question, je pensai en avoir trouvé sinon *la* solution au moins *une* solution. Je rédigeai une brochure où je proposais le sulfure de potassium, et les sulfures en général, comme pouvant être mêlés au fumier, et enfouis dans le sol.

J'envoyai ma brochure à M. Dumas *qui ne me répondit pas*, mai qui *inventa*, immédiatement après, le traitement par le sufure de calcium et le sulfure de carbone.

J'ajoutais qu'un autre procédé serait encore plus efficace ; qu'on pourrait, avec un drainage d'*insufflation* peu coûteux (relativement au drainage des terrains humides), rendre, par l'acide sulfureux, l'air du sous-sol irrespirable, ne fût-ce que pendant un temps assez court, mais suffisant pour asphyxier l'insecte sans nuire à la vigne, l'acide sulfureux étant, d'après le chimiste agriculteur Girardin, un *aliment* pour les plantes.

Depuis, j'ai proposé ce procédé à plusieurs comices agricoles ; aucun n'a voulu faire une expérience, même sur une petite surface, 1.5 d'hectare, par exemple. Il serait surtout applicable dans le Midi à cause de l'éloignement des ceps, et de la régularité de la plantation. Il peut se faire qu'en Bourgogne, où les ceps sont rapprochés et les racines entrelacées, ce système soit moins facile à expérimenter.

Enfin peut-être se trouvera-t-il un propriétaire qui voudra bien l'essayer.

Le Noir de l'Olivier

En dehors de mon service, je m'occupais souvent de questions physiologiques pour lesquelles, malgré mon ignorance relative, j'ai toujours eu un penchant très vif.

En 1868-69, il y avait sur les oliviers, dans la banlieue de Perpignan, une maladie qu'on appelait *le noir*, et qui est, paraît-il, assez fréquente. En effet, les feuilles, le bois, avaient une teinte de noir de fumée. J'empruntai un microscope, et je mis un peu de ce *noir*, délayé dans une goutte d'eau, entre les lames de verre. J'observai longtemps à plusieurs reprises; rien ne bougeait; je ne voyais que de petits bâtonnets entrelacés comme des brins de fagots. J'eus l'idée de glisser entre les lames une goutte d'ammoniaque. Une sorte de colle transparente, qui tenait les bâtonnet réunis, commença à se dissoudre, et ceux-ci à se séparer. Bientôt, après qu'ils eurent été isolés, ils se courbèrent en forme de cédilles, s'ouvrant et se fermant de manière à amener un petit déplacement.

Ces bâtonnets, cédilles ou virgules, n'ont-ils rien de commun avec certains microbes auxquels on a donné le nom de *bacilles?* Ces microbes vivant de l'olivier, enlevés à certains moments par les vents, peuvent entrer dans notre organisme surtout par les voies respiratoires et causer certains désordres qui affectent les bronches, l'influenza, par exemple. On a bien cru devoir attribuer la malaria aux spores de la lentille d'eau des marais Pontins.

Il n'est pas déraisonnable d'admettre que les microbes puissent passer ainsi du végétal à l'homme. Il y aurait là, entre les deux règnes, une relation fâcheuse, dont la constatation sérieuse serait bien intéressante pour les savants... et aussi pour les ignorants.

Mais les événements qui se préparaient ne devaient pas me laisser la possibilité de pousser plus avant cette curieuse étude.

Guerre de 1870

Un soir de 1870, je faisais de la musique chez des voisins. On sonna. C'était un planton qui m'apportait l'ordre de partir immédiatement, et de rejoindre la 1ʳᵉ division du 3ᵉ corps de l'armée de Metz. C'était le 19 juillet, jour anniversaire de ma naissance. Je pris congé après avoir terminé la sonate commencée.

Je rentrai chez moi et fis, pendant la nuit, mes préparatifs de départ. Mes malles, placées en cercle dans une chambre, furent remplies de tout ce qu'il y avait chez moi, que j'y jetai pêle-mêle rapidement.

Ma femme était depuis quelque temps à l'Ile-Adam où l'avait appelée son père frappé d'une première attaque d'apoplexie.

Le lendemain, je payai mon propriétaire ; je rendis mes meubles *loués*. Car je n'ai jamais voulu avoir de mobilier à transporter, afin d'être toujours libre et disponible. J'allai voir mon directeur et rendre mon service.

Le surlendemain matin, à cinq heures, je partais pour Metz. En passant à Dijon, je pris mes objets d'équipement de cheval, selles et brides, que j'avais rapportées d'Algérie. Ce ne fut pas sans peine, vu l'encombrement des routes et des gares, que je pus rejoindre le 3ᵉ corps au campement de Saint-Avold. On allait marcher à l'ennemi.

Un orage effroyable éclata pendant la nuit. La tente que j'avais achetée 100 francs en passant à Metz était une écumoire. J'allai voir ce que faisait la compagnie du génie que j'avais sous mes ordres. Tout le monde était debout, comme le reste du camp. Dans l'obscurité qui était complète, il n'y avait rien à faire qu'à courber le dos, en protégeant les cartouches le plus possible. Je passai le reste de cette nuit avec une couverture sur le dos, assis sur le bord de mon lit de cantine, les pieds dans ma gamelle, car il y avait partout dix centimètres, sinon plus, d'eau courante sur le sol.

Bref, le soleil heureusement se leva radieux le lendemain pour tout sécher. C'est par une tempête que commença cette campagne funeste. Elle finit de même quelques jours avant la capitulation.

Bazaine à Thionville

J'appris beaucoup plus tard, par un capitaine du génie, nommé Bailly, qui se trouva sous mes ordres à Marseille, un fait peu connu mais qui est important. Bailly était en service de place à Thionville. Cette place est près de Metz. Plusieurs généraux avaient profité des quelques jours passés à Metz pour aller la visiter, reconnaître son importance, et de quelle manière elle pourrait servir pour la campagne qui allait commencer.

Bazaine y alla aussi, *mais en bourgeois* et en se dissimulant. Il fit appeler le colonel Turnier qui commandait la place.

« Colonel, lui dit-il d'un air bonhomme, voyez-« vous, Thionville est un faubourg de Metz ; si on « attaque Metz on ne vous attaquera pas ; et si on « n'attaque pas Metz on ne vous attaquera pas da-« vantage parce que ce serait inutile. Vous n'avez « qu'un rôle passif à jouer. — Restez tranquille !... »

Bazaine avait déjà son plan : *faire le moins de mal possible à l'ennemi, ne pas profiter des occasions favorables ;* et il n'était encore que chef du 3me corps.

Il est probable que déjà, à l'avance, il avait été sondé *et acheté.* (On verra plus tard que je ne dis pas cela légèrement). Bismarck était assez fort, assez rusé, assez peu scrupuleux, pour employer tous les moyens, et avoir le plus d'atouts possibles dans la main. Il s'est dit *avant la guerre :* « Qui pourrions-nous bien acheter en France ? » — Le Mexique répondait : Il y a Bazaine, il n'y a que lui. Et Bazaine accepta vraisemblablement les ouvertures secrètes qui lui furent faites. Plus tard, l'histoire de ses trahisons nous reviendra d'Allemagne. Celle-ci est la *première*, les autres vont suivre de près.

Accident malheureusement évité

Il s'en est fallu de peu que j'aie causé la mort de Bazaine. Le 2 août, le général Frossard, avec le 2me corps, fut chargé de prendre Forbach. Le 3me corps devait le soutenir à gauche. Nous côtoyions la petite Rossel. La compagnie du génie était engagée dans un chemin étroit entre la berge escarpée de la rivière et un talus assez raide. J'étais en avant monté sur une sorte de jument de labour que m'avait délivrée la remonte, et qui n'avait jamais porté un cavalier.

Tout à coup j'entends crier derrière moi. Je me retourne et j'aperçois, derrière la compagnie, la calèche du Maréchal qui ne pouvait passer. Je fais de la main signe aux hommes de se masser contre le pied du talus ; moi-même j'y accole ma monture. La calèche s'avance, je salue, mais ma jument prend peur, se traverse, et recule dans l'attelage qui fait un demi à droite et s'arrête frémissant sur le bord de la berge à pic qui avait bien six à sept mètres de haut. J'étais très leste ; je saute à terre et je ramène doucement ma bête effrayée près du talus. Le cocher de son côté ramène peu à peu ses chevaux sur le chemin et la calèche part !

Si la voiture et le Maréchal s'étaient brisés là, quel bonheur pour la France... Et si j'avais su alors ce qui devait arriver plus tard, et quelles trahisons méditait cet homme, comme j'aurais précipité sa chute quand même j'aurais dû être entraîné avec lui !

Pendant la bataille de Forbach
2me trahison de Bazaine

Deux jours après la prise de Forbach, la 1re division du 3me corps (général Montaudon) campait à Sarreguemines. Je me trouvais ainsi sous les ordres du gendre du général Dejean ! quel singulier hasard, si c'est un hasard. Le 4, à 10 heures du matin, j'étais sous ma tente quand j'entendis un coup de canon. Je sortis vivement pour mieux écouter, et je dis au capitaine qui commandait la compagnie : — C'est le retour offensif des Prussiens ; c'est le canon du général Frossard. Nous allons recevoir l'ordre de partir ; préparez vos hommes, attelez vos prolonges. Nous étions prêts à partir vers dix heures et demie. Mais l'ordre ne vint qu'à 4 heures du soir !!... Le général Montaudon, pressé par ses brigadiers Clinchant et Aymard, leur répondit : « Je ne veux pas faire écharper ma division pour ce bougre-là. »

Ce bougre-là, c'était le général Frossard que les autres généraux ne pouvaient pas souffrir parce qu'il était précepteur du Prince Impérial, et que sa victoire de Forbach le mettait au premier rang pour être nommé Maréchal.

Dans cette même journée, le général Metmann fit faire quelques oscillations à sa division, et revenant à son campement, dit en se frottant les mains : « Il y aura un bâton de maréchal perdu ce soir sur la route de Forbach !... »

Le troisième divisionnaire de Bazaine, le général

Castagny, dit encore mieux : « Frossard est dans la m…., qu'il y reste.

Je n'ai pas entendu de mes oreilles ces trois propos, mais cela se disait couramment entre officiers.

Cela fait bien voir du reste quelles étaient les patriotiques préoccupations de ces trois ambitieux qui, pour se réserver l'éventualité d'un bâton de maréchal, laissaient *exprès* battre et décimer un corps d'armée.

Du reste c'était probablement convenu d'avance avec Bazaine, car je tiens du *général Frossard lui-même*, que « depuis 9 heures un quart du matin il « avait demandé à Bazaine du secours, en télégra- « phiant de quart d'heure en quart d'heure, et que « Bazaine ne répondait pas ! »

Quand il daigna répondre, il était beaucoup trop tard. La division Montandon se mit en route à 4 heu- res du soir ! Entendez-vous, 4 heures du soir au lieu de 10 heures et demie du matin. Elle arriva sur les hauteurs de Grossblidenstroff vers 9 heures. La nuit était venue ; on voyait sur les nuages la lueur des derniers coups de canon. Le deuxième corps était en pleine retraite, je devrais dire en pleine déroute !

Montandon, Metmann, et Castagny ont trahi (peut-être par ordre de Bazaine en cette circonstance) ; mais ils auraient dû marcher au canon comme Mac-Mahon à Magenta. Ceci est la deuxième trahison de Bazaine. La division Montandon campa en carré. On mangea un morceau de pain. Il faisait un froid très vif ; je partageai mon manteau avec le lieutenant Piquet qui avait laissé le sien aux bagages. Il me disait le len- demain : Mon commandant, vous m'avez sauvé la vie.

Le lendemain, avant jour, nous filàmes avec rapidité, le général craignant d'être attaqué. Nous fûmes coupés plusieurs fois par le deuxième corps dont toutes les armes étaient mélangées dans un grand désordre.

Les jours suivants se passèrent à reconstituer le deuxième corps et à revenir sous Metz.

Je ne cherche qu'à rappeler les faits saillants auxquels j'ai pu assister, ou sur lesquels j'ai eu des renseignements presque immédiats.

A Grigy

Le troisième corps fut établi à Grigy sur la route de Strasbourg. Le deuxième à sa droite, le quatrième à sa gauche. Or, au lieu de se dépêcher de passer la Moselle, Bazaine resta plusieurs jours à attendre, sans que, ni moi, ni bien d'autres ayions pu comprendre pourquoi. Il est probable, et sa conduite ultérieure l'a prouvé, que c'était pour donner aux Prussiens le temps de le tourner. Cependant, pressé probablement par l'Empereur et par ses collègues, il se décida à passer la Moselle, non sans avoir fait hacher à Grigy une batterie d'artillerie dont j'avais tracé l'avant-veille l'épaulement avec un général d'artillerie. La crête en était dirigée vers la droite au point occupé par le deuxième corps. Mais celui-ci ayant décampé *sans que nous soyions prévenus*, l'ennemi vint occuper la place du deuxième corps, enfila la batterie, et l'abîma. L'infanterie dut s'atteler aux pièces pour les sauver.

Avant ce douloureux événement, la compagnie du génie avait commencé son mouvement de retraite, quand, pendant la nuit, elle fut rappelée à Grigy et fut chargée de défendre l'entrée du village ; je l'avais placée dans les premières maisons. Le lieutenant Piquet se montrait aux fenêtres faisant face à l'ennemi ; — surveillez, tirez à bonne portée, mais ne vous montrez pas ainsi, lui dis-je. A peine avait-il masqué lui et ses hommes, qu'une décharge partie d'une crête voisine, entra par les fenêtres et cribla le mur opposé — « Mon commandant, vous m'avez sauvé la « vie une deuxième fois, me dit tranquillement le « lieutenant Piquet ». Il était brave et calme. C'était un mathématicien. Il est devenu plus tard répétiteur à l'École polytechnique et examinateur pour l'admission.

Le troisième corps battit en retraite pendant la nuit et nous traversâmes la Moselle le lendemain matin.

On m'a raconté qu'en ce moment le général Ladmirault qui l'avait déjà traversée avec une partie du quatrième corps, voyant une colonne prussienne à rangs serrés qui descendait la route de Bouzonville, revint sur ses pas avec une batterie de mitrailleuses qui fit un vrai carnage de cette colonne. On pouvait, disait-on, compter les compagnies dont les cadavres étaient encore alignés.

Le séjour inexplicable de Bazaine sur la rive droite constitue à mon sens sa troisième trahison.

A Gravelotte

Le 16 août on était sur le plateau de Gravelotte. Les Prussiens, secondés par l'inertie calculée de Bazaine, avaient eu le temps de nous tourner en partie. La bataille s'engagea terrible. Un de ses épisodes magnifiques, et il y en eut beaucoup, me fut raconté quelque temps après par le général de Grammont que j'avais connu à Melun lorsqu'il commandait les carabiniers de la garde. Il commandait à Gravelotte un régiment de cuirassiers. Adossé, en bataille, contre un bois qui le masquait, il attendait des ordres sabre en main. Tout à coup il aperçoit un régiment de cuirassiers prussiens qui, tournant le bois, en colonne serrée au trot, vient passer devant lui : il élève le sabre et crie : Chargez ! Les Prussiens pris en flanc furent mis dans un désordre affreux et abîmés. Le colonel de Grammont me disait que pareil hasard ne s'était jamais présenté dans les rencontres de cavalerie.

Mon cousin, le général Jolivet, qui faisait partie du 2ᵉ corps, eut son cheval tué sous lui. La compagnie fut préposée à la garde d'un parc d'artillerie qui ne fut point attaqué.

Victoire manquée exprès

A la fin de cette héroïque journée nous étions vainqueurs. L'ennemi refoulé s'était retiré du côté de

Gorze. Il était entassé dans les chemins encaissés de cette rive gauche si accidentée de la Moselle.

Alors le général Ladmirault envoya l'un après l'autre *cinq* aides de camp à Bazaine en lui faisant demander une division de soutien : « Si j'avais ma « division Lorencey, disait-il, je ne demanderais « rien, mais elle s'est égarée ; les Prussiens sont en « pleine déroute ; il n'y a qu'à marcher dessus pour « les jeter dans la Moselle en brisant leurs ponts « depuis les hauteurs. »

Bazaine ne répondit pas !!

Comme le général Changarnier se promenait en amateur sur le champ de bataille, le général Ladmirault alla à lui ; le supplia de dire à Bazaine que la victoire était certaine ; qu'il ne lui fallait qu'une division de soutien ; Bazaine ne répondit pas davantage. Au contraire, il donna l'ordre de se retirer. Mais le général Ladmirault voulut coucher sur le champ de bataille ! Le lendemain matin il rassembla ses généraux et leur dit : « M. le Maréchal donne l'ordre de « la retraite ; quoi qu'il m'en coûte, il faut obéir, nous « nous retirons lentement en échelons, comme au « champ de manœuvres. »

C'était la 4e trahison de Bazaine ; elle était éclatante. Comment le général Ladmirault a-t-il pu oublier cela, et aller à la première séance du conseil de guerre, serrer la main à Bazaine assis sur le banc des accusés.

Du 16 au 18 août

Le 17 août la journée fut employée par les Prussiens à se reformer. Puis ils cherchèrent à nous déborder sur la gauche. La nuit fut calme : seulement, vers 11 heures du soir, je crois, une sentinelle ayant crié : Aux armes ! un grand nombre de sentinelles répétèrent ce cri. Je fus debout aussitôt, car je couchais toujours habillé sur mon lit de cantines, contrairement à l'habitude de beaucoup d'officiers qui se mettaient dans leurs draps ! Et comme nous campions à la lisière d'un bois, j'allai avec quelques hommes faire une reconnaissance nocturne dans ce bois touffu et sombre. Je marchais en tête : nous nous avancions sans bruit, à la file indienne.

La sentinelle avait donné une fausse alerte.

Le lendemain, c'était le 18 août.

Saint-Privat

Vers 7 heures du matin je reçus du général Vialla, commandant en chef le génie du 3ᵉ corps, l'ordre d'aller prévenir le général Ladmirault que nous serions attaqués avant peu ; qu'on avait aperçu des avant-gardes prussiennes recommençant la marche enveloppante du 16. J'allai vivement au campement du 4ᵉ corps et je parlai au général Prudon, commandant du génie de ce corps, qui fit appeler le général Osmont, chef d'État-Major. Je répétai à ce général l'objet de ma mission. Il ne me regarda même pas, mais il dit au général Prudon, avec une assurance et un flegme bizarres : « Demain c'est possible, mais pas aujourd'hui ! » Et il rentra dans son cabinet sans ajouter un mot.

Épaulement pour l'artillerie

L'ordre du général Vialla portait que je devais m'entendre avec le général Prudon pour construire un épaulement de batterie entre le 3⁰ et 4⁰ corps. Nous échangeâmes quelques mots à ce sujet et je retournai à la ferme de l'Envie où la compagnie s'était installée depuis le matin. Rapidement on prit les outils, et je traçai un épaulement avec deux tranchées-abris de soutien pour l'infanterie. On découvrait parfaitement le terrain nu et en pente douce qui, depuis ce point, s'étendait jusqu'au village de Vernéville sur environ 2 kilomètres.

Le génie et l'infanterie se mirent à l'ouvrage : il faisait chaud et on piochait ferme. L'épaulement était presque à hauteur mais à demi-épaisseur ; midi approchait ; j'avais ôté ma tunique.

Tout à coup, en regardant du côté de Vernéville, j'aperçus une ligne noire ; l'artillerie prussienne se développait en avant du village.

A midi précis une pièce tira : sur moi sans doute qui, debout sur l'épaulement, en bras de chemise, faisais point de mire. Le boulet alla éclater assez loin derrière nous. Immédiatement arriva le général Montandon qui cria : « l'artillerie !... »

Une batterie de mitrailleuses arriva au galop, et

s'installa derrière l'épaulement inachevé ; et la bataille commença. Ce n'était pas des mitrailleuses qu'il fallait là, mais notre artillerie de campagne était si inférieure à celle de l'ennemi que les mitrailleuses à cette distance la remplaçaient presque avantageusement.

Nous quittâmes l'épaulement ; l'infanterie se logea dans les tranchées-abris, et nous allâmes retrancher la ferme de l'Envie qui, avec la batterie, devint un trait d'union entre le 3ᵉ et le 4ᵉ corps.

Beaucoup de tentes du 4ᵉ corps furent brûlées sous les yeux du général Osmont qui dut se repentir de son dédain superbe pour l'avis que j'étais venu lui apporter le matin.

On sait ce que fut cette néfaste journée. Le 2ᵉ, le 3ᵉ et le 4ᵉ corps ne purent être entamés ; mais le corps de Canrobert, incomplet dans sa formation, fut écrasé. Cependant il lutta énergiquement contre des forces supérieures toute la journée ; si bien, que le soir, vers dix heures, les officiers de la compagnie et moi allions dîner, comme on dîne ces jours-là, lorsque le général Montaudon entra avec son aide de camp, et nous dit : Messieurs, voulez-vous nous permettre de partager votre souper. Nous fîmes place au général qui s'assit et ajouta : « Messieurs, je viens de la « droite. Je croyais que c'était une défaite, mais je « peux vous dire que c'est une victoire ! » — En effet, nous avions entendu dans le lointain crier : Vive l'Empereur !

Et nous levâmes nos verres pleins d'un affreux vin bleu donné par le fermier « à la victoire de Saint-Privat ! » — Hélas non, c'était bien une défaite, car

Bazaine avec 22.000 hommes de la garde, qu'il avait en réserve à Plappeville, les conserva précieusement sous sa main et ne les envoya pas au secours de Canrobert !... S'il les eût lancés à temps, le corps de Steinmetz eût été repoussé ; les 2ᵉ, 3ᵉ et 4ᵉ corps auraient repris l'offensive et les Prussiens auraient été coupés de leur ligne de retraite. C'eût été une éclatante victoire. Mais Bazaine *ne le voulait pas*. Au lieu d'aller à Saint-Privat où était le danger, il alla se promener du côté du 2ᵉ corps, regarda au loin avec sa lorgnette, puis se retira. Et de même que Gravelotte avait été la quatrième, Saint-Privat fut la cinquième trahison de Bazaine ! Il laissa écraser Canrobert comme il avait laissé écraser Frossard !...

Cette nuit, nous la passâmes tranquillement en compagnie du général Montaudon sur la paille d'un grenier, car le général nous avait dit : Messieurs, c'est une victoire... Mais cela ne doit pas surprendre de la part de cet officier général qui, de même que le maréchal Randon, était très peu intelligent. Ses deux brigadiers, Clinchant et Aymard, se moquaient de lui sans cesse, et le traitaient très lestement. Gendre du général Dejean, il était arrivé très jeune aux plus hauts grades. C'était un des nombreux et déplorables produits du favoritisme impérial.

Retour sur Metz

Le lendemain avant jour j'étais debout.

La compagnie du génie marchait en tête de la division. Je me portai un peu en avant avec les prolonges, dans la direction de Verdun, en attendant que la compagnie fût prête, et que l'ordre de marche fût donné.

Tout-à-coup, je vis arriver sur moi à fond de train le colonel Follope, chef d'Etat-Major de la division. Il me crie : « Où allez-vous ? ». — Sur la route de Verdun prendre la tête de la colonne. — « Ce n'est « pas ça.... faites demi-tour, et vivement ; prenez ce « chemin ; rejoignez l'artillerie, et au trot !.... ». Stupéfait, je cours au capitaine de la compagnie et lui dis : Suivez-moi vite ; c'est l'ordre du chef d'Etat-Major ; et je pars au trot avec les prolonges. J'arrive bientôt sur les derrières d'un régiment qui occupait tout le chemin, et marchait tranquillement. Le général Clinchant, à cheval derrière le régiment, fumait paisiblement un cigare dont il envoyait les bouffées au soleil levant. Je m'approche de lui : Eh bien, mon général, lui dis-je, nous voilà dans une belle situation !.... — Quelle situation ? — Ne voyez-vous pas que nous retournons à Metz. — A Metz ? dit le général, en arrêtant brusquement son cheval. — Mais certainement, c'est le chemin de Châtel, et nous marchons vers Metz. — Mais alors.... les Prussiens sont là ? Et il me montrait les côtes boisées qui dominaient à droite le chemin fort encaissé. — Nom de D..... s'écria-t-il en jetant au loin son cigare ; et nous ne sommes pas flanqués !.... Et, poussant son cheval au galop, au risque de renverser des hommes sur cette route étroite, il alla donner l'ordre à ses chasseurs à pied d'aller border les crêtes d'où l'ennemi aurait pu nous faire beaucoup de mal.

Mais les Prussiens ne songeaient pas à nous atta-

quer ; ils avaient réussi à nous faire rétrograder sur
Metz où ils voulaient nous envelopper et nous prendre
d'un seul coup.

Bazaine appliquait savamment à l'armée de Metz
la prescription qu'il avait faite au colonel Turnier à
Thionville. — « Ne bougez pas, restez tranquille ».

Sous Metz

Quelques jours après nous étions sous les murs de
Metz comme un troupeau cerné par des loups. Le troisième corps était massé derrière Queuleu. Notre place
était à Plantières, tout près d'un vaste atelier d'équa-
rissage dont la puanteur était écœurante. Nous allions
désormais assister aux feintes sorties de Bazaine,
dont il essayait d'émailler et de colorer son inaction
pour donner le change d'abord à ses généraux dont
plusieurs étaient déjà exaspérés ; puis à l'irritation
sourde de l'armée et, plus tard, à l'opinion publique
et à l'histoire !

Mais les sorties ne commencèrent pas de suite. On
avait des postes avancés pour éloigner l'ennemi. Ainsi
il y avait au bois de Borny de l'infanterie qui échan-
geait des coups de fusil avec les Prussiens logés
dans un bois situé à peu de distance.

Un jour, j'étais allé à Metz chercher des médicaments. En revenant au camp la nuit était venue ; je
ne trouve pas la compagnie. On me dit qu'elle est
partie pour faire des tranchées dans le bois de Borny.
— Et pourquoi faire, grand Dieu ? — Le général Montaudon avait eu *une inspiration !* Il voulait mettre les

hommes à l'abri par une tranchée faite à l'intérieur du bois près de la lisière !

Je vais au quartier général de la division. Le général jouait aux cartes, après dîner, avec son officier d'ordonnance. — Je le prie de me donner quelques explications sur ce qu'il veut faire exécuter par la compagnie du génie. — Alors je lui fais remarquer que la nuit, dans un bois, on ne peut faire une tranchée à cause des racines entrelacées qu'on ne peut couper à la pioche ; je lui fais observer que les pioches feront grand bruit, que le travail sera long avant que les hommes soient couverts ; que le feu de l'ennemi sera attiré par le bruit, et qu'on perdra beaucoup d'hommes sans résultat. — Vous croyez, dit tranquillement le général ? — J'en suis certain, mon général. — Eh bien, faites rentrer la compagnie.

Je partis au galop pour le bois. Je trouvai les officiers fort embarrassés. Je leur dis ce que j'avais objecté au général et leur transmis l'ordre de rentrer au camp. Tout le monde fut soulagé d'un grand poids ; mais que penser d'un ordre ainsi donné sans réflexion, et révoqué aussi lestement qu'il avait été donné.

Quelques jours après nous fîmes une petite sortie du côté de Colombey ; il ne s'y passa rien d'important. Nous y apprîmes toutefois combien il est difficile de ne pas baisser la tête involontairement quand les obus et la mitraille passent dans les branches.

Sortie et combat de Noisseville

Le 29 septembre, vers 11 heures du soir, je reçus l'ordre de tenir la compagnie prête à partir le lendemain à 3 heures du matin. Enfin pensai-je, voilà peut-être *la sortie !*

Mais l'ordre ajoutait : « Les prolonges seront lais-« sées au camp ». — Était-ce pour alléger la marche, ou bien n'était-ce encore qu'un simulacre de sortie ? Le troisième corps fut dirigé vers Noisseville et Servigny en passant devant les glacis de Saint-Julien.

Depuis le départ ou plutôt la fuite de l'Empereur après Gravelotte, le commandement en chef était échu à Bazaine, et le maréchal Leboeuf avait alors le commandement du 3ᵉ corps.

Pendant toute la matinée, jusqu'à 11 heures ou midi, nous restâmes arrêtés, debout ou couchés par terre devant Saint-Julien. On fit alors quelques centaines de mètres en avant. Nous reçûmes l'ordre de faire une chaussée en terre à travers le petit ruisseau de Saint-Julien à cause du mauvais état d'un petit pont, et pour faciliter, s'il en était besoin, le retour en retraite de notre artillerie. A peine finissions-nous ce travail, qu'un boulet prussien vint s'enfoncer dans le remblai, en passant si près d'un caporal d'infanterie que celui-ci tomba à genoux, et fut quelque temps avant de pouvoir se relever.

On avança encore, puis on s'arrêta. Enfin, vers 4 heures, quelques colonels, dit-on, exaspérés de ces lenteurs, marchèrent contre ce qui était devant eux, sans avoir reçu d'ordre. C'est ainsi que Noisseville fut emporté et Servigny aussi, non sans pertes, car on se servit peu du canon ; on enfonça les portes à la hache en recevant le feu des créneaux faits par l'ennemi dans les murs. Nos généraux sont parfois trop braves ; ils n'économisent pas assez la vie des hommes, et s'économisent eux-mêmes encore moins. Mais pourquoi cet incroyable retard ? Partir à 3 heures du matin pour attaquer à 4 heures du soir quand il n'y a que quelques kilomètres à franchir ?

Pourquoi ? — Pour laisser aux Prussiens le temps de reconnaître la direction de la sortie et de se masser derrière le point menacé !

Ceci constitue le sixième acte de la trahison de Bazaine ou si on veut sa sixième trahison.

La compagnie fut occupée toute la nuit à couper la route de Sarrelouis par une traverse ou plutôt une barricade destinée à empêcher le retour offensif de l'ennemi. Vers le matin, ma besogne finie, j'allai me jeter sur un de ces tas de pierres cassées que les ponts et chaussées placent le long des routes. Là, j'avais l'avantage d'être au sec, car la terre était mouillée par la rosée. Je commençais à dormir, lorsque le général Clinchant me fit appeler. Il avait pris le commandement de la division, le général Montaudon ayant été légèrement blessé la veille.

— Commandant, me dit-il, vous allez prendre la compagnie du génie et vous porter au village de Noisseville pour le défendre ; nous serons probablement attaqués ce matin. — Je donnai l'ordre au capitaine de la compagnie de me suivre avec ses hommes le plus tôt possible, et je partis seul à cheval pour reconnaître ce village que je ne connaissais pas, et voir ce qu'on pouvait faire pour sa défense en si peu de temps.

Je m'avançais à travers le village dans un étroit sentier compris entre un mur et une haie. Tout à coup j'aperçus un sergent prussien qui marchait à quatre pattes et cherchait à traverser la haie. Je le pris pour un blessé de la veille. — Vous êtes blessé? lui dis-je. Point de réponse. Il ne paraissait pas armé, mais il avait probablement glissé son fusil dans la haie. — Si je passe, pensai-je, mon cheval aura peur, se traversera, et marchera sur ce malheureux; je vais passer ailleurs. Je tournai bride et partis rapidement pour prendre une autre rue. Bien m'en prit, car c'était une reconnaissance ou une embuscade. Je faillis être pris ou tué, car à peine avais-je tourné le coin du mur que la fusillade commença.

Il n'y avait plus lieu de songer à un travail quelconque de défense, il fallait se battre et de près.

Défense de l'église

Je trouvai la compagnie réunie près de l'église où je lui avais donné rendez-vous. Je dis au capitaine : Prenez la moitié des hommes, empêchez qu'on me tourne; je garde l'autre moitié, et avec la compagnie du 95ᵉ qui occupe déjà l'église et le cimetière, je me charge de tenir ici tant qu'on ne me donnera pas l'ordre formel de battre en retraite.

Pendant ce temps, les Prussiens envahissaient le village; mais auparavant ils avaient suivi leur tactique ordinaire, et nous avaient criblés d'obus venant de deux côtés différents. L'église avait été bientôt découverte ; les tuiles tombaient à l'intérieur. Le lustre fut brisé et s'écrasa avec fracas sur les dalles. Pendant une accalmie, je causais avec le capitaine en 2ᵉ de la compagnie, nommé Appfel. Il était sur la porte de l'église, en dedans et moi dehors. Une balle partie du toit d'une maison passa entre nos deux visages, et enleva à une pierre de taille de la porte un éclat qui frappa le capitaine à l'œil assez gravement. Je pris un fusil, et tirai dans le trou laissé par la tuile déplacée ; mais sans doute le tireur n'y était plus.

Mes hommes bordaient le mur du cimetière et celui d'un jardin voisin. Les Prussiens étaient massés dans une rue basse à 40 mètres environ. Ils ne voyaient que le képi des sapeurs, et ceux-ci ne voyaient guère que les pointes des casques. Les coups étaient de part et d'autre tirés trop haut.

Le cimetière était fouillé comme l'église par les obus. Les pierres tombales étaient bouleversées. Un obus traversa le mur du jardin : l'homme placé en ce point fut soulevé par l'explosion et jeté à trois mètres en arrière. Je courus à lui, il avait une jambe coupée, il ne respirait plus, la poitrine était enfoncée, ses habits brûlaient. Il était mort.

Comme on voyait à peine les Prussiens, je fis monter dans l'escalier tournant de l'église le meilleur tireur du 95ᵐᵉ. Il plongeait sur les rues du village et a dû faire du mal à l'ennemi.

Mais tout à coup l'artillerie prussienne dirigea son feu sur les créneaux de l'escalier. Un obus y entra et éclata dans l'intérieur ; le tireur affolé mais non touché, descendit aveuglé par les débris de maçonnerie, couvert de poussière, et très ému, car il avait vu la mort de bien près.

Pendant ce temps, l'autre moitié de la compagnie occupait les rues par lesquelles on aurait pu me tourner. Le lieutenant Piquet eut l'adresse de bien tirer sur deux Prussiens qui tombèrent tous deux.

Jusqu'à 11 heures ce système continua, avec alternatives d'artillerie et d'infanterie. Mais celle-ci n'osa pas nous attaquer à la baïonnette. C'est ainsi cependant que nous les avions délogés la veille. Les Allemands dépensaient plus de boulets que nous, mais moins d'hommes.

Vers 11 heures, un aide de camp vint me donner l'ordre de me retirer. Il y avait cinq heures que nous étions engagés. Je ralliai la compagnie et, en obliquant à travers champs, je rejoignis la route de Saint-Julien suivi par les obus de l'ennemi qui ne nous atteignirent point.

Le maréchal Lebœuf

Je marchais derrière la compagnie car je voulais être le dernier à me retirer, lorsque j'aperçus sur la route, à ma gauche, le maréchal Lebœuf et son État-Major.

J'avisai un jeune officier d'ordonnance et lui dis que je voulais prévenir le maréchal que Servigny était évacué par nos troupes. — Ah ! me répondit cet officier : « Le maréchal est déjà bien malheureux de ce que sa droite n'est pas venue (probablement le

2ᵉ corps), il va être désolé si vous lui dites que sa gauche n'y est plus ! » La naïveté de ce jeune homme me fit peine ; nous n'étions pas là pour faire de la sensibilité.

J'allai alors me placer devant le maréchal, campé sur son cheval comme Henri IV sur le Pont-Neuf, s'inquiétant fort peu des boulets qui passaient sur sa tête et faisaient rage dans les branches des arbres bordant la route. Cela ne me surprit pas, il avait été à Sébastopol d'une bravoure héroïque. On disait que, navré d'avoir parlé avant la guerre si légèrement de la situation de l'armée, il voulait se faire tuer.

Mon képi à la main, je lui dis : Monsieur le Maréchal, je viens de l'église de Noisseville parce que vous m'avez fait donner l'ordre de me retirer.

De là-bas je voyais plus loin que vous ne voyez d'ici ; je crois donc devoir vous prévenir que depuis longtemps déjà nos troupes ont évacué Serviguy, et que, par conséquent, nous sommes ici en pointe et susceptibles d'être tournés !

Le maréchal, que je n'avais vu qu'une fois à Perpignan pendant une inspection, me reconnut cependant, et me dit avec un air solennel et en ôtant majestueusement son chapeau à plumes : « Commandant Marchand, je vous remercie... »

Puis il reprit son immobilité de statue, ce qui ne devait pas amuser beaucoup son État-Major.

Un officier, appartenant à je ne sais quel État-Major, tenant un carnet à la main, vint me demander si je ne voulais pas être mis, avec la compagnie, à l'ordre de l'armée. Je lui répondis que nous avions fait notre devoir, mais que nous n'avions rien fait

d'assez remarquable pour mériter une citation à l'ordre
du jour.

Cette modestie, j'avais le droit et peut-être le devoir
de le manifester pour moi-même, mais peut-être cela
n'a-t-il fait du tort à quelques-uns des officiers de cette
compagnie.

Quelques instants après, le général Clinchant
passa près de moi : il me dit : « Il paraît que votre
« compagnie s'est bien conduite... »

Nous avons fait, mon général, ce que nous avons
pu. — C'est bien !

Le soir nous rentrâmes sous nos tentes à Plantières.

Il y eut pas mal d'hommes tués dans cette sortie.

Dans quel but était-elle faite ? A quoi devait-elle
servir ? A sauvegarder la réputation de Bazaine ?

Absence de sens moral

Oui, il y avait absence totale de sens moral chez
le général en chef ; mais l'Empire et son favoritisme
avaient abaissé ce sentiment dans la nation et chez
beaucoup d'officiers de l'armée. Il s'est heureusement
un peu relevé depuis cette époque.

Mais je dois citer ici un fait qui surprendra tout
le monde par sa naïveté cynique.

Pendant que je parcourais Noisseville, le matin,
au moment où commença l'occupation de l'église, les
balles et les obus pleuvaient déjà assez vivement. Or,
en passant sur une place du village, je vis un officier, un capitaine, je crois, se promenant tranquil-

lement sur la place avec son sabre sous le bras. Je le pris pour un fou. — Que faites-vous là, capitaine, lui criai-je? — Je sais ce que je fais, me répondit-il. — Je crus avoir affaire à un de ces exaltés que les événements avaient mis hors du bon sens.

Je n'avais pas de temps à perdre, je passai.

Le soir avant de rentrer au camp, j'aperçus ce même officier. Il me montra de loin son bras gauche avec l'index de sa main droite, et me cria en souriant : — Vous voyez, j'ai mon affaire.

Je compris, c'était un de ces hommes à ambition effrénée dont l'Empire avait, non créé, mais développé l'espèce, et qui voulant, ou un grade ou la croix, tenait absolument à être blessé. Il risquait sa vie sans utilité pour forcer l'avancement. Or, quand le sens moral est ainsi oblitéré, on peut supposer plus encore ; c'est que cet officier dans son accès d'ambitieuse folie s'est peut-être blessé lui-même ! .

La sortie de Ladonchamp dont notre division ne fit point partie fut encore plus sanglante et non moins inutile que celle de Noisseville. Bazaine *ne voulait pas sortir*. Il savait bien qu'il l'aurait pu. Il savait que les vivres manqueraient bientôt, et que la capitulation deviendrait la fin terrible, honteuse, forcée. Il *l'a voulue*. Peut-être a-t-il été trompé. Peut-être pensait-il que cela tournerait autrement ; on dit qu'il a trouvé plus fin que lui, cela ne l'excuse pas.

Le général Coffinières, gouverneur de Metz, a eu aussi une déplorable attitude. Lui aussi était un homme très intelligent, très fin, très rusé,

Dans les grands cataclysmes il n'y a de grands que les hommes d'allure droite et franche. Masséna à Gênes, Barbanègre à Huningue, Daumesnil à Vincennes, Denfert à Belfort. Ils ont l'admiration de la postérité.

Napoléon III, lui aussi, était fin et rusé. Il n'a réussi qu'à tomber dans l'abîme, en y entraînant la France.

Coffinières disait à la brave Garde nationale de Metz : « Mes amis, on ne nous prendra pas ; je vous ferai manger plutôt les tiges de vos bottes ! »

C'était une gasconnade, un charlatanisme digne des tréteaux de la foire. Il s'abaissa au point de n'être que la doublure de Bazaine. J'ai honte de dire qu'il sortait du génie. Il avait négligé de faire apporter à Metz tout ce que contenaient les villages environnants ; mesure préalable prescrite par les règlements concernant la défense des places fortes.

Bientôt il n'y eut plus de pain. Un jour j'allai voir le général Jolivet qui était campé au Sablon avec le deuxième corps. Il me montra un morceau de pain gros comme les deux poings en me disant : Je ne vous invite pas à déjeuner ; c'est là tout ce que nous avons, mon aide de camp et moi.

Peu à peu les chevaux mouraient. On les envoyait à la boucherie. Quand ils tombaient de froid ou d'inanition les hommes se précipitaient dessus, et à peine morts, peut-être vivants encore, ils les déchiquetaient avec leurs couteaux de poche !

Espoir trompé

On attendait avec impatience une armée de secours !
On disait que Mac-Mahon arrivait pour nous débloquer ; qu'on avait entendu son canon du haut du
Saint-Quentin. Plus qu'un autre je devais le croire.
Dans le mémoire que je lui avais remis en 1868
n'avais-je pas prévu la situation actuelle ? N'avais-je
pas dit explicitement qu'il fallait se servir de l'Argonne comme d'un rideau, puis déboucher par les
Islettes et par Villiers après avoir attiré par une feinte
l'ennemi sur Sedan, pour débloquer alors Verdun en
passant, et se joindre à l'armée de Metz délivrée !

Mais le mémoire *avait été volé*, et le Maréchal
l'eût-il lu, aurait-il pu ou voulu faire ce mouvement ?

La fin

La situation s'aggravait chaque jour. Le terrain de
nos campements était de la boue. Il faisait froid.
Les hommes prenaient, la nuit, les couvertures des
chevaux pour s'en envelopper ; ceux-ci affamés, tombaient de froid le matin et ne se relevaient plus.
J'avais mis une sentinelle près des chevaux de la
compagnie. Lorsqu'une couverture tombait, la sentinelle appelait le garde d'écurie. Chaque nuit je me
relevais trois fois pour voir si la sentinelle faisait
bien son métier. Je laissais souvent mes sabots dans
la boue argileuse ; mais mes chevaux vivaient !...

Quelques jours avant la capitulation, M. Génin,

inspecteur des forêts, dont je connaissais la famille, vint me voir à mon camp de Plantières.

Qu'est-ce que c'est que ces chevaux-là, me dit-il d'un air stupéfait ? — Ce sont les chevaux de la compagnie du génie et les miens. — Mais je viens de parcourir le camp, et il n'y a plus un cheval debout ! — C'est vrai, dis-je un peu fièrement, il n'y a plus que les miens. — Et comment avez-vous fait, bon Dieu ? — Tous les jours, j'ai envoyé au bois de Borny des corvées pour faire des fagots de peupliers et d'ormes, mes chevaux ne mangent que cela, et vous voyez qu'ils peuvent encore traîner leurs voitures et porter leurs cavaliers. — C'est étonnant !

Un jour, je reçus l'ordre de les envoyer à l'abattoir. J'écrivis au général Montaudon en lui disant que de toute l'armée j'étais le seul officier ayant conservé jusqu'au bout ses chevaux capables de *faire la sortie.*

On me laissa mes chevaux ; *on n'osa pas* les envoyer à la boucherie.

La capitulation

La capitulation arriva. J'étais chez le colonel Follope, chef d'État-Major de la division, quand il m'apprit qu'elle était signée. Un sanglot me monta à la gorge ; je me retournai vers l'embrasure d'une fenêtre, et je pleurai sans pouvoir m'en empêcher.

En écrivant ces mots les larmes me reviennent encore et obscurcissent ce que j'écris.

Oh ! ces vieux souvenirs ! Ils sont encore bien vivaces. Je croyais mon cœur plus raccorni que cela.

Entre autres détails, la capitulation portait que tous les chevaux devaient être conduits à une certaine heure sur les glacis de Bellecroix, et reçus par un officier prussien. J'envoyai les miens à l'heure prescrite. Le brigadier revint me dire qu'il n'avait pas trouvé d'officier prussien. En effet, cet officier ne devait pas s'attendre à trouver un seul cheval. Je donnai l'ordre au brigadier de conduire nos 19 chevaux au bois de Borny, après leur avoir ôté tous leurs harnais et même leurs bridons, et de les chasser dans le bois.

Ils auront été pris par des cultivateurs français. Tant mieux.

Plus tard l'intendance m'a fait payer ceux que la remonte m'avait livrés, trois mois avant, au début de la campagne. J'ai trouvé cela un peu dur, car enfin il y avait cas de force majeure. Je me consolai en pensant que c'était la France qui bénéficierait de ces quelques centaines de francs, elle qui avait tant à payer alors. J'aurais voulu voir ce sentiment bien naturel surgir au cœur de la famille d'Orléans; mais celle-ci s'en garda bien; elle réclama 40 millions que la République lui rendit. Ils avaient été séquestrés par le gouvernement Impérial.

La France est honnête et généreuse. Les princes, paraît-il, n'ont pas le désintéressement en partage.

J'avais déjà quelque peu payé de ma personne, je payai de ma bourse. Plus tard, je payai encore autrement. Depuis le mois d'août, pendant la campagne, puis pendant la captivité d'Allemagne, une foule de camarades moins anciens que moi furent nommés lieutenants-colonels.

Ainsi se continuait cette lutte exercée contre les absents par cette camarilla d'officiers qui entourent les généraux du Comité et les directeurs du génie comme un essaim, et cherchent par tous les moyens à écarter *les camarades*. On ne voudrait pas faire tort de cinquante centimes au *prochain*, mais le sens moral est ainsi flexible chez certains, que les uns prennent la femme de ce prochain sans la moindre vergogne, d'autres lui *volent* son avancement, brisent sa carrière et son avenir, la récompense de ses services passés, puis le regardent du haut de leur grade, en disant : « Ce pauvre un tel ! »

Après

C'en était fait. Bazaine était arrivé à ce résultat de faire prendre comme dans une souricière une admirable armée. Il fallut la désarmer, la séparer de ses officiers ; elle devait rendre ses drapeaux, mais beaucoup furent brûlés ; elle dut partir pour l'Allemagne dans la boue, dans la neige, à coups de crosse. Ce qu'il y eut de douleurs violentes ou contenues dans cette armée est inimaginable.

Mais ce ne fut que plus tard que nous comprîmes la grandeur du désastre : les soldats, non plus que nous, officiers de situation inférieure, ne savaient rien. Cependant, j'ai entendu un jour un groupe d'artilleurs qui disaient : « Il faut *le* pendre. »

Il y eut d'abord de la stupeur, puis de la révolte. La garde nationale de Metz protesta ; des officiers montèrent sur les bornes de la cathédrale, de l'hôtel de ville pour haranguer la foule, soldats et citoyens. On sonna le tocsin ; les sons de l'énorme *Mutte* remuèrent les cœurs Lorrains dans la ville et dans la campagne.

Bazaine eut peur ; seuls les grenadiers de la garde, commandés par le général de Ligny, n'avaient pas encore rendu leurs armes. Bazaine ordonna au général de Ligny de *rétablir l'ordre* dans la ville. *On dit* que le général répondit par un billet au crayon : « Assez de lâchetés comme ça ; sinon je vous fais « enlever par mes grenadiers ! »

Quand la compagnie du génie dut partir, je montai dans un grand local où, depuis quelques jours, j'avais pu la mettre à l'abri des intempéries ; je voulais dire adieu à ces braves gens ; j'appelai le plus vieux sergent : il comprit pourquoi ; il vint à moi et se jeta dans mes bras. Nous pleurions tous deux. Je me sauvai pendant que les hommes qui nous entouraient me touchaient les mains et criaient : Vive le commandant Marchand !...

Je n'ai jamais, je crois, éprouvé d'émotion plus profonde.

En attendant le départ pour l'Allemagne, fixé pour les officiers au 1er novembre, je logeai chez le docteur Defer, qui avait été autrefois mon médecin, avec lequel j'étais en sympathie d'opinions phalanstériennes, et qui m'avait offert l'hospitalité.

Le 31 octobre je déjeunais avec lui en famille, lorsque tout à coup entra un de ses parents qui venait voir sa femme dont il était séparé depuis le commencement du siège. Il avait dû rester dans un village peu éloigné de Metz où ses affaires le retenaient. Après les premiers épanchements il nous dit : « J'avais chez moi dix-neuf officiers prussiens. Ils « étaient très gais au commencement. Ils mangeaient, « mangeaient, et buvaient encore plus. Ah, ils m'ont « coûté cher ! Mais quand ils ont vu commencer « les sorties ils sont devenus furieux. J'en ai vu un « jeter de rage son képi par terre et le fouler aux « pieds et disant : « Ce cochon de Bazaine *il nous* « *avait promis de ne pas bouger*, et voilà qu'il nous « fait des misères ! »

« On ne peut pas dire que je n'ai pas bien entendu « ajouta-t-il, car vous savez que je parle très bien « l'allemand. »

Que vont objecter à cela le maréchal de Mac-Mahon et le général de Lamirault et bien d'autres gens qui ont attribué la conduite de Bazaine à toute autre cause qu'à la trahison ?

Et n'est-ce pas un autre fait bien connu qu'au café du Heaume, un officier prussien a dit à haute voix : « Nous avons pris Strasbourg, nous avons pris « Toul, mais nous avons acheté Metz ! »

Le général de Rivières était rapporteur du Conseil de guerre devant lequel Bazaine a été traduit ; je lui ai signalé ces deux faits et plusieurs autres, il ne m'a pas répondu.

Départ pour l'Allemagne

Le lendemain du jour où j'avais appris sur Bazaine ces deux témoignages accablants, c'est-à-dire le 1er novembre, jour de la Toussaint, je me rendis à la gare avec tous les officiers qui devaient être internés en Allemagne. Tous étaient tristes, quelques-uns exaltés. Le général de Ligny, qui autrefois en Algérie avait reçu une balle au front et avait conservé de cette blessure une sorte d'excitation cérébrale fréquente, passa près de moi en traversant la foule des officiers à qui il distribuait des coups de coude pour se faire place. Un commandant d'artillerie ayant été fortement bousculé par le général s'avança vivement vers lui ; le général se retourna, l'air menaçant, dominant le commandant de sa grande taille et lui dit : « Oui, tout de suite, si vous voulez ; je vais ôter mes épaulettes ! »

L'officier voyant qu'il y avait là presque de la folie, ne riposta pas et le général passa, continuant sa trouée dans la foule avec emportement.

Quelques heures après nous arrivâmes à Nancy où nous attendait une pénible amertume. Des voyous de la ville, ameutés et probablement payés par les Prussiens, nous injurièrent à la gare et jetèrent des pierres contre le train. Quelques-uns de nos camarades pleurèrent de dépit et de rage, car nous savions qu'à Metz il n'y avait eu qu'un traître et des milliers de héros.

On nous fit traverser Francfort. Le hasard me fit passer devant une école au moment de la sortie des élèves. J'étais en uniforme. Ils me firent une ovation; quelques petits m'escaladèrent pour m'embrasser; je n'y comprenais rien. Mais les enfants sont souvent le miroir des sentiments intimes de leurs parents, sentiments qui ne s'expriment que dans l'intérieur des familles au moment où la nationalité est menacée. Les habitants de Francfort étaient donc bien hostiles à la Prusse?

Le soir, dans une gare quelconque, on me demanda où je voulais aller en captivité. C'était fort aimable. J'avais rencontré deux chefs de bataillon du génie, tous deux un peu plus jeunes que moi. Nous demandâmes Giessen, petite ville de la Hesse-Darmstadt, et nous y fûmes envoyés.

Là, nous ne fûmes astreints qu'à répondre à l'appel deux ou trois fois par semaine. Le commandant de place avait l'air d'un brave homme, très doux. Nous n'étions malheureux que moralement. Point de nouvelles de nos parents, ni de la France. Il faisait froid et nous pensions à ceux qui continuaient la guerre dans la neige.

On donnait aux officiers supérieurs 90 fr. par mois. C'était suffisant. Mais les capitaines, les lieutenants étaient obligés de faire un ordinaire à trois ou quatre. J'avais une chambre au 1ᵉʳ étage d'une brasserie. Nous y dînions tous les trois. Auparavant, nous mangions à la brasserie, mais un sergent allemand un jour s'étant mis à siffler, nous nous levâmes sans observations et fîmes porter notre déjeûner dans ma chambre.

Du reste, on siffle beaucoup en Allemagne. Les femmes elles-mêmes sifflent parfois dans la rue.

Nous nous promenions, nous jouions aux échecs ; nous faisions de la stratégie en chambre. Nous avions deviné le mouvement de Villersexel ; Bourbaki était victorieux ; le siège de Paris était levé, la France de l'Est se soulevait ; l'armée prussienne était anéantie ; etc.

Dans les commencements, les enfants nous saluaient dans la rue. Quand Paris eut capitulé, ils nous regardaient en dessous, et quand nous les avions dépassés, ils disaient d'un air méchant : « Paris capout ! » Ils n'avaient plus peur !

Mon père, qui était à Avelanges, ma femme à l'Isle-Adam étaient peut-être très dépourvus d'argent.

Je gardais pour eux précieusement 1 500 francs que j'avais toujours sur moi dans ma ceinture. Bien m'en prit, car ma malle fut ouverte un jour que j'étais sorti.

Cette somme résultait de mes économies pendant la campagne et de l'argent que le Trésor de l'armée avait en caisse. On l'avait distribué heureusement à l'avance avant la capitulation.

Pour passer le temps, je jouais aux échecs et je discutais souvent avec un officier qui, lors de l'annexion de la Savoie, avait passé de l'armée italienne dans l'armée française. On l'avait nommé au grade supérieur avant l'annexion, de sorte qu'il était lieutenant-colonel et plus jeune que nous.

Il était élève des Jésuites de Fribourg et Jésuite dans l'âme. Quoique calme en apparence, quand la discussion tournait à son désavantage, il devenait violent. Un jour je lui dis : « Mais enfin si vous ne parvenez pas à dompter l'esprit moderne, il faudra revenir aux grands moyens, à l'Inquisition !...

— Eh ! bien oui, me dit-il, le bûcher s'il le faut !

Je m'y attendais presque, et je lui répondis avec beaucoup de calme : — Mon colonel, il n'y a qu'un moyen de répondre au bûcher. — Et lequel? — La guillotine !

J'ai personnellement horreur de la guillotine, j'aurais voté la suppression de la peine de mort en matière politique, qui fut un des actes généreux de la République de 48, grande par ses aspirations. Mais je ne doute pas que si l'Inquisition renaissait, même très atténuée et adoucie, elle n'amène une explosion de passions populaires et le fatal instrument de 93 abattrait encore des milliers de têtes. Ce mot, je le lançai dans la discussion comme le dernier coup d'épée d'un combat acharné.

Le colonel fit un brusque mouvement de profonde surprise ; je lui tournai le dos, et ce fut notre dernière discussion. Cet officier était alors le lieutenant-colonel Borson. Il devint depuis, sous la République, général de division ; et par la même raison la République fit passer avant moi beaucoup de camarades plus jeunes, ayant moins de campagnes, mais ayant l'avantage de ne pas être républicains. Sauf trois ou quatre, tous les généraux du Comité étaient monarchistes, cléricaux ou bonapartistes.

On pourrait croire que je cède ici à un de ces mouvements de rancune fréquents chez les officiers dont la carrière a été malheureuse et que j'apprécie trop haut mes services. Aussi j'éprouve le besoin de citer une phrase, laquelle se trouve dans une lettre à moi adressée beaucoup plus tard par un général qui a occupé de très hautes positions, et que je connaissais

à peine personnellement. Je citerai la lettre entière à
la fin de ces récits :

« Concluez de ce qui précède, mon cher colonel,
« que personnellement j'ai vu avec peine un officier
« de votre mérite se retirer du service sans le grade
« de général. Vous avez donné au Pays tout ce que
« vous pouviez lui donner, et vous avez été à même
« de lui donner beaucoup. Combien ont été mieux
« traités que vous qui ne s'appuyaient pas sur des
« titres aussi distingués... »

Mais passons, car c'est passé, et je suis à l'âge où
on ne devrait plus considérer toutes ces choses
qu'avec le calme supérieur de la philosophie.

Fin de captivité. — Les Allemands

Enfin le 15 mars je pus quitter Giessen. Je ne sais
plus par quelle voie je rentrai en France. J'arrivai de
nuit à Bar-le-Duc (peut-être à Commercy). Il était
11 heures, je demandai à dîner. On me demanda si
je voulais être servi à la salle à manger? — Pourquoi
pas, dis-je? — C'est qu'elle est pleine d'officiers allemand ! — Alors, non, servez-moi ici sur cette table
de cuisine. Mais, comment, ils n'ont pas fini de
dîner? — Non, dirent les garçons de l'hôtel, en
m'entourant et en parlant plus bas, non seulement,
à dîner, ils boivent et mangent comme quatre ; mais
après, ils boivent encore quatre ou cinq bouteilles
de vin, d'eau-de-vie, de bière ou de champagne, et
ils nous les font mettre en bataille sur le trottoir
quand elles sont vides pour que tout le monde les

voie le lendemain matin! — Ah!... — Et il y a toujours des ordonnances de service pour emporter ceux
qui roulent sous la table. — Ah!!...

Je ne connaissais pas encore les Allemands. Pendant que j'étais à Giessen, je n'avais presque vu que
des femmes. J'avais bien rencontré à l'hôtel quelques
indigènes mangeant d'une main et fumant de l'autre,
le coude sur la table; je n'ai compris les Allemands
que quand j'ai entendu les gens qui les avaient vus
dans la vie de chaque jour, et surtout ceux qui par-
laient leur langue.

Chose bizarre! — Depuis l'école Polytechnique,
j'étais socialiste, humanitaire. Je prêchais la fraternité. Je croyais assez prochaine sa réalisation entre
peuples civilisés. Il me semblait que nous n'avions
qu'à tendre la main à l'Allemagne, nation de bonnes
gens, simples de cœur, calmes, sages.

J'en voulais à l'Empire d'avoir poussé à la guerre,
je n'ai pas changé d'opinion à son égard, mais j'ai
changé d'opinion sur les Allemands. Quand j'ai
retrouvé à Paris mon vieil ami Parmentier, après
mon retour de captivité, il était encore exalté et exaspéré, lui si calme d'ordinaire. Il me disait : — « Je
suis Alsacien, je parle l'allemand aussi bien que le
français; j'ai lu toute la littérature allemande; je
lisais les journaux allemands; je croyais connaître
l'Allemagne. Eh bien! mon cher ami, je me suis
trompé sur les Allemands pendant trente ans! Ils
sont loin d'être simples et bons et droits! Non, ils
sont avides, violents, égoïstes et de plus hypocrites!
Et il me cita vingt faits à l'appui. Et dire, ajouta-t-il

douloureusement, que j'ai aimé ces gens-là. Ah, je suis bien désabusé !

Cela corroborait bien l'opinion qu'avait Henri Heine de ses compatriotes, opinion qu'il résumait d'un trait sanglant en disant qu'il était : « Un Prussien libéré ! »

Le 1ᵉʳ Empire, par l'abus des victoires et du despotisme ; le 2ᵉ Empire, par l'absence de sens moral, par le développement incroyable de l'ambition, du luxe, de l'amour des jouissances et, finalement, par la guerre d'Allemagne ont retardé de plus d'un siècle l'avènement de cette ère de calme et de justice sociale qu'ont rêvée les hommes de cœur de tous les temps.

L'homme ne peut cependant pas être toujours une bête fauve. Et le temps, certes, viendra où on cessera de dire : *Homo homini lupus.*

De Bar-le-Duc, j'arrivai à Verdun, et je fus reçu comme un frère par Mᵐᵉ Catoire de Moulainville. Dès le premier jour, mon uniforme lui rendit un vrai service en imposant une crainte salutaire à deux soldats allemands ivres qui demandaient avec menaces du vin et du café, et voulaient dégaîner.

Cette première nuit passée dans une maison amie sur la terre française me fut bien douce. Mais que de tristesses de toute part ; que de choses navrantes j'apprenais à chaque pas. J'avais hâte de revoir ma femme et mon père. Malgré une foule d'obstacles de retards, de trains en détresse, je finis par arriver à Paris le 18 mars. Croirait-on que j'ai rencontré des trains allant en Allemagne bondés de toutes choses,

de ferraille, de vieille fonte prise je ne sais où, probablement pour faire des projectiles. Par ci, par là,
on voyait émerger des objets de quelque valeur, des
vélocipèdes, par exemple.

Je me rappelle avoir enjambé dans la rue Saint-
Antoine, je crois, une barricade qui sortait à peine de
terre. Je ne savais ce que cela signifiait. Le jour
même, je pus partir pour l'Isle-Adam. Je trouvai ma
femme brûlée par la fièvre, exténuée de souci, de
peur. Elle n'avait pas reçu de mes nouvelles depuis
le mois d'août. Le bruit de ma mort avait couru deux
fois. Son père avait eu une 2ᵉ attaque d'apoplexie ;
et peu de jours auparavant, les Prussiens, attaqués
par des francs-tireurs, avaient brûlé Parmain et
menacé de brûler l'Isle-Adam.

J'emmenai de suite ma pauvre malade. Je la conduisis à Dijon d'abord, non sans peine.

Arrivé dans la maison de la rue Verrerie, nᵒ 30,
j'en trouvai le rez-de-chaussée occupé par douze
Allemands ; le 1ᵉʳ étage était loué ; ma tante et ma
cousine Tartelin occupaient le second, mon père était
à Avelanges. Quand je descendis de voiture, les
Allemands se précipitèrent pour me prendre mes
malles et les monter, car j'étais en uniforme ; mais je
les remerciai et je montai mes malles avec le gar-
dien que ma tante avait installé. Cela étonna beaucoup les Prussiens qui ne comprirent pas.

J'allai à Avelanges rassurer mon père dont l'inquiétude était grande. Il avait aussi recueilli le faux
bruit de ma mort. Il n'avait reçu de moi qu'une
lettre de Metz par ballon.

J'avais écrit au ministre de la guerre pour lui

annoncer ma rentrée en France et me mettre à sa disposition ; il m'envoya l'ordre de me rendre à Moulins où il y avait des affaires urgentes à régler à cause du brusque départ du malheureux Rossel.

En arrivant à Moulins, je reçus de l'Isle-Adam une lettre qui m'annonçait la mort de mon beau-père. Elle avait eu lieu le lendemain de notre départ de l'Isle-Adam. Cela aggrava encore l'état de ma femme qui devint inquiétant, mais voyant la gravité des évènements de Paris, j'écrivis à mon directeur de ne pas m'oublier à Moulins. Il me répondit une lettre affectueuse dans laquelle il m'affirmait que s'il était besoin d'un officier, il me désignerait immédiatement. Mais les *évènements* furent si rapides que l'affreuse guerre civile accomplie sous les yeux et sous le canon de l'ennemi prit fin promptement, et qu'un calme relatif s'établit plus vite qu'on n'osait l'espérer après un si profond bouleversement. Les esprits des deux côtés étaient tellement surexcités par les malheurs de la guerre, par la présence des Prussiens, qu'il se commit de part et d'autre des actes de sauvagerie incroyables. Les incendies, les fusillades se répondirent. Un deuil immense s'étendit sur le pays !...

Je restai près d'un an à Moulins. C'est là qu'une occasion heureuse et bizarre s'offrit à moi d'étudier *l'origine* de la rage sur un chien qui, d'après l'avis du vétérinaire du 8ᵉ cuirassiers, en offrait tous les symptômes, et *que je parvins à guérir*. Depuis, j'ai publié cette étude sous le titre de « Recherche sur les Causes de la Rage ». (Dijon, imprimerie de Carré, 1889). On peut en trouver des exemplaires, soit à la

Bibliothèque de la ville, soit à celle de l'Académie de Dijon, soit parmi les livres et brochures dont j'ai encore quelques exemplaires. J'y ai reproduit une curieuse lettre de Pasteur dans laquelle il déclare ne pas croire à la rage spontanée, mais seulement à la rage communiquée par morsure. J'objectai : Et le *premier* chien enragé ? Oh ! c'est si loin, répondit l'illustre savant !..

Au commencement de 1872, je fus nommé lieutenant-colonel. J'en fus très surpris, je ne comptais plus du tout sur cet avancement, découragé que j'étais absolument par la manière dont j'avais été traité jusqu'alors. Mais le général Dejean était mort frappé d'apoplexie en sortant du comité !

Mon découragement était tel, au point de vue de l'avancement, que je ne lisais aucun journal militaire, et que depuis longtemps je ne regardais même plus l'annuaire. Beaucoup de mes camarades, voyant que je ne les félicitais pas de leur avancement, ont cru que j'en étais jaloux, et ont été indisposés contre moi. La vérité est que j'ignorais presque tout ce qui concernait les promotions du génie.

A Marseille

On m'envoya à Marseille.

Le service du génie, dans cette grande et belle ville, était peu chargé dans ce moment là. L'entretien des quartiers et casernes, l'accroissement du quartier de *Mempenti*, l'exécution de quelques batteries de côtes, des projets complémentaires pour la défense des deux rades, c'était tout. Mais ces études de détail, et surtout la lecture d'un mémoire de Vauban, de 1701, que je ne connaissais pas, firent naître en moi deux idées générales qui doivent servir, dans l'avenir, à l'agrandissement de l'importance de Marseille et qui, tout d'abord, élargissaient énormément mon horizon de travail.

Vauban, dans son mémoire, avait posé en principe : « Marseille est aussi important à fortifier que Toulon ». Et il développait avec son génie d'homme de guerre et sa sûreté ordinaire de jugement, ce qui est une vérité à côté de laquelle on a passé, et dont, je crois, personne ne s'est occupé depuis 1701.

La défense efficace de la grande rade me préoccupait surtout. Elle a 8 kilomètres de largeur. Les feux des batteries de Niolon et de Ratonneau paraissent insuffisants pour couler un cuirassé qui parcourrait la rade pendant la nuit et tirerait sur Marseille en évoluant. Les torpilles fixes et les torpilleurs étaient encore dans l'enfance. Je pensai à diviser en deux la grande rade en y coulant un remblai de roc sur lequel serait établie à fleur d'eau une batterie cuirassée.

Mais pour être possible il fallait que cet énorme remblai résultât d'un déblai fourni par un travail utile. Une idée heureuse me vint qui n'était venue encore à personne ; si on perçait la chaîne de la Nerthe au niveau de la mer, entre l'Estaque et l'Étang de Berre, on aurait résolu le problème de la jonction du Rhône aux ports de Marseille, par Martigues, Bouc et le canal d'Arles, et les déblais du tunnel feraient le remblai de ma batterie cuirassée !...

J'en parlai à M. Leblanc, alors ingénieur en chef

des Bouches-du-Rhône, que je voyais tous les jours. Il me dit : C'est une idée..... qui pourrait bien être une grande idée. Faites un projet sommaire, je le présenterai au Conseil général.

Je fis ce projet à la hâte (29 août 1873) : le Conseil et le Préfet m'en accusèrent réception et me remercièrent. Je gardai ces lettres qui devaient me servir de base quand, *vingt ans après*, je fus obligé de faire valoir mes droits à la priorité de l'idée (1).

Après étude, la rade me parut réellement trop profonde pour l'établissement de la batterie cuirassée ; mais les déblais du tunnel pouvaient servir utilement pour les remblais de protection du canal contre les eaux de la mer entre l'avant-port de l'Estaque jusqu'à la Lave (entrée du tunnel, du côté Sud) et contre les eaux de l'Etang de Bolmon et de l'Etang de Berre jusqu'à Martigues ; puis pour les quais de la future ville, faubourg nord et succursale de Marseille, qui se créera promptement et fera de la grande cité actuelle la Reine incontestée de la Méditerranée. Je reprendrai cette question plus loin.

Pertes douloureuses

Je reçus, vers le 10 janvier 1873, une dépêche d'Avelanges qui m'annonçait une maladie grave de mon père. Je partis de suite. Le soir, à 11 heures,

(1) Marseille, imprimerie Samat, 14 juillet 1892. Cette brochure ayant été rapidement épuisée, j'en fis faire à Dijon une deuxième édition, avec une préface du 19 juillet 1896, indiquant la fausse opinion qu'on se fait généralement, même à Marseille, du rôle que peut jouer l'étang de Berre soit pour la défense générale de Marseille, soit pour son avenir commercial. Cette deuxième édition est elle-même épuisée.

j'arrivai à Dijon. Ma tante Tartelin me confirma le dangereux état de mon père. Il était trop tard pour trouver une voiture. Mais j'allai voir mon vieil ami Hippolyte Laureau qui était atteint depuis longtemps d'une maladie nerveuse incurable et que je savais être devenue très grave. Il demeurait rue Galoche. (Elle a été englobée dans les constructions du nouveau Lycée). Sa sœur Emilie le soignait avec un dévouement absolu, admirable. Je frappai au hasard à une fenêtre faiblement éclairée. Il était une heure du matin. Mlle Laureau vint m'ouvrir. Elle me reconnut, malgré l'obscurité de l'entrée, et, sans parler, me prit par la main et me conduisit près du lit. — Le voilà, dit-elle..... — Il était mort !

Je le baisai au front en pleurant. Je pleurais sur lui, et sur tous mes souvenirs de première jeunesse pleins de gaité et de soleil ; sur nos courses à la recherche des insectes rares dans les vieux saules de l'Ouche, nos baignades au Creux-Pichat ; puis, plus tard à Paris nos promenades solitaires au bois de Meudon, et nos graves entretiens dans sa petite chambre de la rue Cassette où nous étudiions Fourier et l'avenir splendide promis par ce grand homme à l'Humanité. Quand donc pensera-t-on à lui élever une statue ?

Pauvre Hippolyte, si bon, si gai, si aimant. Il laissait une fille nommée Noémi dont il avait voulu que je fusse le parrain. Je me promis de reporter sur elle l'affection que j'avais pour son père. Elève de Labrouste il avait été nommé architecte des bâtiments civils à Guelma, pendant que j'étais à Mascara. La distance n'a pas refroidi notre amitié.

Je ne pus conduire mon pauvre vieil ami au cimetière, car le lendemain matin à 5 heures je partais
pour Avelanges dans une voiture de louage Mon
pauvre père était déjà sans connaissance. Les deux
médecins d'Is-sur-Tille qu'on était allé chercher
étaient absents. Une rétention ancienne était devenue
tout à coup absolue. Une fièvre spéciale s'était décla-
rée et avait été suivie de paralysie. Je n'eus de lui
que des mots dépourvus de sens. Il mourut dans la
nuit qui suivit mon arrivée.

Mon père avait été beau dans sa jeunesse. J'ai
encore de lui une miniature faite à 25 ans qui le
prouve. A soixante, il était bien encore. Plus tard,
le visage s'était congestionné, les traits s'étaient
alourdis.

Deux heures après sa mort, il était transfiguré,
superbe. Le nez s'était aminci et busqué; ses joues
avaient la fermeté et la teinte de l'ivoire. Ses grands
cheveux ondés, à peine grisonnants, lui encadraient
le visage. Je le contemplai longuement avec admiration.

Combien il s'était donné de peine; combien de pri-
vations ne s'était-il pas imposées pour me faire arriver
à une situation honorable !

Le surlendemain, après un service fait à l'église du
village, le corps fut transporté au cimetière de Dijon
où j'avais convoqué à la hâte nos parents et les amis
que je connaissais à mon père.

Mon cousin Guichard, qui était venu, quitta brus-
quement le cimetière quand il ne vit pas de clergé.
J'avais cru que le service fait à Avelanges suffisait.
Mon père, d'ailleurs, n'était point un catholique fer-

vent. C'était un indépendant qui croyait que la Religion était tout entière dans la Morale et l'Honnêteté.

Mon gros cousin Guichard qui avait été fort incrédule et très polisson dans sa jeunesse, était devenu sur ses vieux jours marguillier de Saint-Bénigne. Je me suis un peu vengé de son idiote protestation en le faisant comparaître, dans mon roman de l'*Utopiste*, sous le nom du propriétaire Gaspard.

La fosse de ma mère reçut le cercueil de mon père. Depuis, j'ai pris mes dispositions pour réunir dans le nouveau cimetière de Dijon les restes de ces pauvres parents qui m'ont tant aimé, avec d'autres qui m'étaient chers aussi. J'irai les rejoindre, s'il plaît à Dieu, en attendant là ceux qui me sont chers aujourd'hui ; bien qu'après tout, la tombe ne contienne que la partie matérielle de l'Être, et qu'un soldat doive être toujours prêt à laisser ses os n'importe où.

Petite agression nocturne

Quelques jours après, je retournai à Marseille ; j'y étais à peine arrivé, quand un soir, vers 11 heures et demie, à l'entrée de la rue Fongate où se trouvaient mon bureau et mon logement, j'aperçus un individu qui cherchait à se dissimuler dans l'embrasure d'une porte. Depuis quelque temps, on signalait de fréquentes attaques à main armée. J'avais pris mes précautions. Je tenais dissimulé dans ma manche un couteau-poignard ouvert. L'individu s'avança vers moi, mais je marchai droit sur lui. Ce que voyant il s'arrêta court. Puis je repris mon chemin sans le perdre de vue. A peine rentré chez moi, j'allais fermer ma fenêtre, quand j'entendis crier : Au secours ! A l'assassin !... Des fenêtres s'ouvrirent puis se fermèrent, et je n'entendis plus rien. Mais le lendemain, j'appris par les journaux de la localité qu'un passant avait été frappé et dévalisé dans l'endroit même où j'avais failli être attaqué. Un couteau-poignard est bon dans la main d'un homme jeune, vigoureux, leste, et qui n'a pas peur. Mais mieux vaudrait un petit revolver avec cartouches de gros plomb, et muni d'une petite baïonnette pouvant se replier.

Défense de Dijon

Mon travail ordinaire, l'étude de la défense de Marseille du côté de terre, et celle du canal de jonction, m'avaient vivement occupé jusqu'au printemps de 1874, quand je reçus du Ministre de la Guerre l'ordre de me mettre à la disposition du général Ducrot, commandant du 8ᵐᵉ corps, à Bourges, pour faire un projet de défense de Dijon.

On s'était souvenu, au Ministère, de mon mémoire sur la défense de la frontière de l'Est, dont j'ai parlé déjà, et dans lequel je disais que « *Dijon fortifié* » était indispensable à cette défense.

On s'était dit d'ailleurs : Cet officier est de Dijon, il en connaît bien les environs ; il est plus à même que personne de faire vite ce travail.

Je partis immédiatement pour Bourges, laissant à Marseille, non sans appréhension, ma femme alors malade d'un rhumatisme articulaire. Je remis ma chefferie à mon vieux camarade d'école, le commandant Roulet.

Je me présentai au général Ducrot qui me dit négligemment : « Allez voir; quand vous aurez étudié, nous verrons ensemble. » Il me fit donner par les dragons de Dijon un cheval et un dragon monté; et je me mis à parcourir les environs de la ville dans un rayon de 7 à 8 kilomètres avec une carte de l'Etat-Major à la main. En moins de six semaines mon travail fut prêt.

Le général vint alors à Dijon. Le colonel des dragons lui donna le plus beau cheval et le meilleur trotteur du régiment, naturellement. Il était très bon cavalier. Il avait été chef de Bureau arabe. Il me mena au Mont-Afrique et me fit faire une course fantastique à travers les bois, par des chemins étroits, difficiles, obstrués par les branches. Je crois qu'il voulait me désarçonner pour s'amuser. Songez donc, un officier du génie, ça ne tient pas à cheval ! Néanmoins, je ne le quittai pas un instant Tout à coup, il s'arrêta, se retourna, et me dit : « Vous montez bien à cheval ! » — Mon général, j'ai monté le sauteur de l'Ecole d'application, et j'ai fait dix ans d'Afrique. — Ah !...

Je montrai au général mon travail. Je lui fis voir que j'étais déjà lié par le fort de la Motte-Giron alors commencé. C'était un fait accompli auquel il fallait s'accommoder. Cette position avait été choisie trop à la hâte par le général de Rivières pour en faire un fort d'arrêt commandant le chemin de fer de Dijon à Paris ; elle était dominée par le Mont-Afrique de très près.

Mais ce n'est pas cela qu'il me faut, me dit le général en voyant mon projet. Je veux trois forts en ligne droite : une ligne de bataille, voilà tout. — J'objectai : Et si vous n'avez pas de troupes suffisantes en ce moment, mon général ; et si vous êtes tourné ? On ne nous a pas appris à fortifier une ville de cette manière. — Eh bien, portez votre projet à Paris ; moi j'y porterai le mien.

J'allai à Paris voir le général de Rivières qui était alors directeur du génie au Ministère de la Guerre. Je le prévins que j'étais en désaccord complet avec le général Ducrot. — Oh, Ducrot !... dit-il.

Il examina longuement mon projet, au moins pendant une heure et demie. Je lui fis remarquer que la position de la Motte-Giron (ou Bel-Air) était trop près de Dijon, qu'elle était très dominée ; qu'il fallait occuper fortement le Mont-Afrique ; je proposais en même temps les points suivants : Hauteville, Asnières, Varois, Sennecey, Beauregard et *Marsannay*.

« C'est bien, dit-il ; je suis content de votre projet.
« Je le mets dans mon tiroir. Je le ferai exécuter
« dès que j'aurai de l'argent. »

Puis il me regarda attentivement, et me dit : — Tenez-vous beaucoup à retourner à Marseille ? — Non, mon général, si vous avez quelque chose de plus important à me donner. — Voulez-vous aller à Verdun, c'est une grosse affaire ? — Mais il y a un chef de génie à Verdun, je ne voudrais pas déplacer un camarade... — Oui, il y a D..., mais il ne va pas assez vite. Il me faut un travailleur comme vous. D'ailleurs, je déplacerai D... quand même. — Puisque c'est ainsi, quand voulez-vous que je parte? — Demain !

Le surlendemain j'étais à Verdun.

Mais avant d'entreprendre le récit de ce que j'eus à faire dans mon ancienne résidence de Verdun, je dois terminer ce qui concerne Dijon. Le général de Rivières fit ce qu'il m'avait dit, et la place de Dijon est aujourd'hui défendue (1) par cinq forts placés aux points que j'avais indiqués : Hauteville, Asnières, Varois, Sennecey et Beauregard. On n'a pas exécuté le fort de Marsannay, et ce point forme une lacune qui sera probablement fermée dans un avenir plus ou moins prochain. J'avais proposé pour le Mont-Afrique deux fortes batteries défensives, une à chaque extrémité. On a préféré d'abord faire un petit fort au milieu, mais il a fallu faire en plus une batterie à chaque extrémité. Enfin, j'avais demandé une enceinte continue pour défendre la ville elle-même contre une incursion de cavalerie passant de nuit entre les forts. On ne l'a pas fait faute d'argent ; mais en cas de guerre il faudrait barricader toutes les routes ou rues donnant sur la campagne. Je l'ai spécifié expressément dans mon mémoire (2).

Disposition contre les gelées printanières

Mon étude du côté de Chenôve me donna l'occasion d'imaginer une protection de la vigne contre les

(1) Sans compter Bel-Air, qu'on appelle aussi Lamothe-Giron.

(2) J'ai même demandé que le projet de ce barricadement fût fait à l'avance, que la ville fût divisée ainsi en secteurs défensifs dont l'organisation serait faite sans hésitation en quelques jours par tout officier de réserve ou de territoriale sachant lire un plan.

gelées printanières, si dangereuses partout, et surtout pour nos grands vins de la Côte. J'avais dû suivre un sentier compris entre une vigne et un champ de seigle. La gelée de la nuit avait frappé tous les bourgeons qui étaient noirs et flétris. A côté, le seigle avait plus d'un mètre de hauteur et n'avait nullement souffert.

Je me souvins de mes leçons de physique. C'est le rayonnement nocturne, me dis-je, qui cause la gelée de la vigne; le moindre couvert préviendrait ses effets. Si on mettait le seigle dans la vigne, celle-ci ne gèlerait certes pas. Il suffirait même peut-être au dernier binage, de semer autour de chaque cep, en cercle, quelques grains de seigle. Au mois d'avril ou de mai de l'année suivante, chaque cep serait renfermé dans un cylindre de seigle qui lui donnerait contre le rayonnement une protection efficace. Quand on serait sûr du temps, après la lune rousse passée, on couperait le seigle en vert, et la petite récolte qu'on ferait ainsi compenserait la petite main-d'œuvre de l'automne précédent, et on se moquerait de la lune rousse. Et il y aurait des millions sauvés tous les quatre ou cinq ans par cette seule disposition préventive autrement efficace que les nuages artificiels.

Le lendemain, j'allai communiquer cette idée à mon ami M. Chabeuf, Bourguignon de cœur, qui devait s'intéresser vivement à la richesse spéciale du pays. Il me conseilla d'aller voir M. Ladrey, professeur de chimie à la Faculté des sciences, et président du Comité de viticulture, qui a fait des travaux importants sur la fabrication du vin, et sur ce qui concerne l'œnologie.

M. Ladrey m'écouta attentivement, et me dit : « Je
« n'ai rien, *a priori*, à objecter à votre idée ; mais
« vous savez que toute idée, fût-elle juste, a besoin
« d'une sanction pratique. » — Je répondis que je
m'étais adressé à lui dans le but de provoquer des
expériences que pourrait décider le Comice viticole.

Depuis ce temps, je n'ai plus entendu parler de
rien à ce sujet. J'ai trouvé toutefois dans le *Siècle*,
plusieurs années après, un article où on décrivait à
peu près mon procédé en l'attribuant à un viticulteur
bourguignon.

Plus tard, j'ai essayé d'en faire une application à
Ahuy, près de Dijon ; mais le vigneron jugea à propos de couper le seigle bien avant la lune rousse,
parce qu'aux yeux des paysans, « les idées de Môs-
sieurs c'est des bêtises. »

Mais pourquoi ne pas essayer sur dix ou vingt
ceps ? Et si cela réussissait, que de millions sauvés
en Bourgogne et en France ! (1).

A Verdun. Deuxième séjour

Arrivé à Verdun, j'allai voir de suite le chef du
génie D..., qui ne s'attendait pas à son déplacement.
Je lui expliquai comment la chose s'était passée. Il
avait bon caractère. Il ne m'en voulut pas de le sup-
planter ainsi. Il me mit au courant du service. Je lui
achetai ses chevaux et leur harnachement. « Vous
vous mettez dans ma peau, disait-il en plaisantant. »

(1) J'ai exposé ce procédé dans un court mémoire que le Président du
Syndicat viticole de la Côte-d'Or a bien voulu insérer dans le *Bulletin*
du Syndicat, en 1898.

Projet d'ensemble

Il fallait faire rapidement une place nouvelle et forte, de cette vieille place, dominée de toutes parts, dont j'avais signalé la dangereuse insuffisance en 1863, c'est-à-dire sept ans avant la guerre : de même que j'avais signalé trois ans avant la guerre la nécessité de fortifier Dijon. Mais on s'était borné à me faire quelques compliments officiels, et on n'avait pas songé sérieusement à exécuter des travaux dont les événements n'ont que trop prouvé l'extrême importance, et qu'il a fallu faire, mais trop tard, comme toujours.

Pourvu qu'il n'en soit pas de même pour Marseille ! Mais cette question viendra plus loin.

La place de Verdun était bien montée en personnel. Il y avait, outre le chef du génie, lieutenant-colonel, huit officiers dont un chef de bataillon, presque autant d'adjoints, un conducteur des ponts et chaussées, un avoué chargé des expropriations, etc.

L'*Ensemble* de la Défense n'avait pas encore été abordé. Cependant on commençait le fort de Tavannes. Le général de Rivières, et le général d'artillerie de Villegly étaient venus de Paris.

Ils étaient allés sur le terrain avec la carte de l'Etat-Major. Il y avait alors six pouces de neige. Les arbres étaient dépouillés, les ondulations du terrain rendues insensibles. Ces conditions étaient aussi mauvaises que possible pour l'appréciation du terrain. Placé entre les deux routes de Metz, près de l'ouverture orientale du tunnel, le fort était à peu près établi stratégiquement ; mais il aurait dû être porté plus en avant, de manière à avoir de meilleures vues, et à découvrir la plaine de la Vouèvre ; ainsi placé, il n'y aurait pas eu de grands déboisements à faire.

Je fus lié par ce fort, comme déjà j'avais été lié et gêné à Dijon par le fort de la Motte-Giron. Il fallait tout d'abord occuper la position de Souville qui dominait Tavannes à peu de distance. Au bout de quelques semaines, j'envoyai au général de Rivières mon projet d'ensemble qu'il approuva. On se mit de suite à faire les levers et projets de détail des autres forts.

Redoutes de 2ᵉ ligne

Mais tout à coup la sécurité politique *relative* qui existait fut troublée. Le gouvernement pensa que nous pouvions *être attaqués avant d'avoir fini les grands forts.*

Aussi je reçus l'ordre de faire immédiatement un projet de redoutes de fortification passagère dont l'*ensemble* serait compris entre les grands forts et la Place.

Je fis ce deuxième projet encore plus rapidement que le premier, et le terrain me permit de placer les six redoutes de telle sorte que chacune d'elles fermait le passage entre deux forts voisins.

Il en résultait qu'après l'achèvement complet, les forts et les redoutes devaient former une ligne étoilée, entourant le vieux Verdun conservé comme noyau au centre de la défense.

La citadelle remaniée

On avait commencé tout d'abord à transformer la citadelle en fort d'arrêt. Les Prussiens se repentaient déjà de ne pas avoir assez écrasé la France. Ils trouvaient que cinq milliards c'était trop peu. Ils voulaient profiter de notre affaissement et ne pas permettre notre relèvement.

Mais, pour être un fort d'arrêt suffisant, il fallait que la citadelle fût capable d'une bonne résistance. Or la caserne, dite à l'*épreuve de la bombe*, n'était pas même à l'épreuve du boulet puisqu'on voyait ses fenêtres à 1.200 mètres de plusieurs côtés. Elle était défilée à peine, *théoriquement*, pour les anciens canons. C'était le même défilement théorique que celui du maréchal Vaillant à Toulon : système bon pour servir d'exercice de géométrie à l'Ecole d'application.

Il fallait blinder tous les magasins à poudre, ce qui n'était pas facile. Il neigeait, il pleuvait. La citadelle était un cloaque où on pataugeait affreusement. Ouvriers, chevaux, voitures étaient dans la boue. On travaillait fiévreusement. Le général de Rivières me télégraphiait : « Dépêchez-vous ». — « Carte blanche!.... ». « Nous pouvons être attaqués prochainement, etc. »...

Et de fait il s'en est peu fallu. Si l'attaque n'a pas eu lieu, nous le devons à l'Empereur Alexandre III. Un inspecteur des forêts qui, avec une autorisation spéciale, était allé à Metz, m'a dit *avoir vu* les chevaux de la cavalerie sellés et prêts à partir pendant

48 heures ! Nous aurions été dans une belle position, avec nos forts et nos redoutes dont les fossés avaient deux ou trois mètres de profondeur. Franchement, nous devons une belle chandelle à l'Empereur Alexandre.

Ce qui achevait de prouver que l'intention formelle des Prussiens était de nous attaquer brusquement, c'est qu'en ce moment Verdun fut envahi par une nuée d'individus vendant des lunettes ou n'importe quoi, et entrant dans les maisons sous un prétexte quelconque.

Un jour j'entends frapper à la porte de mon bureau. J'étais ennuyé d'être dérangé dans mes occupations toujours fort urgentes. Néanmoins, je réponds : Entrez.

Je vois alors entrer un grand individu d'air rébarbatif avec des lunettes à monture dorée. — Le dialogue s'engage : — Que voulez-vous, Monsieur ? — Che fiens foir s'il n'y a bas de blace bour moi tans fotre pureau.

— De quel pays êtes-vous ?

— Che souis de Gommerci.

— Comment alors avez-vous l'accent allemand ?

— Che souis bardi de Vrance, il y a gatre ans, bour aller en Allemagne, et chai bertu l'hapidute te ma langue madernelle.

— Monsieur, il n'y a pas de place dans mes bureaux pour les gens qui oublient leur langue maternelle en quatre ans !

Exaspéré d'une pareille audace, j'ouvris brusquement tout au large la porte qu'il avait refermée en lui montrant du doigt l'escalier d'un air qui n'avait rien d'accueillant.

L'homme aux lunettes d'or comprit, fit demi-tour comme à la manœuvre, esquissa un salut militaire, et commença à descendre l'escalier lourdement avec ses fortes bottes.

Je ne sais comment j'ai résisté au violent désir qui me prit de lui envoyer l'une des miennes quelque part pour alléger et précipiter sa descente.

Demander une place dans le bureau du Chef du génie d'une ville de guerre ! Je n'avais pas l'idée d'une pareille impudence.

Depuis, j'ai pu me convaincre que cet individu n'était qu'un type, un spécimen de l'espèce !

Nous allions vite, et le colonel Maritz qui était à Toul, mon directeur, allait vite aussi. Mais le général Ragon à Châlons-sur-Marne, commandant le génie du sixième corps, était un intermédiaire obligé entre le général de Rivières et moi. Il attendait sa nomination de divisionnaire, et redoutait beaucoup le général de Rivières. Il n'osait rien prendre sur lui, et ce chef rapproché, qui aurait dû décider largement et vite, envoyait tout à Paris ; et comme son aide de camp était trop bon dessinateur, il modifiait tout ce que je proposais. De là des retards fréquents qu'on m'attribuait naturellement.

Route stratégique

Je fis avec rapidité le projet de la route stratégique de ceinture, et il me valut une vive approbation de mon directeur. C'était, du reste, ce que je savais le mieux faire, ayant exécuté plusieurs tracés de route

en Algérie. J'aime tellement cette sorte de travail pour
lequel j'ai un coup d'œil sûr et une aptitude spéciale,
que j'aurais demandé, malgré mon âge et bien
qu'étant à la retraite, à être chargé de travaux de cette
nature au Tonkin, si ma situation de famille et de
fortune me l'eût permis.

Difficultés suscitées

A un certain moment une difficulté sérieuse se présenta. Les entrepreneurs payaient très cher leurs terrassiers et leurs maçons. Ces ouvriers, poussés sans
doute par une influence secrète, allemande probablement, travaillaient quatre jours par semaine et allaient
boire et s'amuser pendant les trois autres jours. Cela
ne faisait pas mon affaire. J'obtins alors du général
qui commandait à Verdun des compagnies ou des
demi-compagnies d'hommes d'infanterie qui vinrent
camper sur chaque ouvrage, et remplacer les hommes
de l'entrepreneur qui n'auraient pas fait au moins
six journées par semaine, ou auraient mal travaillé.
Quand les ouvriers virent qu'on pouvait se passer
d'eux, ils se soumirent et le travail ne marcha que
plus vite.

Un jour, arrivèrent pour visiter mes chantiers, le
général de Cissey, ministre de la guerre, le ministre
des Travaux publics, le colonel de Miribel, le général
Ragon et son aide de camp. J'étais à cette époque
fort timide, comme tous les hommes qui ont eu de
nombreuses déceptions, et ces grands personnages
durent emporter de moi une opinion désavantageuse.

Je ne fus pas mis sur le tableau d'avancement de 1874 pour le grade de colonel, et je crois que ce fut encore là une injustice réelle, car le général de Rivières ne cessait de me dire dans ses lettres des choses flatteuses ou bienveillantes ; mais je crois qu'il subissait l'influence de l'entourage clérical du maréchal de Mac-Mahon et du Comité du génie.

Néanmoins je ne ralentis pas mon travail acharné. Je commis la faute de ne pas me plaindre au général de Rivières qui m'aurait certainement ajouté d'office au tableau. Mais j'avais la sottise de ne pas savoir me plaindre.

Pendant l'année 1875 mes six redoutes de 2e ligne furent presque achevées. Et ce n'était plus de la fortification passagère comme on l'avait projeté d'abord, c'étaient de vrais petits forts avec escarpes et contre-escarpes revêtues, magasins et logements à l'épreuve, etc.

Tavannes et Souville allaient vers leur achèvement. Un troisième grand fort fut commencé sur la rive gauche de la Meuse dominant au loin toute cette rive et la rive opposée.

La fin de l'année arriva. Cette fois je fus mis sur le tableau d'avancement, mais *à la fin, exprès* évidemment.

Je travaillais de cinq heures du matin à sept heures du soir, et au commencement de 1876 j'étais fourbu. Quand arrivait la fin de la journée vers quatre ou cinq heures, ma main droite avait des mouvements nerveux involontaires. J'étais forcé de me promener dans mon bureau, en serrant ma main droite dans ma main gauche.

Je demandai au général de Rivières de me donner par anticipation la direction de Marseille. Le général me répondit : « Restez à Verdun, je vous nommerai « colonel à Verdun, et vous serez chef du génie avec « le grade de colonel ».

C'était bien prouver qu'il était satisfait de la manière dont j'avais conduit ces travaux considérables, et qu'il craignait de ne pas pouvoir me remplacer facilement. Mais je craignis, moi, d'être encore victime d'une rouerie ministérielle quelconque. J'insistai pour avoir la direction de Marseille ; le général se décida à m'y envoyer.

Comme on va le voir, j'avais à cœur surtout de reprendre les travaux d'initiative personnelle que j'avais commencés en 1872 et 1873, c'est-à-dire le projet de défense de Marseille du côté de terre, conformément au vœu de Vauban, et l'étude du canal de jonction, travaux que j'avais dû naturellement suspendre quand le Ministre m'avait envoyé, d'abord à Dijon, puis à Verdun.

Retour à Marseille

La direction de Marseille comprenait cinq départements ; les Bouches-du-Rhône, le Vaucluse, l'Ardèche, le Gard et la Corse. De Privas à Bonifacio, c'est un grand parcours.

Le travail le plus important était, à Nîmes, le quartier d'une brigade d'artillerie qui devait coûter, je crois, trois millions et demi. Au lieu de dépasser cette évaluation faite par mon excellent et savant prédécesseur le colonel Goulier, j'ai économisé sur cette somme environ 200,000 francs. (Le colonel Goulier pendant le siège de Metz et le lieutenant-colonel Cosseron de Villenoisy, qui étaient alors attachés à l'école d'application, aussitôt que la capitulation a paru inévitable, se sont occupés à encaisser toutes les richesses scientifiques ou militaires, manuscrits de toute sorte, que contenait la bibliothèque de l'école; ils ont dispersé ces caisses chez des amis sûrs, et elles ont échappé ainsi à la rapacité allemande. Leur précieux contenu est aujourd'hui à Fontainebleau).

J'ai eu à sévir dans ma direction contre plusieurs de mes subordonnés pendant cette période de ma vie administrative.

On peut et on doit même être indulgent envers les inférieurs, mais l'État est trop souvent exploité pour qu'il ne soit pas énergiquement défendu.

Le fameux : « Allez vous faire pendre ailleurs » est un adage fâcheux surtout parce qu'il permet à un chef d'être faible sans en avoir l'air.

Il y a une foule de gens qui n'ont pas conscience du respect qu'on doit à ce qui appartient à l'État. Cette lacune du sens moral existe surtout chez les femmes; et même chez les femmes de fonctionnaires. Cela est on ne peut plus fâcheux car il y a toujours une certaine influence exercée par la femme sur le mari. Voici une anecdote qui circulait à Melun pendant mon séjour dans cette ville.

Le Préfet (impérialiste) donnait une soirée. Son salon était orné de rideaux d'une étoffe riche et de grande valeur. La préfète, assise près d'une fenêtre, causait avec plusieurs dames. Un plateau d'oranges glacées venait de leur être présenté. L'une d'elles, voyant la préfète essuyer sa main à l'un des rideaux, lui en témoigna timidement son étonnement. La maîtresse de la maison répondit avec une petite moue gracieuse en haussant légèrement les épaules : « C'est à l'État ! »

Cela se passait à une époque où l'Empire n'avait plus que peu de temps à vivre. Le gaspillage exercé de haut en bas pendant dix-huit années ne pouvait conduire qu'à la ruine ; et nous avons encore après vingt-quatre ans et plus, de République, des hommes qui continuent cette génération tarée. L'opinion publique n'est pas assez sévère pour eux. On rit de ceux qui se font prendre, tandis qu'ils devraient être écrasés sous le mépris public.

Projet de défense de la Corse

Le général Lallemand, qui commandait le 15e corps à Marseille, était inquiet au sujet de la Corse, au cas où une guerre éclaterait. Depuis longtemps cette île est convoitée par l'Italie qui la revendique comme lui appartenant *de droit*, et cherche à y entretenir une sorte d'agitation anti-française ; et, bien que les Corses soient très Français de cœur, il est indispensable de réaliser les dispositions matérielles d'une énergique résistance soit contre une attaque par mer sur les villes du littoral, soit contre une véritable invasion venant par Bonifacio, de la Maddalena, établissement maritime considérable situé dans l'île de Sardaigne, et que l'Italie développe tous les jours.

Cette défense de la Corse était le 3me grand problème que je m'étais posé et dont j'avais pris l'initiative, n'ayant reçu à ce sujet de qui que ce fût une indication quelconque.

Canal de jonction

Mais j'eus d'abord à défendre mon projet de canal de jonction du Rhône avec Marseille au moyen d'un tunnel au niveau de la mer, sous la Nerthe, dont j'ai parlé déjà plus haut. Un jour, en effet, je lus sur les murs de Marseille une affiche indiquant que M. Simonin, ingénieur civil, ferait le soir même une conférence sur un *nouveau* projet de canal de jonction du Rhône avec Marseille.

J'allai voir M. Simonin. — « Tenez, me dit-il « négligemment, c'est le tracé indiqué au ministre « des travaux publics, par M. Bonnardel, de Lyon, « vous savez, le grand navigateur du Rhône ; voyez « cette ligne bleue sur la carte. » — Eh mais, dis-je, c'est *mon* projet ! — Comment ! — Je montrai alors à M. Simonin mon avant-projet de 1873, la délibération du Conseil général, la lettre du Préfet et celle du Ministre des travaux publics. — M. Simonin s'inclina et dit : « C'est juste, et vous avez quatre ou « cinq ans d'avance sur M. Bonnardel. » — Non seulement j'ai l'avance, répondis-je, mais *son* idée a été prise simplement dans le compte rendu du Conseil général. On n'a oublié que le nom du véritable auteur. — C'est juste ! — Eh bien, Monsieur, dans votre conférence, aurez-vous la bonté de rectifier les faits, et de désigner le colonel Marchand, directeur du génie de Marseille, comme étant l'auteur du projet en question ? — Certainement.

Et M. Simonin signala mon nom devant un auditoire nombreux d'intéressés, négociants et *ingénieurs*.

Fort longtemps après, le Ministre, déférant au vœu probablement renouvelé avec insistance par M. Bonnardel, donna au service maritime de Marseille, dont M. l'ingénieur Bernard était le chef en ce moment, l'ordre d'étudier en détail et de lui présenter le projet du canal en question. Dans ces conditions, je n'avais qu'à attendre. Mais quand (en 1891) j'ai pu prendre, à Paris, connaissance du projet des ingénieurs, M. Leblanc était mort, j'étais à la retraite, et j'ai alors constaté avec surprise et un peu douloureusement que mon nom avait été complètement omis dans leur travail ! Et cependant, ils avaient eu entre les mains le rapport de M. Leblanc sur mon projet sommaire de 1873, le rapport du Conseil général de 1873, etc., et ils me connaissaient fort bien. On ne s'étonnera donc pas si j'ai fait quelques efforts pour protester. Il est probable qu'on a été mécontent de voir un *étranger* avoir une idée qui avait échappé aux ingénieurs du service maritime. L'administration m'a considéré comme un intrus.

Cependant, je dois me défendre un peu, mais bien que cette question ait une grande importance je ne veux ici qu'en rapporter les traits principaux :

1° Ma lettre au Préfet et mon mémoire sommaire sont datés du 29 août 1873, ma lettre se terminait

par ces mots : « Il est un modèle que tout officier du
« génie doit chercher à imiter, ne fût-ce que de très
« loin. On sait que toujours guidé par son amour
« pour la France, Vauban n'a jamais négligé d'étu-
« dier les intérêts civils et les moyens d'accroître la
« fortune publique en même temps qu'il étudiait ou
« créait la fortification destinée à la sauvegarder.
« Cette considération, M. le Préfet, m'a engagé à
« vous soumettre mon mémoire..., etc. »

2° Le rapport de la commission du Conseil général
contient la phrase suivante : « En 1873, M. Leblanc,
« ingénieur en chef des Bouches-du-Rhône, déclara
« le projet d'un canal souterrain parfaitement exé-
« cutable, et commença des études qui ont été
« menées à bonne fin par M. Bernard, ingénieur en
« chef du service maritime. »

— À *bonne fin* est une grosse erreur, et l'omis-
sion du nom de l'auteur de l'idée, est apparemment
faite à dessein, je ne sais sous quelle influence.

3° Dans la séance du Conseil général du 12 septembre 1873, « M. Borde présente un rapport sur le
« projet *dont M. Marchand est l'auteur*, et qui con-
« siste à mettre l'Etang de Berre en communication
« avec Marseille au moyen d'un canal à travers les
« collines de la Nerthe... »

4° J'ai reçu de M. le Ministre des travaux publics
la lettre suivante :... « Je m'empresse de reconnaître,
« Monsieur, que dans une lettre adressée à la date
« du 29 août 1873, à l'un de mes prédécesseurs,
« vous exposiez qu'en passant sous le massif de la
« Nerthe on pourrait relier les ports de Marseille à

« l'Etang de Berre par un canal de 11 à 12 kilomè-
« tres dont les 2/3 seulement seraient en tunnel.

« Le Conseiller d'Etat,
« Directeur des routes et de la navigation,

« Signé : ROUSSEAU. »

5° D'un autre côté, dans la Revue des Deux Mondes du 1er février 1893 (p. 614), M. Charles Roux, député et membre de la Chambre de commerce de Marseille, écrivait : « La conception (de faire aboutir le Rhône « à Marseille) n'était pas nouvelle ; elle remontait au « règne de Louis XII, à l'année 1507. Mais pour la « première fois, M. Marchand, colonel directeur « du génie à Marseille, venait de lui donner une « forme vraiment pratique en proposant un canal « souterrain traversant le massif de la Nerthe pour « déboucher ensuite dans l'Etang de Berre !... »

Depuis cette époque les Marseillais, c'est-à-dire le Conseil général, le conseil municipal et la Chambre de commerce ont voté solidairement vingt millions pour l'exécution du projet des ingénieurs que ceux-ci ont rédigé par ordre du ministre, et sous la pression de M. Bonnardel, grand navigateur du Rhône.

L'Etat de son côté donnerait 60 millions. Mais pourquoi cette somme énorme de 80 millions qu'on pourrait réduire à 45 ou 48 millions ? — Parce que les ingénieurs ont donné au tunnel et au canal une largeur beaucoup trop grande, presque double de celle qui est nécessaire.

Et pourquoi ont-ils agi ainsi? — Pour ne pas exécuter le projet, croyant qu'on reculerait devant la dépense.

Et pourquoi ne voulaient-ils pas l'exécution du projet qu'ils *avaient été obligés* de faire? Parce qu'ils n'étaient pas les auteurs de l'idée, et aussi parce qu'ils étaient les auteurs du port de Saint-Louis du Rhône exécuté sous l'Empire, terminé seulement vers 1872 ; travail considérable, mais qui rend peu de services actuellement et resterait presque abandonné pendant longtemps si le tracé de la Nerthe était réalisé. Le port de Saint-Louis ne rendra de vrais services que dans 80 ou 100 ans, quand le bas Rhône, de Saint-Louis à Arles, sera devenu sûrement navigable, et quand on aura colonisé la Camargue en desséchant ou comblant les marais qui, par la fièvre et les moustiques, la rendent inhabitable.

En attendant, pour donner satisfaction aux Marseillais, la Chambre des députés a nommé en 1896 (ou 1897) une commission pour examiner le projet des ingénieurs déjà fort modifié par le Conseil général des Ponts et Chaussées. (J'ai fait remettre à la commission une demi-douzaine d'exemplaires de ma brochure de 1896).

M. Leblanc avait été nommé inspecteur des Ponts et Chaussées, puis était mort, quand MM. les Ingénieurs du service maritime ont rédigé leur projet *exagéré à dessein*. J'espère qu'un jour le projet simplifié sera exécuté et que les Marseillais me rendront justice, à moins qu'ils veuillent vérifier le vieil adage hélas si vrai du poète latin :

. . . .

> *Sic vos non vobis nidificabis aves ;*
> *Sic vos non vobis mellificabis apes,*
> *Sic vos non vobis lanificabis oves.*

. . . .

Continuation du projet de défense de Marseille
du côté de terre

J'avais amené de Verdun à Marseille mes chevaux, ceux que j'avais achetés à mon camarade D... Cela me permit de parcourir la banlieue de Marseille, de monter sur toutes hauteurs en étudiant le terrain, une carte de l'Etat-Major à la main, au point de vue de la défense de la ville elle-même.

J'étendis même mon étude à la stratégie dans le département en visitant les points principaux de la ligne Gardanne, Aix, Venelles, Pertuis, Peyrolles ; puis la route d'Aix à Saint-Maximin qui traverse la grande plaine Pourrière - Pourcieux, jusqu'à Saint-Maximin. C'est dans cette plaine que Marius battit les Cimbres et les Teutons et en fit un effroyable carnage. Puis, de Saint-Maximin, la ligne d'invasion possible par le *logis de Nans*, Saint-Zacharie, Roquevaire et Aubagne.

Mais je concentrai mes efforts sur la Défense de Marseille. J'en ai étudié tous les points spéciaux. Je suis monté sur tous les sommets en passant par Carpiagne, Allauch, l'Etoile, Septèmes, le Rove, sans oublier la petite chaine de Marseille-Veyre.

Quand cette étude et celle de la Corse, dont j'ai visité aussi tous les sommets utiles à la défense, furent prêtes, j'osai demander au Ministre quelques fonds pour faire les levers avec courbes horizontales des points principaux. Chose bizarre, le Ministre m'accorda de l'argent pour ces levers destinés à compléter un travail entrepris spontanément sans son autorisation.

Il y avait donc *quelqu'un* au Ministère qui s'intéressait à mes efforts ! Je n'ai jamais su qui avait été cet ami resté inconnu pour moi.

Et cependant, quand j'envoyai en 1880 et 1881 au Ministre mes deux projets qui valaient bien quelque chose, c'est à peine si je pus obtenir seulement un accusé de réception !!... Il me fallut insister. Quand je dis que mes projets valaient quelque chose, c'est que j'ai eu à leur égard l'opinion de deux généraux qui ne laissera à ce sujet aucun doute. Je vais rapporter ici celle du général Lallemand.

Le général Lallemand, chef du 15ᵐᵉ corps d'armée, avait été autrefois chef d'État-Major à Oran sous les ordres du général Pélissier. Il était devenu sourd, et cette infirmité gênante faisait qu'il voyait peu de monde et travaillait beaucoup. Il était devenu général de division et chef du 15ᵐᵉ corps, à Marseille.

Quand mon mémoire sur la Défense de la Corse fut terminé, au mois de juillet 1880, le général était à Paris. Comme je savais qu'il s'intéressait vivement à la défense de la Corse, je lui portai mon mémoire pour avoir son avis.

Revenez après-demain, me dit-il. Le surlendemain, lorsque je sonnai à sa porte, le général vint m'ouvrir, et me dit en me tendant les deux mains : « Mon cher colonel, votre projet de la Défense de la Corse est admirable. »

Cette appréciation d'un officier de grande valeur fut pour moi une satisfaction très vive ; mais comme je viens de le dire plus haut, on ne tint nullement compte au Ministère de ce travail cependant fort important.

J'ai servi à Marseille pendant six ans, en deux séjours. J'y ai été bien accueilli. J'aime cette belle ville, et j'ai beaucoup travaillé pour elle.

Les Marseillais ont de l'esprit, une vive imaginaton ; ils sont généralement bons et serviables. Ils sont moins bons maris que bons pères ; mais ils gâtent trop leurs enfants.

Leur tempérament vif et enlevé, souvent naïf, leur accent surtout, font qu'on a débité sur eux une foule de plaisanteries qu'ils acceptent gaiement en riant eux-mêmes.

L'une d'elles, fort inédite je crois, a été racontée devant moi dans une petite réunion de Marseillais qui s'en sont bien amusés.

Mais il faut l'*assent !*

Un ouvrier nommé Marius, un enfant de Marseille (Bouces-du-Rhône), avait un médecin lequel n'était pas du Midi. Ce médecin n'avait pas réussi à guérir son client très sourd d'une oreille. Fort mécontent de *cet homme du Nord*, Marius part pour Montpellier.

A son retour, son ancien docteur l'aperçoit sur la Cannebière ; il l'appelle : Hé, Marius... (l'ouvrier se retourne). Adieu Marius ! (1). Eh bien, êtes-vous guéri ? — Oui, dotteur, ze le crois que ze le suis ! Z'entends à présent comme vous et moi. (Le docteur sourit). — Et qu'est-ce qu'on vous a fait à Montpellier ? — Ah ! le dotteur, c'en est un fameux (avec malice) *celui-là*. Il m'a tiré un morceau de çair humaine qui bouçait le trou ! — Vous voulez dire de cérumen ? — Oui dotteur de la vraie çair humaine... et sann dou-

____

(1) *Adieu* pour *bonjour ;* le médecin emploie cette expression locale pour s'amuser.

leur ! — (Le docteur rit tout à fait). Allons, tant mieux, mon ami ; vous êtes content ? — Que ze le crois ! — Eh bien, au revoir. — Aoua, (1) dotteur.

Marius s'éloigne, puis se ravise : Dotteur... dotteur ? — Hé, quoi ? — Ze l'ai mis dans de l'esprit de vin, et si vous le voulez... pour votre ceminée ? — Merci, merci, Marius ! (Le docteur se sauve en se tenant les côtes).

Perte douloureuse

J'ai prévenu le lecteur, quel qu'il soit, de ces récits, qu'ils étaient peu destinés au public, mais surtout à ma famille, à mes amis, à mes compatriotes qui, seuls, peuvent être intéressés aux faits qui me sont personnels.

Vers la fin de 1876, ma femme qui avait toujours été souffrante, s'affaiblit sensiblement. Un soir, des premiers jours de décembre, je la conduisis au théâtre pour lui faire voir une pièce qu'elle désirait connaître. Nous rentrâmes doucement à la maison. Le lendemain elle ne put pas se lever. Elle ne paraissait pas être sérieusement malade, mais la fièvre typhoïde (que le médecin, par excès de prudence, dissimula sous le nom de fièvre muqueuse) se déclara vers le 26. Elle fit demander son confesseur, reçut les derniers sacrements, et mourut presque sans souffrance apparente, douce et résignée comme elle avait vécu, dans la matinée du 1ᵉʳ janvier 1877.

Elle m'avait témoigné le désir d'être enterrée à

____

(1) *Aoua*, manière de prononcer *au revoir*.

Dijon parce qu'elle pensait bien, la pauvre femme, que moi aussi je serais enterré à Dijon, et qu'ainsi un jour nous serions réunis dans la tombe.

J'ai pris mes dispositions pour que son désir soit accompli.

Je lui dois cette justice que si j'ai rencontré dans ma vie deux femmes (elles furent toutes deux ses amies) qui la valaient comme distinction de nature et de cœur, je n'en ai rencontré aucune qui valut mieux.

Après avoir ramené son cercueil à Dijon, je partis pour l'Isle-Adam où demeurait sa mère déjà très àgée. Elle était fort honnête, bonne au fond, mais un peu dure et originale. Avant mon départ elle ouvrit son secrétaire et me dit : Tenez, mon ami, quand je serai morte, ceci sera pour vous. Je ne la quittai pas sans émotion.

Je racontai cela en passant à Dijon à Durandeau, qui était mon ami de collège et aussi mon notaire. Il me dit : Ta belle-mère a-t-elle des parents ? — Je ne lui en connais pas. — A-t-elle fait un testament en ta faveur ? — Je ne sais pas. — Eh ! bien, il faut lui écrire d'en faire un tout de suite ; si elle mourait tu n'aurais rien ! — J'écrivis, et ma belle-mère s'empressa, la bonne femme, de faire son testament.

Quinze jours après elle était morte. J'arrivai à l'Isle-Adam juste à temps pour lui rendre les derniers devoirs et pour m'opposer à une tentative de vol qui m'aurait frustré de tout son avoir, lequel consistait en titres, tous au porteur, enfermés dans un mauvais secrétaire dont la garde-malade chercha plusieurs fois à m'éloigner.

Revenu à Marseille, je repris mes travaux avec acharnement, et je sentis dans mon isolement la grandeur de la perte que je venais de faire.

Je n'avais guère d'autres distractions que les soirées musicales intimes de M. Leblanc, ingénieur en chef du département, dont Mme Villot était l'âme. Elle était Dijonnaise, avait un talent de pianiste très distingué, et son mari, aussi de Dijon, était ingénieur des mines. Tous deux ont été pour moi d'une amabilité extrême.

J'allais aussi fréquemment chez le frère du capitaine d'artillerie Borély, qui avait été pour moi un excellent ami. J'avais été reçu fraternellement dans cette famille où on était tout dévoué à la musique. Le père, artiste peintre, était violoncelliste ; les deux filles jouaient fort bien du piano et sont devenues de véritables artistes. J'avais la consolation de sentir que dans cette maison on avait pour moi une affection sincère, qui m'était précieuse ; et qui plus tard le devint encore davantage.

Haine cléricale

J'étais très lié avec mon ancien camarade de promotion, Geille, qui commandait l'artillerie à Marseille. C'était un homme excellent, un délicat en littérature, un peu sauvage, comme moi, mais absolument dévoué à son service qui était fort important.

Il fut très injustement déplacé et disgracié, sous l'influence du fanatique clérical Espivent de la Villeboisnet, qui commandait le 15e corps et qui, au lieu de s'occuper de choses militaires, ne faisait que de la police.

Un jour, je fus averti par un secrétaire du 15e corps que ce ridicule général avait fait contre moi un rapport. En effet, je n'étais pas allé à la procession de la Fête-Dieu à laquelle j'avais été invité par l'évêque.

Je prévins un de mes amis qui était au ministère. Il me répondit : « Ne craignez rien, Espivent est connu ».

Mon ami se trompait, le danger était bien réel.

Les cléricaux m'avaient fait une réputation comme ils savent les faire quand ils veulent perdre un homme. Ainsi quand ma femme envoya sa domestique prier son confesseur de venir à la maison parce qu'elle était trop malade pour aller à l'église, cet ecclésiastique demanda avec une singulière naïveté : « Est-ce que le colonel ne me fera pas de mal » ? Et comme la domestique témoignait un étonnement bien naturel, il ajouta : « C'est qu'on m'a dit qu'il « pourrait bien me jeter du haut en bas des esca- « liers !... »

Je ne sais ce qui pouvait m'avoir signalé à la haine de ce monde-là, si ce n'est une conversation très courtoise, mais un peu vive cependant, chez le général Guyon-Vernier où je me trouvais en visite.

Un gros monsieur et une grosse dame appartenant, je crois, au grand monde des négociants marseillais, étaient en train de dire des horreurs des républicains et de la République. C'était à l'époque où Jules Ferry avait prononcé l'expulsion de certaines corporations religieuses en contravention avec la loi. Je les laissai s'épancher, c'est-à-dire épancher leur bile jusqu'au bout sans rien dire ; puis tout à coup je dis au monsieur du grand monde : — Il y a eu autrefois, monsieur, en Espagne, pays très catholique, un roi nommé Philippe II, qui s'intitulait roi très chrétien, lequel ayant été ému de plaintes très nombreuses portées contre les jésuites, rassembla en Concile tous les évêques d'Espagne, et leur demanda de décider si les jésuites étaient utiles ou nuisibles à la Sainte Religion.

La réponse fut qu'ils agissaient de manière à la compromettre et qu'ils étaient, en somme, dangereux.

Sur ce, le roi *très chrétien* qui n'y allait pas si doucement que la République française fit donner secrètement l'ordre de préparer dans les divers ports du royaume des navires prêts à partir au premier signal. Puis, pendant une belle nuit, il fit prendre tous les jésuites dans leurs couvents et les envoya, sous escorte, s'embarquer dans les ports les plus prochains, pour être conduits dans les colonies espagnoles éparpillées dans tous les océans. Je crois, monsieur, ajoutai-je, que la République n'a rien fait de pareil jusqu'à présent en France ; et quant aux jésuites, c'est un fait historique qu'ils ont subi dans tous les pays civilisés, vingt-sept ou vingt-neuf expulsions.

Là-dessus je pris congé, laissant stupéfaits le gros négociant et sa femme, ainsi que Mme Guyon-Vernier et le général qui aurait dû, lui général de la République, défendre le gouvernement qui l'employait. Il était général de brigade, il fut nommé général de division quelque temps après.

Je devais subir la punition de mon audace. Ces gens-là ne pardonnent pas et n'oublient jamais. Aussi la République que j'avais défendue toute ma vie, bien avant 1848, avant que j'eusse connu à Tlemcen le général Cavaignac, me plaça sur le tableau d'avancement pendant un an, pour le grade de général, et... me mit à la retraite comme colonel !... sous la néfaste influence de la majorité cléricale et bonapartiste du Comité du génie; sans que j'aie jamais pu savoir le pourquoi de cette haine persévérante, non plus que la calomnie dont j'étais frappé. Tous les tribunaux disent à l'accusé ce dont il est accusé; mais devant les Comités de l'armée on est condamné sans être entendu, sans qu'on ait pu se défendre. Est-ce là de la justice? C'en est l'abus le plus odieux, car il s'applique parfois à des hommes qui n'ont eu au cœur, pendant toute leur vie, qu'une pensée : servir leur Pays et aimer l'Humanité.

Mme Sogny

J'anticipe sur la fin de ma carrière militaire, car j'ai laissé mon récit à l'année 1878 et j'avais encore deux ans à vivre.

Un jour je vis entrer dans mon bureau une jeune dame en grand deuil avec un garçonnet d'une dizaine d'années et une jolie petite fille de 7 ou 8 ans. Elle venait me demander l'adresse d'un capitaine du génie dont elle avait connu la femme autrefois. Partant de ce début, la conversation prit de l'intérêt. Cette dame, qui n'avait que 36 ans, me raconta qu'elle avait perdu son mari depuis peu de temps; qu'il était capitaine de place à Marseille; qu'elle demeurait à vingt pas de mon bureau; qu'elle m'avait envoyé, comme à tous les officiers de la place, une lettre de part; que je n'y avais pas répondu....; je m'excusai sur une tournée fort longue faite récemment.

Je ne veux pas insister sur les suites de cette visite. Je pris des renseignements sur Mme Sogny. Le général de Villenoisy, qui était alors mon chef et avait été un de mes camarades d'école, en prit de son côté. Ils furent excellents. La dot réglementaire était incomplète; je la complétai avec le prix de ma propriété d'Avelanges que j'avais vendue récemment avec un grand regret.

Le 14 décembre 1878, à Villasavary, où demeurait sa mère, la jolie veuve du capitaine Sogny devint ma femme.

Je lui trouvais un défaut. Elle était trop jeune pour moi; mais son premier mari était aussi bien plus âgé qu'elle, et de plus il avait les cheveux tout blancs. Elle l'avait choisi cependant, et les motifs de ce choix valent d'être racontés.

Elle avait refusé plusieurs partis avantageux.

J'avais mon idée, me dit-elle. On m'avait laissé lire au couvent la *Jérusalem délivrée* (expurgée, sans doute), et je ne voyais de grands dans le monde que les Paladins des Croisades. J'avais donc décidé à part moi que je n'épouserais qu'un Paladin moderne, c'est-à-dire un officier de cavalerie. Mais comment le dire, comment choisir? Je m'en rapportai à la sainte Vierge, et lui fis une neuvaine où j'apportai tout le recueillement imaginable. Or ma neuvaine finissait, lorsqu'un jour, à Carcassonne, chez une dame que connaissaient mes parents, je rencontrai un officier de cavalerie qui par hasard s'y trouvait en visite. Par hasard? — Non, c'était la sainte Vierge elle-même qui me désignait ainsi le Paladin du XIX° siècle qui devait être mon mari. J'avais 19 ans, il en avait 40. Ses cheveux étaient absolument blancs ; c'était un officier *de fortune*, qui n'avait ni fortune ni famille, mais qui était brave comme son sabre.

M. Sogny fut pressenti. Il accepta avec enthousiasme. On trouva bien que le choix de la sainte Vierge était quelque peu étonnant, mais tout se passa convenablement. Le capitaine Sogny aima beaucoup sa jeune femme dont il devint horriblement jaloux. Il avait eu dans ses divers grades une douzaine de duels. — Au spectacle, disait Elisa, il me faisait peur. Je n'osais pas tourner la tête, car si un homme quelconque me regardait en face, il le fixait en disant tout haut : Qu'est-ce qu'il veut, celui-là?... Toujours prêt à dégaîner.

C'était une physionomie originale de soldat dont j'ai plaisir à raconter quelques traits que je tiens de Mme Sogny elle-même.

Tout jeune, il n'avait rien voulu faire. Il avait passé par dessus les murs de toutes les institutions où l'un de ses oncles (car il était orphelin) avait voulu le placer. Et cependant il avait le respect de la science. — Tu vois bien, ces jeunes gens-là, disait-il à sa femme quand ils rencontraient des élèves de l'Ecole polytechnique, ce sont des savants ; on devrait les saluer quand ils passent !

Dès son arrivée au Mexique, on chargea le capitaine Sogny de conduire de Vera-Cruz à une ville fort éloignée dans l'intérieur, un détachement de toutes armes, légion, zéphyrs, zouaves, etc., composé des traînards ou mauvaises têtes, restés en arrière…. Il fallait avoir à chaque instant le pistolet au poing.

On le savait déterminé. Dans le Var en 1851, son petit détachement avait reçu quelques coups de fusil ; au passage d'un pont un imprudent mit la main sur la bride de son cheval ; le sabre s'abattit et le poignet aussi.

A Marseille en 1870, des désordres éclatèrent au commencement de la guerre. Il était alors officier de place ; sa campagne du Mexique l'avait rendu malade, impotant ; il ne pouvait presque plus marcher. Il apprend que des gens violents veulent jeter à la mer un capitaine marin.

Il monte à cheval, pousse au milieu du groupe, descend quoique à demi paralysé, empoigne au collet le plus acharné, et lui dit : A nous deux, maintenant, tu viendras à l'eau aussi ! Le capitaine marin fut sauvé.

Le capitaine Sogny avait en lui des lacunes qu'une instruction plus complète eût sans doute comblées. Ainsi quand sa fille vint au monde, il fut si honteux d'avoir *une fille* qu'il ne voulut pas pendant deux jours aller au bureau de la place pour ne pas avouer cela à ses camarades.

C'était un préjugé, une faiblesse intellectuelle.

Non seulement il faut des femmes pour faire des hommes au physique, mais encore au moral. Presque tous les grands hommes de l'histoire ont eu pour mères des femmes exceptionnelles.

Ma jeune femme devint enceinte, et pendant sa grossesse, la maladie latente dont elle était atteinte avant notre mariage, s'accentua. Après l'accouchement le médecin ne voulut pas qu'elle nourrît, bien qu'elle eût énormément de lait. Il y eut congestion du poumon, peu grave d'abord, mais qui augmenta peu à peu. L'état moral était en même temps quelque peu atteint.

Le moment approchait (19 juillet 1880) où je devais être mis à la retraite. Je fis quelques efforts pour obtenir ma nomination de général puisque j'avais été mis sur le tableau l'année précédente. Il y eut là, de la part de la majorité du Comité une opposition que je ne pus vaincre, et dont il me fut impossible de connaître la cause exacte. Je me bornai à la deviner. Je l'ai fait connaître déjà.

Cependant on prolongea mon *activité* de service. Le général de Villenoisy qui était alors au ministère chef de la 4e direction (génie) eut la bonté de me laisser continuer mon service afin d'attendre le moment où ma femme aurait droit à la retraite. Ce ne fut qu'après le 14 décembre 1880, c'est-à-dire deux ans après mon mariage, que ma retraite fut effective. J'ai toujours conservé envers le général de Villenoisy une vraie reconnaissance pour cet acte bienveillant qui ne fut pas sans lui causer des récriminations désagréables.

Retour à Dijon

Au mois d'avril 1881 je quittai Marseille avec ma femme malade et mon enfant pour venir passer mes vieux jours dans ma maison, la maison paternelle, à Dijon. Je croyais y être tranquille et y mourir paisiblement. Je me trompais.

Les déceptions de ma carrière militaire m'avaient navré, et avaient assombri mon caractère qui du reste avait toujours eu un penchant à la tristesse.

J'emportais cependant avec moi l'estime de bien des gens. Je citerai surtout ceux dont la valeur est connue et qui ont occupé de hautes positions :

Le général Cavaignac, à Tlemcen, dont j'ai raconté l'extrême bienveillance ; le général Durrieu, à Mascara, qui m'a connu pendant près de six ans, et qui, au moment où je fus mis si injustement aux arrêts forcés pour trente jours, m'envoya sa photographie avec son témoignage (écrit) d'estime et d'affection ; le général Lallemand, commandant le 15e corps, à Marseille ; puis, dans le génie, les généraux Dalesme, Prudhon, Parmentier, Hallier, Bressonnet, et d'autres encore ; le général Tripier, par exemple ; le maréchal Pélissier lui-même dont il n'était pas facile de captiver la bonté hérissée et farouche.

Le général Gandil est resté mon ami intime et dévoué jusqu'à sa mort.

Leur opinion vaut bien celle des impérialistes violents et à courte vue tels que le général Dejean, et celle des cléricaux et jésuites avec ou sans épaulettes, tels que le général Espivent de la Villeboisnet, de triste mémoire, dont la persécution doit être revendiquée comme un honneur. Le général Farre m'a dit un jour en parlant de lui : « C'est un lâche ! ». Je ne sais ce qu'il avait fait à Lyon pour mériter cette épithète ; mais pendant les troubles de Marseille en 1870 et 1871 il fut d'une incapacité militaire extrême.

Travaux littéraires et scientifiques

C'est à partir de 1865 que j'ai écrit mon roman l'*Utopiste*, pendant les très courts loisirs que me laissait mon service. Ce livre était donc depuis longtemps terminé ; mais, quand on n'est pas littérateur de profession, une œuvre de cette nature a besoin de bien des retouches. J'y consacrai la première année de ma retraite. Toutefois, je considère ce livre comme appartenant à la partie militaire de ma vie. J'avais mis dans ce travail tout ce que j'avais de cœur et de feu sacré. En 1865, j'avais 45 ans, mais j'avais conservé mes idées et mes aspirations de la 25e année. C'était une œuvre de premier jet, imparfaite sans doute, mais qui avait le mérite de la franchise, de la conviction et de la spontanéité. Un de mes *jeunes* amis, M. C...., Dijonnais de naissance et de cœur, que j'avais rencontré à Perpignan et en qui j'avais reconnu une droiture et une honnêteté exceptionnelles, fort érudit, et délicat en littérature, voulut bien me donner ses avis, quoique en beaucoup de points nos opinions fussent différentes, et il me fit corriger bien des imperfections de forme et de style.

Je me décidai à subir l'épreuve de l'impression. Je

n'entendais rien aux choses de librairie. La maison
Plon me fit des conditions assez dures que je subis
sans protester. De plus, cet éditeur ne fit presque
rien pour activer la vente du livre. Je payai et tout
fut dit. Je donnai un grand nombre d'exemplaires
à quelques journaux socialistes qui les envoyèrent
en primes à leurs lecteurs ; d'autres à M. Jean Macé
pour la Ligue de l'enseignement ; à des amis ou à des
personnes dont je connaissais les opinions sympa-
thiques aux miennes.

La librairie Hachette en avait envoyé dans les gares
dont elle avait le monopole ; mais ils n'y restèrent
pas longtemps. On les remplaça par les livres d'actua-
lité brûlante de M. Émile Zola ! Il me reste encore
un certain nombre d'exemplaires. J'en donne à qui
m'en demande. Deux journaux l'ont publié en feuil-
leton. Je ne regrette pas ce que cela m'a coûté.

Quand mes fils, ou mes amis, ou les fils de ceux-ci
qui auront entendu parler de moi, ou quelques-uns
de mes jeunes compatriotes voudront, quand je n'y
serai plus, connaître l'homme que j'étais au fond du
cœur, qu'ils lisent l'*Utopiste* et étudient le caractère
de Marcel Tellus.

Si ce livre n'a pas été populaire, s'il a été peu
acheté, s'il n'a pas réussi *en librairie*, « *habent sua
fata libelli* », il a eu le grand avantage de m'attirer
les éloges d'hommes de haute probité, de sentiments
distingués, qui, après l'avoir lu, m'ont envoyé des
témoignages très vifs de leur sympathie.

Si j'étais plus jeune et plus riche, je n'hésiterais
pas à en faire imprimer une deuxième édition populaire et illustrée, à très bas prix.

Les idées d'abnégation et de dévouement ont tant besoin d'être répandues !

Questions en dehors du service du génie

J'ai fait connaître dans le courant de ces récits, d'une manière sommaire, certains travaux soit de pratique, soit de théorie sur divers sujets intéressants à différents titres, et dans des ordres d'idées très éloignés les uns des autres.

Il y en a plusieurs que j'ai omis de mentionner et qui paraissent mériter d'être examinés de plus près. Mais le temps et les moyens de vérification expérimentale m'ont toujours manqué pour en poursuivre l'étude.

1° Pendant que j'étais à Marseille, j'ai pensé à un moyen simple de faire cesser en grande partie le bruit des trains en marche. La plus désagréable partie de ce bruit vient du choc des roues quand elles passent d'un rail à l'autre sur l'intervalle destiné à la dilatation. Il n'y a qu'à couper les rails à 45 degrés au lieu de les couper à angle droit. Les roues passeront d'un rail au suivant sans secousse et sans choc.

J'ai consulté des camarades attachés au contrôle du chemin de fer P.-L.-M. Ils m'ont conseillé d'écrire au ministre des travaux publics, lequel a consulté la Commission de perfectionnement des chemins de fer. Celle-ci a répondu qu'il n'y avait pas lieu de faire l'expérience que je demandais pour *un* kilomètre seulement de voie *nouvelle*. J'ai appris depuis (par M. Chassin, ingénieur civil, directeur des tramways à vapeur de la Côte-d'Or) qu'il existe en Suisse un exemple de cette disposition.

2° J'ai fait à Mascara et à l'armée de Metz des expériences sur l'action antiseptique du mercure métallique, sous forme d'onguent, pour toutes les affections purulentes : panaris, abcès, variole, etc. Le médecin de marine, M. Sue (le père du romancier), a guéri ainsi les panaris à l'hôpital de Toulon. MM. Lisfranc et Zimmerman ont employé avec succès contre la variole, maladie purulente, un masque en baudruche enduit à l'intérieur d'onguent mercuriel. (Dictionnaire de Valleix). J'ai présenté plus tard à l'Académie de Dijon une note sur l'emploi de la vapeur mercurielle, *dosée scientifiquement*, pour inhalations, contre la tuberculose. Plusieurs médecins m'ont promis de tenter des expériences.

J'ai guéri de graves blessures sur des chevaux en pansant les plaies avec de l'onguent mercuriel ; ces plaies ne *suppurent jamais*.

Un médecin de Paris, M. Martin, qui demeurait comme moi boulevard Saint-Michel, 63, s'est étonné que j'aie constaté l'action antiseptique du mercure dès 1852.

3° J'ai fait imprimer en 1862, au sujet de l'instruction publique, une brochure *anonyme*, adressée à M. Duruy, alors ministre, il a daigné y puiser quelques phrases d'une de ses célèbres circulaires. Il s'agissait d'un vaste système d'*instruction professionnelle pour tous* presque sans dépense pour l'Etat.

4° Les ailes des oiseaux sont des persiennes à lames mobiles.

J'ai démontré ce fait dans un article de l'*Aéronaute* de 1881 ou 1882. Un professeur de mathématiques de Cherbourg a confirmé ma démonstration dans un des numéros suivants.

Le savant M. Marey-Monge, membre de l'Institut, auquel j'avais écrit pour le prier de vérifier ma théorie au moyen de son fusil photographique, m'a répondu que ses épreuves étaient trop petites pour qu'on puisse apercevoir le mouvement individuel des grandes pennes.

J'ai du reste indiqué dans l'*Aéronaute* un moyen assez simple pour faire cette vérification.

Mais je crois que la rédaction de l'*Aéronaute* a complètement oublié ma démonstration. Cela cependant n'est pas sans importance.

5° Une expérience d'amphithéâtre à l'Ecole polytechnique m'avait particulièrement frappé.

L'aiguille aimantée, attirée par le fer, n'est pas influencée par le cuivre. Mais si un plateau de cuivre en mouvement rapide tourne sous une aiguille de boussole enfermée dans sa cage de verre (les axes étant en prolongement) l'aiguille se déplace avec un mouvement lent d'abord, puis accéléré, de telle sorte qu'elle est entraînée dans le mouvement de rotation du plateau.

J'ai conclu de là, après déductions *à priori* que *si*, en général, le mouvement résulte d'une *force* agissant sur un corps *quelconque*, réciproquement peut-être, d'un mouvement plus ou moins rapide, peut résulter une *force* agissant sur les corps voisins.

Et je proposai diverses expériences pouvant mettre ce principe en évidence.

Quelques expériences furent faites par les soins de mon ami Rivot, professeur à l'Ecole des mines, dont j'ai déjà parlé : des plateaux (ou des cylindres) furent placés parallèlement à petite distance ; l'un des plateaux étant animé d'un mouvement rapide, l'autre étant d'abord immobile se trouvait peu à peu entraîné par une sorte de frottement à distance.

Si, par exemple, dans un vase plein d'eau, un cylindre vertical tourne rapidement autour de son axe, on voit les particules en suspension successivement entraînées par les couches d'eau s'entraînant de proche en proche.

Dans l'expérience de l'aiguille aimantée ou des plateaux parallèles l'*éther* qui pénètre tous les corps est peut-être le corps intermédiaire subtil qui, entraîné par un corps en mouvement, entraîne les corps à distance.

Si ces corps sont en outre isolés électriquement, l'expérience ouvrira probablement de curieux aperçus sur l'attraction universelle.

Au lieu du calme que j'espérais trouver après ma retraite dans la maison paternelle entre ma femme et mon enfant, je me vis tout à coup menacé de perdre l'enfant et la mère.

Vers le mois de septembre 1882, ma femme dut s'aliter. L'enfant eut des convulsions. Le docteur Fleurot, conseilla l'*air natal*. Je considérai cela comme une condamnation. Le fils de ma femme, Louis Sogny, était au Lycée de Dijon. Sa fille, Charlotte Sogny, avait été reçue à Saint-Denis, à cause de mon grade, bien que son père fût seulement capitaine. Nous allâmes nous installer tous trois, ma femme, mon jeune enfant et moi, chez ma belle-mère, Mme Rolland, à Villasavary, petit village de l'Aude. Malgré l'air natal, malgré un pénible voyage à Amélie-les-Bains, il fallut ramener sans espoir la malade à Villasavary où la phtisie l'emporta le 31 mai 1883. Le surlendemain, 2 juin, l'enterrement eut lieu dans le petit cimetière du village. Elle était revenue mourir dans son lit et dans sa chambre de jeune fille! Ma belle-mère avait été parfaite de dévouement et de sollicitude pour sa fille. Elle s'est montrée, pendant huit mois, excellente femme, très bonne mère, et très bonne belle-mère, ce qui est plus rare.

Au bout de huit jours, je partis pour Dijon. Je considérai un instant mon existence comme terminée. Mais il me restait un triple devoir à remplir. Je devais élever seul une famille de trois enfants dont le plus jeune avait trois ans et demi! J'avais alors près de 63 ans!

Mon instruction avait été incomplète en histoire et

en littérature. Je voulais me mettre à lire. J'avais préparé les énoncés et ébauché les solutions d'une vingtaine de problèmes, scientifiques ou industriels, intéressants ; je les développerais.

L'étude me permettrait de supporter l'isolement. Mais cette vie d'études tranquilles que je me proposais de commencer fut tout à coup interrompue. On vint me chercher pour m'engager à me présenter pour le Conseil municipal. On me savait républicain. Le parti opportuniste, qui dominait alors, pensa qu'un vieil officier, rompu à l'*obéissance passive*, serait une bonne recrue. Divers événements, que je raconterai peut-être plus tard, firent voir que je n'étais point l'homme souple sur lequel on comptait, et à la suite de certaines luttes de partis auxquelles je n'étais guère préparé par mon existence militaire, je fus nommé maire de Dijon.

Cet honneur, dont j'ai senti tout le prix, était pour moi une consolation, une compensation de toutes les injustices dont j'avais été l'objet. Ce témoignage d'estime de mes concitoyens effaçait pour moi déjà les déceptions de mon passé, lorsqu'une circonstance imprévue vint m'apporter un véritable bonheur.

Je fus invité, comme maire de Dijon, par la municipalité de Paris à fêter l'anniversaire du 5 mai 1889. Or, pendant la soirée donnée à l'Hôtel de Ville, je rencontrai le général de division Bressonnet. Sa brillante conduite en Crimée lui avait valu un avancement rapide ; il était devenu président du Comité du génie et membre du Conseil supérieur de la guerre.

Il me reconnut, et nous causâmes longtemps dans un salon où il n'y avait que peu de monde. Je m'aperçus avec étonnement qu'il connaissait très bien plusieurs particularités de mes services militaires. Il me témoigna beaucoup d'affection et d'estime, et je lui demandai, au moment de le quitter, de vouloir bien m'écrire ce qu'il m'avait dit en causant. Il me le promit, et je reçus, quelque temps après, la lettre que je copie ci-dessous textuellement.

Paris, le 3 juillet 1889.

MINISTÈRE DE LA GUERRE

COMITÉ TECHNIQUE
DU GÉNIE

> *Le Général de division* BRESSONNET, *président du Comité du génie, membre du Conseil supérieur de la guerre,*

> *A Monsieur le colonel Marchand, maire de Dijon.*

MON CHER COLONEL,

Vous m'avez demandé de vous rappeler par lettre ce que je vous ai dit de vive voix lors de notre entrevue, le 5 mai dernier, à l'Hôtel de Ville de Paris. C'est avec empressement que je me rends à votre désir.

Ayant eu l'année dernière à faire un voyage d'Etat-Major qui comprenait, en particulier, la reconnaissance de la forêt de l'Argonne, j'ai réuni ce que les archives du Comité du génie pouvaient me fournir d'utile à ce sujet, et j'ai trouvé, rédigés par vous aux dates des 30 mai 1863 et 1er avril 1866, deux mémoires décrivant dans leur ensemble l'état de cette forêt au point de vue des communications, et indiquant l'influence que ces communications peuvent avoir sur la défense du territoire.

Ces mémoires, qui vous avaient valu des éloges particuliers du ministre de la guerre, m'ont été d'un précieux secours. Ils fournissent sur la forêt des renseignements clairs, précis, coordonnés, et font ressortir d'une manière bien nette le rôle que ce massif forestier peut et doit remplir en cas de guerre.

Il n'y a rien à ajouter aux considérations que vous avez exposées et, sauf à tenir compte des voies ouvertes depuis vos deux reconnaissances, vos mémoires seront consultés avec fruit par tout général français ayant à opérer sur cette partie de notre territoire.

J'avais, en outre, le souvenir du Mémoire que vous aviez adressé au ministre de la guerre en 1881, sur la défense de Marseille, du côté de terre, et qui avait été soumis à l'examen du Comité des fortifications.

Ma mémoire m'avait bien servi en me permettant de vous dire que cette étude, qui avait nécessité de votre part une reconnaissance étendue et détaillée, et qui formait un travail considérable d'autant plus méritoire qu'il avait été produit en dehors du temps consacré à vos occupations réglementaires, que cette étude, dis-je, constituait une œuvre des plus avantageuses à consulter pour les officiers qui auraient à s'occuper de la défense de Marseille, ou à la préparer un jour venant.

Je vous rappelais également les Mémoires que, vers la même époque (1880-1881), vous aviez rédigés sur la défense générale de la Corse et d'Ajaccio en particulier. Ces Mémoires, qui témoignaient d'une connaissance bien complète du terrain, ont reçu bon accueil du Comité des fortifications, et ont pu servir utilement pour les études qui furent demandées ultérieurement aux services locaux de l'artillerie et du génie.

J'ajouterai qu'à la suite d'un Mémoire rédigé par vous en 1867, sur un *Système complémentaire de défense de la France en cas d'invasion*, le ministre de la guerre, après vous avoir adressé un témoignage de satisfaction pour ce travail, fit rédiger une circulaire (en date du 11 juin 1872, n° 6,943) qu'il adressa à tous les directeurs du génie, leur prescrivant de faire exécuter par les officiers sous leurs ordres les études que vous préconisiez dans votre Mémoire.

Il ne pouvait être donné une approbation plus complète à vos propositions, et être fait une appréciation plus flatteuse de votre travail.

Je sais d'autre part que les études faites de votre propre mouvement pendant votre carrière d'officier du génie ne se sont pas bornées à celles que je viens de rappeler et dont

IMPRIMERIE TYPOGRAPHIQUE ET LITHOGRAPHIQUE DE SIROBOT-CARBÉ